聚焦重要概念的生物学单元教学研究丛书

丛书主编 周初霞

聚焦重要概念的生物学单元教学课例研究

分子与细胞

周初霞等 著

浙江科学技术出版社

版权所有　侵权必究

图书在版编目（CIP）数据

聚焦重要概念的生物学单元教学课例研究：分子与细胞/周初霞等著．— 杭州：浙江科学技术出版社，2021.4（2023.1重印）

（聚焦重要概念的生物学单元教学研究丛书）

ISBN 978-7-5341-9547-1

Ⅰ．①聚… Ⅱ．①周… Ⅲ．①生物课—教学研究—高中 Ⅳ．① G633.912

中国版本图书馆 CIP 数据核字（2021）第 068447 号

作者团队	周初霞	周业宇	陈　国	盛国跃	徐建忠	周丽婷
	邵乃军	王红梅	李艳华	黄　华	孙宝山	赵文浪
	陈　钢	傅建利	周忠芬	全　刚		

丛 书 名	聚焦重要概念的生物学单元教学研究丛书
丛书主编	周初霞
本册书名	聚焦重要概念的生物学单元教学课例研究　分子与细胞
著　　者	周初霞等

出版发行	浙江科学技术出版社
	杭州市体育场路 347 号　邮政编码：310006
	办公室电话：0571-85176593
	销售部电话：0571-85176040
	网址：www.zkpress.com
	E‑mail：zkpress@zkpress.com
排　　版	杭州万方图书有限公司
印　　刷	浙江新华数码印务有限公司
开　　本	787×1092　1/16　　　印　张　10.5
字　　数	210 000
版　　次	2021 年 4 月第 1 版　　　印　次　2023 年 1 月第 2 次印刷
书　　号	ISBN 978-7-5341-9547-1　定　价　58.80 元

责任编辑　陈潇潇　曹梦洁	责任校对　张　宁
责任美编　金　晖	责任印务　崔文红

丛书总序

基础教育改革已经进入内涵发展的新时代。本次课程改革系统而全面地建构了核心素养的教育理念，从学生发展素养，到体现各学科特点的学科核心素养，再到根据学科核心素养发展水平和相应内容研制的学业质量标准，可以说从学理上完成了对核心素养这一理念的建构。现如今，怎样基于核心素养的发展要求实现课堂教学的根本转型，已成为每位基础教育工作者需要回答的命题。

"创新"是浙江精神的关键词，浙江省的课程改革一直走在全国的前列。浙江省教育厅教研室的教研员们更是以智慧和勇气矢志改革、锐意探索，掀开了浙江省基础教育崭新的一页。我省高中生物学学科教研员、特级教师周初霞老师就是一个很好的典范。她所领衔的团队针对一线教师普遍关注而又感到困惑的关键问题，如什么是大概念，为什么要聚焦大概念，如何开展基于大概念的单元整体教学，从理论和实践层面进行了大胆探索，并组织编著了"聚焦重要概念的生物学单元教学研究丛书"。

本套丛书不仅反映了他们在课堂改革的道路上所做的种种努力与探索，记录了他们在课程改革中坚持不懈的心路历程，更为学科育人找到了一个正确的打开方式。细细读来，多有启示。

一是着眼素养为本的课程理念，诠释并演绎了教学范式。核心素养是育人目标，学科核心素养则是学科育人目标的具体化。学科核心素养的本质是学科思维，经验化和结构化的"大概念"或"大观念"是理解的锚点，是学科思维的支撑点。据此，周初霞老师的团队聚焦生物学重要概念探索单元整体教学，开展了"教学设计""课例研究"和"范式研究"三个系列的研究，并将研究成果以丛书的形式呈现给读者。其中"教学设计"系列，从重要概念的视角重构了教科书中的单元学习主题，探索了核心素养导向的单元整体教学设计框架。本系列是研究的雏形。"课例研究"系列，从聚焦重要概念的视角进行了单元教学的课堂实践。结合具体课例，研究单元重要概念的解构、学习目标的制订、学习情境的创设、学习活动的设计、学习评价的实施等操作指南。本系列是理论走向实践的行动改进。"范式研究"系列，提炼了"境脉架构模式""五构概念教学法"等聚焦重要概念的单元整体教学范式。本系列是研究的理论发展。

二是立足学科育人的基本内涵，探索并创新了思维课堂。核心素养的发展要以学习方式的转变为关键，而学习方式的改变核心是思维方式的改变。中国工程院院士钱旭红认为："能力增长不仅仅靠知识，而更靠运行知识的逻辑——思维是否足够自由多样。单靠知识改变不了命运，改变命运需要用思维架构起知识，从而支撑起有高度和强度的人生大厦。思维晋级是最好的学习和成长"。因此，周初霞老师的团队立足学科思维的课堂转型，努力指向学习方式转变，基于"情境—问题—任务—活动—评价"的学习主线，引导学生从被动学习走向主动学习。在研究方法上，他们注重实证性的课例研究，通过观课、录课、评课、磨课、改课，努力提升课堂的教学效益。在研讨与交流中，他们经历了情感的交融、思维的碰撞、观念的转变、理念的提升。

三是借助教育科研的演进机制，丰富并发展了单元整体教学的理论内涵。他们将理论紧密联系实际，在教学中研究，在研究中行动，在行动中反思，在反思中丰富理论。在研究视域上，他们既立足单元整体教学实践，又探索"单元"与"课时"的有效衔接，既具有整体视野又微观深入。他们注重局部的深度研究，通过"目标与评价""情境与问题""活动与评价"等视角，探索将生物学学科核心素养落实在课堂教学中的理论范式。经过近六年的研究与实践，他们提出"创设单元境脉，统领课时学习""应用'五构概念'教学法，确保课时聚焦单元"等衔接路径，帮助学生形成"整体分析—部分分析—整体总结"的思维方式，改善传统课时教学中存在的学习碎片化和浅表化的现象，注重学科整体组织化、结构化知识的建构，从浅层学习走向深度学习。同时，他们的研究还破解了从概念教学到观念培育的瓶颈。在理论层面，厘清了生命观念的内涵、外延及形成的路径。在实践层面，建构了行为导向的生命观念培育模式，为教师培育生命观念提供了支架。基于此，他们总结形成了高中生物学"一脉三维五构"单元整体教学理论体系，丰富了整体教学理论内涵。

纵观本套丛书，理论、实践、案例相互交织，有机融合，层次分明。世界是整体的，万物在一个整体的世界中有序地生长。本套丛书契合了整体发展的世界观。周初霞老师及其团队的单元整体教学研究成果，已在浙江省高中生物学教学实践中全面铺开，并向全国推广。我们期待着他们能坚守教育初心，不懈努力，取得更加丰硕的、能把发展核心素养这一蓝图变为现实的成果。

是为序。

浙江省教育厅教研室主任
教育部基础教育教学指导委员会委员　任学宝
浙江省特级教师协会副会长兼秘书长
2021年4月于杭州

前　言

新课程改革，课堂转型是关键。指向学科核心素养的课堂教学如何转型？如何使学科核心素养在课堂教学中真正落地？这是广大教师最为关心的问题，也是新课程改革最为艰巨的关键问题。

落实核心素养需要从"课时"教学转向"单元整体"教学，因为单元整体教学以落实生物学重要概念所承载的学科核心素养为导向。单元整体教学有利于培育学生的学科核心素养，契合了学科核心素养的形成不是一蹴而就的，需要一个较长的过程才能形成这一特点；有助于教师突破"只见树木不见森林"的课时思维，转变教师只注重零散知识点落实的传统课堂教学理念，帮助教师从"长时段"整体筹划学科教学，注重学科整体组织化、结构化知识的建构，从而实现从"教师的教"转变成"学生的学"，从学习"知识"转向发展"素养"，从学科"教学"转向学科"教育"。

作为浙江省高中生物学学科教研员，更加需要关注、思考"核心素养"与"单元整体教学"。因此，我主持了两项课题研究：中国教育学会立项课题"聚焦生物学重要概念的单元整体教学研究与实践"（201933000905B）；浙江省教研立项课题"指向生物学学科核心素养的单元整体教学实践研究"（G2020306）。

在课题研究过程中，我们深刻体会到宏观的课程理念只有与微观的真实课堂结合才能有丰富的生命活力，否则"课程标准""核心素养"只会是空中楼阁。因此，我们以教学中的"真实问题—对策—行动—反思"开展了课例研究。

我们从独立的课时备课走向集体的整体备课。整体备课从以下四个层面开展：一是课程层面，分析生物学学科观点、核心素养以及模块间的逻辑关系；二是模块层面，分析模块教学内容，列出模块体现的学科观点与大概念；三是单元层面，以重要概念为主题，设计单元学习目标、真实学习情境与核心问题、评价方法等组成的单元课程；四是课时层面，思考本节课的核心问题，围绕次位概念组织教学，为单元重要概念形成作出"贡献"。参与四个层面整体备课的教师认为收获丰厚。例如，课题组成员嘉善高级中学王红梅老师，基于子课题研究，依托名师工作室，开展了区域性、主题化的整体备课，并实施了上课与磨课，反思与调整，再上课与反思等环节的课例实践。参与整体备课的一位年轻教师深有体会地说，这样的一个主题单元教学研究，比他一年的教学工作收获还大。

我们在深入研究《普通高中生物学课程标准（2017年版2020年修订）》（简称"课程标准"）和《普通高中生物学教科书·生物学　必修1　分子与细胞》的基础上，重构了七个重要概念为本模块的单元教学主题。本书涉及的重要概念具有学科属性，它是以高中生物学作为研究范畴，以爱利克·埃里克森重要概念界定为基点，结合课程标准，指处于生物学学科中心地位，对生命基本规律、现象、理论等的理解和解释，对一般生物学事实和概念具有高度概括性，相互连接构成生物学学科骨架的概念性知识。

基于这七个重要概念的单元整体教学课例研究，我们从"单元整体""概念教学""核心素养"等视角进行了立体式的探索与实践，建构了聚焦重要概念的单元教学"操作指南"，撰写了本书。首先，我们从整体上对单元目标、教学策略、教学评估进行设计，包括单元教学分析、单元概念解构、单元目标、单元教学思路等内容。然后，我们进行了课时教学实践，并呈现给读者"课时教学实例"。具体栏目解读如下：

"单元教学分析"结合课程标准和教科书等教学资源，深入解读本单元概念教学内容，并厘清其在模块中以及跨模块学习中的地位。同时对学生学习本单元重要概念的"前概念"知识、认知特点和规律等因素进行分析。

"单元概念解构"以本单元重要概念为中心，分析重要概念的上、下位概念和相关的平行概念之间的关系，并建构框架图。这是学生学习本单元的"锚点"。

"单元目标"包括"学习目标"和"评价目标"。"学习目标"聚焦单元重要概念的建构，引导、帮助学生发展科学思维等学科核心素养。目标的表述包含行为主体、行为动词、行为条件、行为标准等要素。"评价目标"指向学科核心素养四个维度的不同水平，评估学生在真实性任务中的不同表现。单元评价目标与教学目标保持一致性，以落实"教—学—评"的一致。

"单元教学思路"是基于单元整体学习情境和核心任务，设计本单元课时教学的"情境—任务—活动—评价"等规划。这是学生学习本单元的"学习图谱"。

"课时教学实例"主要包括课时概念解析、课堂教学实录（为帮助读者观看与研讨，随书配有视频二维码）及专业点评、教学反思与总体评析等内容。

本书最大的亮点是读者在阅读的同时能看到教学实录，读者可以凭借自己的判断，取其中有理、有用之处，也充分关注其中必然存在的问题，借此反思当下的单元整体教学实践——共性的和个体的、表象的和深层的方面，最终使单元整体教学的"操作支架"得到重新整合，重构单元整体教学的意义，进而改进自己的实践，让自身受益，更让我们的学生受益。

在课例开发过程中，我们得到了多方领导、校长、专家和教师的大力支持，在此深表感谢！

诚然，聚焦重要概念的单元整体教学是一个常研常新的重要课题，我们旨在抛砖引玉，引发广大教师对这一重要课题的深入思考与探索。由于作者水平有限，书中存在疏漏之处在所难免，敬请读者不吝赐教。

周初霞

2021年4月

目 录

单元 1　细胞由多种多样的分子组成 ································· 1

　一、单元教学分析 ·· 1

　二、单元概念解构 ·· 1

　三、单元目标 ··· 2

　四、单元教学思路 ·· 3

　五、课时教学实例 ·· 5

　　课时 1　水和无机盐是构成细胞的重要无机物 ························ 5

　　课时 2　生物大分子以碳链为骨架——糖类与脂质 ················ 11

　　课时 3　生物大分子以碳链为骨架——蛋白质与核酸 ············ 17

单元 2　细胞的多种结构共同执行各项生命活动 ················ 24

　一、单元教学分析 ·· 24

　二、单元概念解构 ·· 24

　三、单元目标 ··· 25

　四、单元教学思路 ·· 26

　五、课时教学实例 ·· 27

　　课时 1　细胞膜控制细胞与周围环境的联系 ························· 27

　　课时 2　细胞核是细胞生命活动的控制中心 ························· 31

　　课时 3　细胞质是多项生命活动的场所 ······························· 38

　　课时 4　细胞在结构和功能上是一个统一整体 ····················· 43

1

单元 3　细胞通过物质交换维持正常的代谢活动 ·············· 49

- 一、单元教学分析 ·············· 49
- 二、单元概念解构 ·············· 49
- 三、单元目标 ·············· 50
- 四、单元教学思路 ·············· 51
- 五、课时教学实例 ·············· 53
  - 课时 1　物质通过多种方式出入细胞（一） ·············· 53
  - 课时 2　物质通过多种方式出入细胞（二） ·············· 57

单元 4　细胞内的化学反应依赖 ATP 和酶 ·············· 63

- 一、单元教学分析 ·············· 63
- 二、单元概念解构 ·············· 63
- 三、单元目标 ·············· 64
- 四、单元教学思路 ·············· 65
- 五、课时教学实例 ·············· 66
  - 课时 1　ATP 是细胞内的"能量通货" ·············· 66
  - 课时 2、3　酶是生物催化剂 ·············· 71

单元 5　细胞呼吸为细胞生活提供能量 ·············· 76

- 一、单元教学分析 ·············· 76
- 二、单元概念解构 ·············· 76
- 三、单元目标 ·············· 77
- 四、单元教学思路 ·············· 78
- 五、课时教学实例 ·············· 79
  - 课时 1　需氧呼吸为细胞生活提供能量 ·············· 79
  - 课时 2　厌氧呼吸为细胞生活提供能量 ·············· 86

单元6　光合作用将光能转化为化学能 ·· 93

　一、单元教学分析 ·· 93
　二、单元概念解构 ·· 93
　三、单元目标 ·· 94
　四、单元教学思路 ·· 95
　五、课时教学实例 ·· 97
　　课时1　叶绿体中的光合色素捕获光能 ··· 97
　　课时2　光反应将光能转化为化学能，并产生氧气 ·· 103
　　课时3　碳反应将二氧化碳还原为糖 ··· 109
　　课时4　光合作用受多种环境因素的影响（一） ··· 115
　　课时5　光合作用受多种环境因素的影响（二） ··· 120

单元7　细胞会经历生长、增殖、分化、衰老和死亡等生命进程 ·············· 128

　一、单元教学分析 ·· 128
　二、单元概念解构 ·· 128
　三、单元目标 ·· 129
　四、单元教学思路 ·· 130
　五、课时教学实例 ·· 131
　　课时1、2、3　细胞通过分裂增殖 ··· 131
　　课时4　细胞通过分化产生不同类型的细胞 ··· 144
　　课时5　细胞凋亡是编程性死亡 ··· 151

主要参考文献 ·· 155

单元 1

细胞由多种多样的分子组成

一、单元教学分析

本单元是《普通高中教科书·生物学 必修1 分子与细胞》（浙江科学技术出版社）的开篇。生命系统是由物质构成的，而细胞主要由 C、H、O、N、P、S 等元素构成，构成细胞的化合物主要包括水、无机盐、糖类、脂质、蛋白质和核酸等。水约占细胞重量的 2/3，以自由水或结合水的形式存在。水赋予了细胞许多特性，在生命活动中具有重要作用。无机盐在细胞内的含量虽少，但与生命活动密切相关。生物大分子以碳链为骨架，糖类既是细胞的重要结构成分，又是生命活动的主要能源物质；不同种类的脂质对维持细胞的结构和功能有重要作用；蛋白质的功能取决于氨基酸序列及其形成的空间结构，细胞的功能主要由蛋白质完成；核酸是储存与传递遗传信息的生物大分子，指导蛋白质的生物合成。

通过初中科学的学习，学生对构成细胞的元素、无机物、有机物已有一定的认识，但限于学生的认知水平和对物理、化学等学科的认知水平，学生对细胞组成物质的认识仅停留在宏观层面，并且对各种生命物质的认识也往往是割裂的，学生对蛋白质的结构与功能、核酸与蛋白质的联系的认识还处于相对孤立的状态。因此，教师引导学生从结构与功能观的视角探索物质的结构与功能、生命的物质性，既符合高中学生的认知特点和规律，又可以帮助学生形成"细胞由多种多样的分子组成，包括水、无机盐、糖类、脂质、蛋白质和核酸等，其中蛋白质和核酸是两类最重要的生物大分子"这一重要概念，从而建立系统的、科学的生命观。

二、单元概念解构

本单元聚焦课程标准中的重要概念"细胞由多种多样的分子组成，包括水、无机盐、糖类、脂质、蛋白质和核酸等，其中蛋白质和核酸是两类最重要的生物大分子"。该重要概念支持单元2的重要概念"细胞各部分结构既分工又合作，共同执行细胞的各项生命活动"的学习，并共同支撑大概念"细胞是生物体结构与生命活动的基本单位"的建构。本单元的教学分别对应"水和无机盐是构成细胞的重要无机物""糖类是细胞的主要能源物质，不同种类的脂质对维持细胞结构和功能具有重要作用""蛋白质是生命活动的主要承担者，核酸是储存与传递遗传信息的生物大分子"3个次位概念，共同聚焦本单元的重要概念。这些概念之间的关系如图1-1所示。

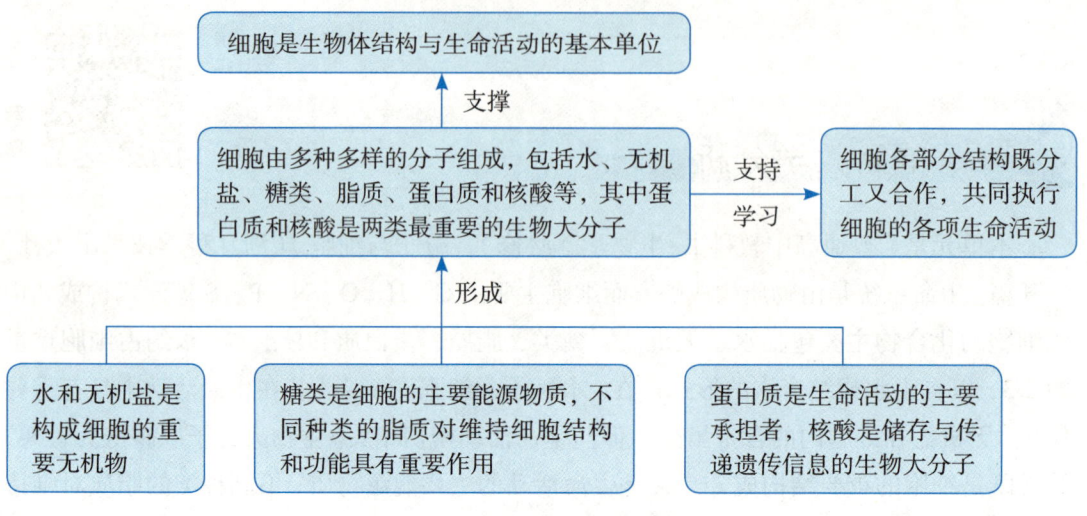

图1-1 单元1相关概念间的关系

三、单元目标

（一）学习目标

1. 通过比较地壳和细胞、玉米和人体的元素种类及其含量，能说出细胞主要由C、H、O、N、P、S等元素构成，认识生命元素来自自然界，它们以碳链为骨架形成复杂的生物大分子，领悟生命的物质性，初步形成生命的物质观。

2. 通过分析不同的糖类、脂质、核酸等生物大分子的生理作用，以及蛋白质空间结构与其功能的关系，阐明结构和功能的关系，初步形成结构与功能观。

3. 通过氨基酸、蛋白质等分子结构模型的建构，综合运用归纳与概括、模型与建模等方法，阐明氨基酸的结构通式及氨基酸形成蛋白质的过程。

4. 通过检测生物组织中的糖类、油脂和蛋白质等活动，针对特定的生物学现象，进行观察、提问、实验设计、方案实施以及对结果的交流与讨论，发展科学探究能力。

5. 通过分析《中国居民膳食指南（2016）》和"中国居民平衡膳食宝塔"资料，关注无机盐、糖类、脂质等物质的过量摄入对自身健康的影响，建立健康的饮食习惯，关注营养与健康。

（二）评价目标

1. 在学习"细胞的分子组成"后，能运用结构与功能观，举例说明细胞中的化合物是细胞执行各项生命活动的物质基础。需要具备生命观念的二级水平。

2. 在学习蛋白质分子的形成机制时，能运用模型与建模的方法，建构蛋白质分子的物理模型。需要具备科学思维的三级水平。

3. 在"检测各种生物组织中的糖类、油脂和蛋白质"活动中，能开展合作探究，设计并实施探究实验方案和分析实验结果。需要具备科学探究的二级水平。

4. 在学习"生物大分子以碳链为骨架"时，能运用生命观念科学解释细胞中的生物大分子影响人体生命活动等现象。需要具备社会责任的二级水平。

四、单元教学思路

（一）单元情境

中国营养学会在《中国居民膳食指南（2016）》中提出了"中国居民平衡膳食宝塔"（图1-2），建议中国居民每日需摄入多种食物，且不同类型食物的建议摄入量与营养功能各不相同。

图1-2　中国居民平衡膳食宝塔

（二）核心任务

分析"中国居民平衡膳食宝塔"中各种食物的营养成分，以及这些营养成分在人体细胞中的存在形式和生理功能。

（三）教学流程

以支撑本单元重要概念所需的次位概念为课时学习主题，课时教学以问题、任务、活动与评价为主线展开。本单元分为3个课时，教学流程如图1-3所示。

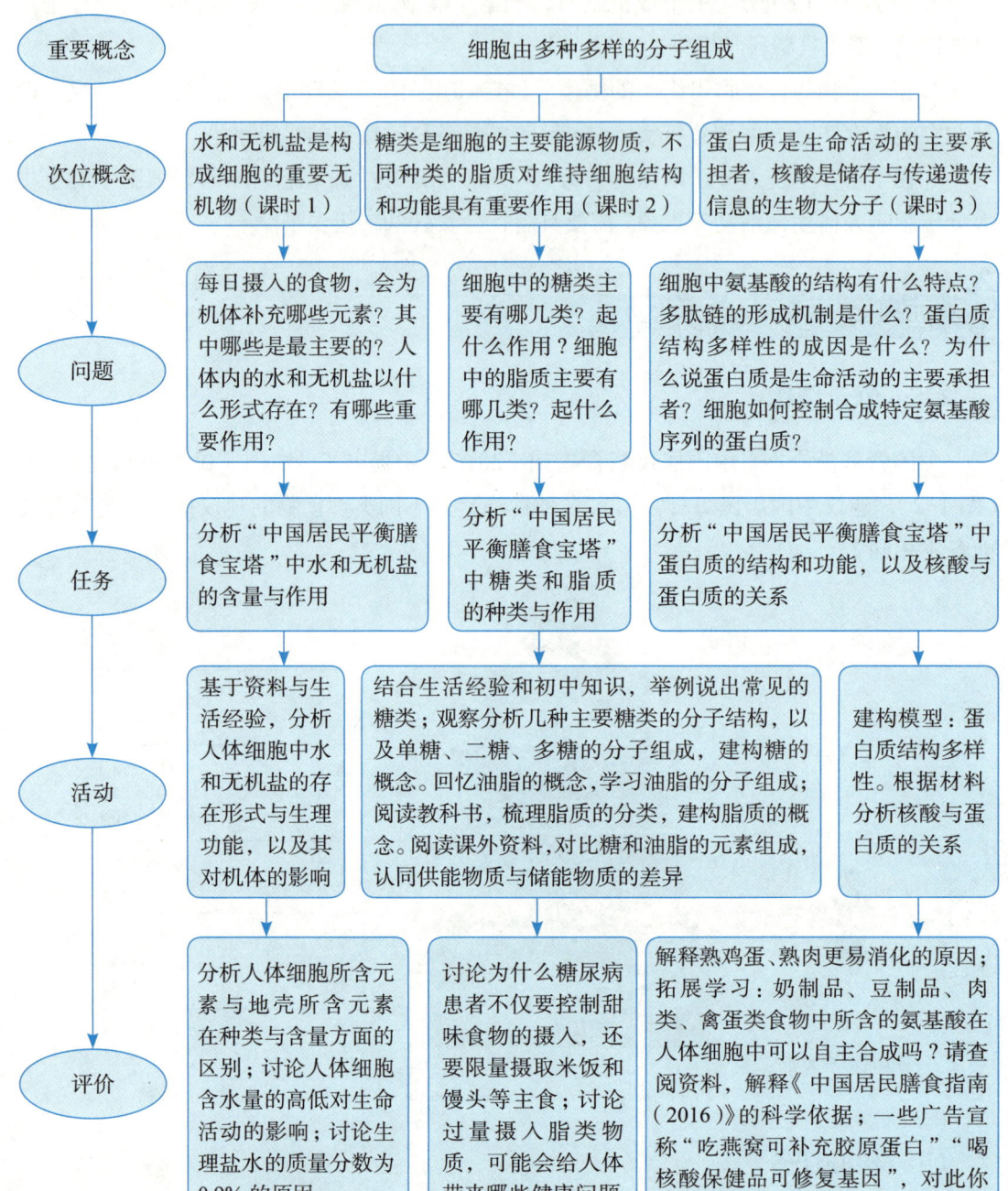

图1-3　单元1教学流程

五、课时教学实例

课时 1　水和无机盐是构成细胞的重要无机物

（一）课时概念解析

本课时的概念为"水和无机盐是构成细胞的重要无机物",该概念的建构需要以下基本概念或证据的支持。

1. 细胞主要由 C、H、O、N、P 和 S 等元素组成。
2. 水约占细胞重量的 2/3,以自由水和结合水的形式存在,赋予了细胞许多特性,在生命活动中具有重要作用。
3. 无机盐在细胞内含量虽少,但与生命活动密切相关。

（二）课堂实录

教学环节	课堂实录	专业点评
创设单元情境	创设情境　根据《中国居民膳食指南（2016）》和"中国居民平衡膳食宝塔"（图1-4）,中国居民每日需要摄入多种食物,不同类型食物的建议摄入量有较大的差别。 盐　　　　　　　　　　　<6 g 油　　　　　　　　　　　25～30 g 奶及奶制品　　　　　　　300 g 大豆及坚果类　　　　　　25～35 g 畜禽肉　　　　　　　　　40～75 g 水产品　　　　　　　　　40～75 g 蛋类　　　　　　　　　　40～50 g 蔬菜类　　　　　　　　　300～500 g 水果类　　　　　　　　　200～350 g 谷薯类　　　　　　　　　250～400 g 全谷物和杂豆　　　　　　50～150 g 薯类　　　　　　　　　　50～100 g 水　　　　　　　　　　　1500～1700 mL 每天活动6000步 图 1-4　中国居民平衡膳食宝塔	"中国居民平衡膳食宝塔"作为单元情境,不仅能统领整个单元的教学内容,而且能渗透社会责任感。

续表

教学环节	课堂实录	专业点评
提出核心问题	**教师提问** ①"中国居民平衡膳食宝塔"中的食物被人体消化、吸收后,细胞会获得哪些营养成分? ②这些化合物在人体内是如何发挥作用的? ③这些食物会为机体补充哪些元素?其中哪些是细胞中的主要元素?	教师针对单元情境,提出核心问题,将情境中隐含的现实生活问题转变成学科问题,引导学生思考。
任务1:探索组成细胞的主要元素	**过渡** 组成细胞的分子,既包括简单的无机物,也包含复杂的有机物。物质又是由元素构成的。 **呈现资料** 玉米细胞和人体细胞中的元素种类及含量(表1-1)。 表1-1 玉米细胞和人体细胞的部分元素及含量(干重,质量分数/%) 	元素	玉米细胞	人体细胞
C	43.57	55.99
H	6.24	7.46
O	44.43	14.62
N	1.46	9.33
K	0.92	1.09
Ca	0.23	4.67
P	0.20	3.11
Mg	0.18	0.16
S	0.17	0.78 | 注:其他元素占细胞干重的质量分数总计小于3%。 **学生活动** 分析讨论以下问题:①在玉米细胞和人体细胞中,含量较多的4种元素一样吗?怎样解释这种现象?②细胞中的有些元素含量很少,这是否意味着它们不重要?能举例说明吗?③比较玉米细胞和人体细胞的组成元素种类和含量,你还能得出哪些结论? **师生总结** 学生通过比较分析,发现不同细胞的元素组成基本相同,但含量有一定的差异,从而认同细胞的统一性和多样性。在此基础上,教师引导学生自主学习组成细胞的大量元素和微量元素,并辩证地看待微量元素的作用。 **呈现资料** 生物细胞(鲜重)和地壳中化学元素组成的对比(表1-2)。 表1-2 生物细胞(鲜重)和地壳的化学元素组成(质量分数/%) | 元素	生物细胞	地壳	元素	生物细胞	地壳
---	---	---	---	---	---
O	65	48.60	K	0.35	2.47
C	18	0.087	S	0.25	0.53
H	10	0.76	Na	0.15	2.74
N	3	0.03	Mg	0.05	2.00
Ca	1.55	3.45	Fe	0.70	4.75
P	1.0	0.75	Si	0.17	26.30		本环节看似只比较了玉米细胞和人体细胞,推而广之就是比较植物细胞和动物细胞元素含量的差异。学生通过分析、比较,归纳细胞中的主要元素和微量元素,认识细胞间的统一性和多样性。

续表

教学环节	课堂实录	专业点评
任务1：探索组成细胞的主要元素	**学生活动** 分析生物细胞（鲜重）和地壳的化学元素组成在种类和含量上的异同，得出结论。解释在细胞的干重和鲜重中，氧元素的含量为什么不同。 **师生总结** 学生在讨论交流中总结出组成细胞的化学元素在无机环境中都可以找到，但含量差异很大。教师通过举例说明生物体总是与外界环境进行有选择性的物质交换，从而使学生认识到生物界与非生物界的统一性和差异性。同时，教师引导学生结合已有经验，解释含水量对氧元素含量的影响。 **评价任务** 从细胞组成元素的含量角度分析，《中国居民膳食指南（2016）》为什么对不同类型食物的建议摄入量有一定的差别？ **学生活动** 通过分析讨论，体会不同食物中化学元素和营养物质的种类和含量有很大差别，认识在日常膳食中需要不同食物的合理搭配，才能满足机体的营养需要。	学生从元素种类和含量的角度认识细胞与无机环境的共性和差异，从而在元素层次上认识生命的物质性，这为生命物质观的形成提供了事实支持。
任务2：探究水的含量和存在形式	**呈现资料** ①构成细胞的化合物的种类和含量（图1-5）；②不同生物、不同生长阶段、不同组织器官中的含水量（图1-6）。 构成细胞的化合物 { 无机化合物 { 水：60%～90%；无机盐：1%～1.5% }；有机化合物 { 蛋白质：7%～10%；脂质：1%～2%；核酸、糖类：1%～1.5% } } 图1-5 构成细胞的化合物 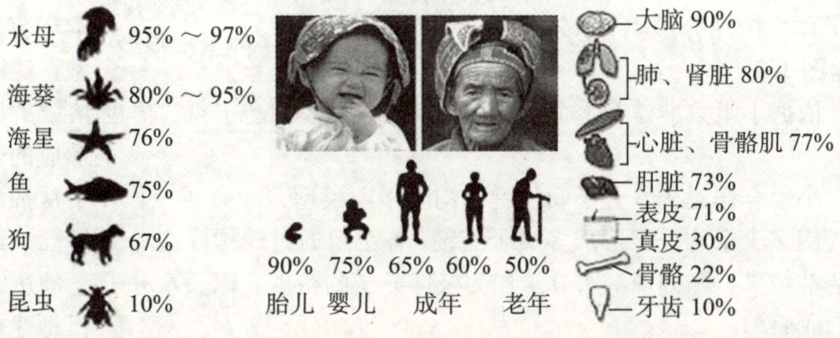 水母 95%～97%；海葵 80%～95%；海星 76%；鱼 75%；狗 67%；昆虫 10% 胎儿 90%；婴儿 75%；成年 65%、60%；老年 50% 大脑 90%；肺、肾脏 80%；心脏、骨骼肌 77%；肝脏 73%；表皮 71%；真皮 30%；骨骼 22%；牙齿 10% 图1-6 不同生物、不同生长阶段、不同组织器官中的含水量 **学生活动** 根据上述资料，分析讨论以下问题：①细胞中含量最多的化合物是什么？②细胞的含水量在不同生物、不同生长阶段、不同组织器官中有何差异？ **学生总结** 通过分析图表，总结出水是细胞中含量最多的化合物，是生物体的重要组成成分，且水生生物的含水量大于陆生生物，幼年个体的含水量大于老年个体，代谢旺盛的组织器官的含水量大于代谢不旺盛的组织器官。	教师利用图表帮助学生明确水是细胞中含量最多的化合物，不同细胞中水的含量存在差异。学生通过资料的分析发展了获取信息的能力、归纳与概括的能力。

续表

教学环节	课堂实录	专业点评
任务2：探究水的含量和存在形式	**呈现资料** 刚刚采摘留种的花生种子往往需要晒干后保存，种子重量会减轻很多。如果取几粒晒干后的花生种子进行烘烤，重量会进一步下降。 **学生活动** 结合上述资料，分析讨论以下问题：①两次种子质量下降的原因分别是什么，分别对种子造成了怎样的影响？②为什么种子保存前要晒干，种植萌发前要浸泡？ 总结：通过实例分析，总结水的不同存在形式。在此基础上概括出细胞中的水是以自由水和结合水的形式存在，自由水是细胞内良好的溶剂，结合水是细胞结构的重要组成成分。 **呈现资料** ①种子萌发时大量吸收水分，细胞自由水的比例升高，结合水的比例下降；②种子在储存前晒干，自由水的比例下降，结合水的比例上升；③北方冬小麦在冬天来临前，自由水的比例下降，结合水的比例上升。 **学生活动** 结合上述资料，分析讨论以下问题：①自由水和结合水分别有什么功能？②为什么自由水具有流动性，能作为良好的溶剂和介质？③水分子的结构如何与其功能相适应？	教师借助生活实例描述水的存在形式，使抽象概念具象化，这有助于学生理解自由水和结合水的概念和功能。教师从自由水的存在形式和功能出发，探究水分子的结构，这有助于学生初步形成结构与功能观。
任务3：探究水的分子特性和作用	**呈现资料** 水分子是极性分子的原因： ①水分子中的氢原子和氧原子通过共同使用外层电子以达到电子饱和的状态（形成共用电子对），由此形成较稳定的化学结构。②水分子中的氧原子强烈吸引共用电子对，使之偏向自己，从而使自身带部分负电荷，同时使氢原子带部分正电荷，就好像使氢原子核"裸露"出来一样。③分子中正负电荷的中心不重合，电荷分布不均匀、不对称的分子称为极性分子。④水分子的结构模型（图1-7）。 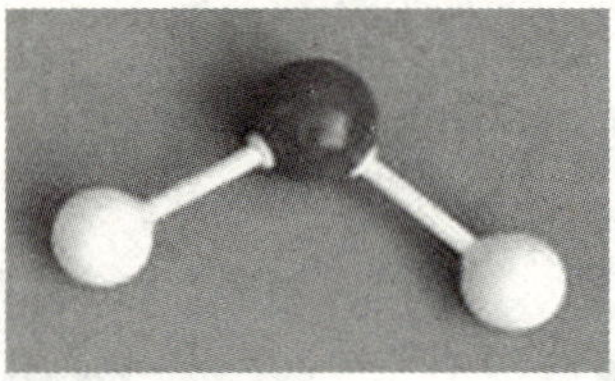 图1-7 水分子的结构模型 **教学准备** 依据小组数准备若干个水分子的球棍模型、白色卡纸、黑色签字笔。 **学生活动** 小组合作建构水分子间氢键结构的平面模型，注意：一个水分子会与周围多少个水分子形成多少个氢键。各小组通过建构模型和交流、讨论活动结果，深刻理解水分子作为极性分子的特点，以及水分子间氢键的形成原理。 **播放视频** 氯化钠晶体在水中溶解。 **学生活动** 结合视频内容，小组讨论分析水分子作为极性分子与其他分子或离子相互溶解的原理。 **教师提问** ①为什么凡是有极性的分子或离子都易溶于水？②水为什么能调节温度？③水还具有哪些功能？ **学生总结** 通过建构模型，学生认识到"水作为良好的溶剂""水具有调节温度的作用"等功能的结构基础。并联系生活实际，总结生物体内的水的功能。	学生通过研读材料，获取关键信息，将文字信息和图片信息整合后，形成"水分子是极性分子"的概念。这个过程提升了学生的科学思维能力。 本环节采用实物模型直观地表示NaCl溶解的原理和氢键形成的过程，实现了从抽象到具体的转变，这有助于概念的达成。 模型建构是学生经历"思考—尝试—评价—修正"的学习过程。 教师从水分子结构特性的角度解释水的功能，促进了学生对"水为生命活动提供条件"的理解。

续表

教学环节	课堂实录	专业点评
任务4：探究无机盐的存在形式以及作用	**呈现资料** ①运动饮料的化学成分表（图1-8）；②血红蛋白和叶绿素的化学结构式（图1-9）。 **电解质浓度（平均值）** | 阳离子	mg/100 mL	(mEq/L)
Na^+（钠）	49	(21)
K^+（钾）	21	(5)
Ca^{2+}（钙）	2	(1)
Mg^{2+}（镁）	0.6	(0.5)
阴离子	mg/100 mL	(mEq/L)
Cl^-（氯）	57	(16)
$Citrate^{3-}$（柠檬酸根）	64	(10)
$Lactate^-$（乳酸根）	9	(1) | 图1-8 运动饮料的化学成分表 血红蛋白——Fe^{2+}　　叶绿素——Mg^{2+} 图1-9 血红蛋白和叶绿素的化学结构式 **学生活动** 根据资料，分析讨论：①饮料中的无机盐是以什么形式存在？含量高吗？为什么要在运动饮料中添加无机盐？某同学上完体育课后，发生抽搐（抽筋），分析原因。②为什么缺铁会导致贫血？为什么植物缺镁会影响光合作用？③在医院输液时，生理盐水的质量分数是0.9%，为什么？过高或过低会产生什么影响？④血液pH为什么能够维持在一定范围（7.35~7.45）？ **学生总结** 通过生活化的情境总结出无机盐多数以离子形式存在，无机盐是构成细胞某些复杂化合物的重要组成成分，对维持血浆的正常浓度、酸碱平衡，以及神经、肌肉的兴奋性都是非常重要的。	本环节通过"运动饮料"这一生活化的情境激发学生的学习兴趣，再通过大量的事实材料，说明无机盐的主要作用。将新知识与学生的已有经验建立联系，有利于学生建构"无机盐在细胞内含量虽少，但与生命活动密切相关"的概念。
回扣情境，交流评价	**交流评价** 结合《中国居民膳食指南（2016）》和"中国居民平衡膳食宝塔"进行交流与评价： ①《中国居民膳食指南（2016）》为什么对水的摄入要求这么高？ ②为什么每天需要摄入一定量的无机盐？ ③《中国居民膳食指南（2016）》建议每天食盐的摄入量应小于6 g。摄入的盐过多对人类健康有哪些危害？ ④解释《中国居民膳食指南（2016）》的科学依据。	教师依托单元情境开展评价活动，实现情境的前后呼应。学生围绕单元情境，阐明日常膳食中的科学原理，并为健康的饮食习惯提供理论支撑，提升了社会责任意识。

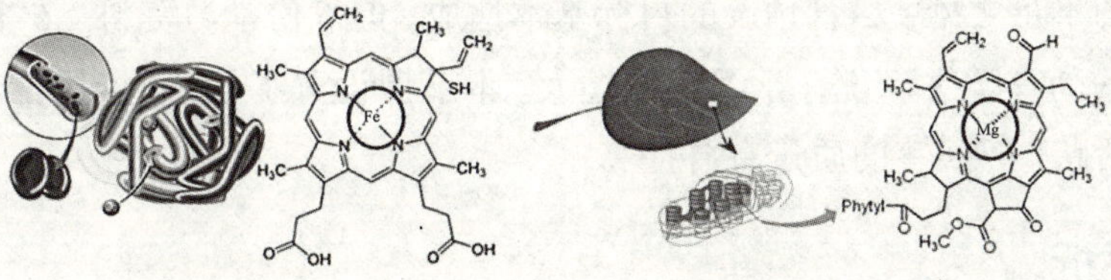

（三）教学反思

本节课的亮点主要体现在 2 个方面：一是注重生活实例与生物学知识的有机融合。因为学生缺乏对结合水的存在形式、自由水的功能和无机盐的作用等内容的感性认识，所以这些内容是本节课的教学难点。教学时，教师利用《中国居民膳食指南（2016）》"中国居民平衡膳食宝塔"、自由水和结合水的比例与植物抗逆性的关系、运动饮料的化学成分等生活实例，激发学生兴趣，让学生积极主动地参与到相关内容的讨论中，逐步形成"水和无机盐是构成细胞的重要无机物"这一概念，有效地突破了教学难点。二是模型建构和问题的设计符合学生的认知规律。如在进行"水的作用"教学时，先让学生认识水分子具有极性，再通过研读教科书，了解 NaCl 溶解的原理和氢键形成的过程，接着将抽象的概念用实物模型直观地表示出来。又如模型的建构活动，亦是遵循高一学生的认知特点，即学生在充分理解相关原理后，小组合作建构模型，从而充分经历"思考—尝试—评价—修正"的学习全过程。

本节课存在的不足之处：尽管预设的目标基本达成，但 6 份学习资料、6 个活动，对于刚接触生物学的高一学生来说，学习容量过大。本节课设置了较多的问题和情境，尽管学生的思维很活跃，但回答的质量有待提高。

（四）总体评析

1. 紧密联系生活开展教学活动。

生物学教学是源于生命和生活的教学，生物学知识来源于实践，又服务于生活。本节课引用大量的生活真实案例，这不仅增强了学生学习生物学的兴趣，而且有利于学生对知识的理解和内化。本节课充分关注了生物学知识与现实生活的联系，教师指导学生学以致用，运用所学知识解决实际生活问题，让学生体验到了学习的成就感。

2. 体现了生物学教学是概念建构和运用的教学。

本节课以"中国居民平衡膳食宝塔"为重要概念"细胞由多种多样的分子组成，包括水、无机盐、糖类、脂质、蛋白质和核酸等，其中蛋白质和核酸是两类最重要的生物大分子"的总情境，统领整个单元的教学内容，这不仅有效地落实了生命观念，同时渗透了社会责任。教学时，教师运用师生互动、课堂讨论、模型建构、实例分析等方法，兼顾了知识掌握和能力培养，这体现了"学为中心"的教学理念，有利于概念的建构。

3. 改进建议。

生物学是由事实、概念、定律等组成的结构化的知识体系，因此，通过大量的生物学事实支撑重要概念的形成是学习生物学的重要方法之一。本节课大多是让学生解释问题情境中的现象，建议教师设置一些问题情境让学生进行预测或列举生物学事实。

（本课时由温州中学林乔乔老师和江山中学刘奇洋老师设计，由刘奇洋老师执教）

课时 2 生物大分子以碳链为骨架——糖类与脂质

(一)课时概念解析

本课时的概念为"糖类是细胞的主要能源物质,不同种类的脂质对维持细胞结构和功能具有重要作用",该概念的建构需要以下基本概念或证据的支持。

1. 糖类和脂质均有多种类型。
2. 不同种类的糖类和脂质对维持细胞结构和功能具有重要作用。
3. 糖类与脂质既有区别又有联系。

(二)课堂实录

教学环节	课堂实录	专业点评
承接单元情境	**导课问题** 今天你的午餐是什么?你知道一日三餐应包含哪些食物才会营养又健康吗? **单元情境** "中国居民平衡膳食宝塔"(图 1-10)提出中国居民每日需摄入较多谷薯类食物,需要摄入少量油类物质和适量的奶制品、禽蛋肉类。 图 1-10 中国居民平衡膳食宝塔	通过"中国居民平衡膳食宝塔"单元情境,明确本课时的教学指向,引导学生思考本课时的核心问题。
提出核心问题	**核心问题** 摄入少量油类物质和适量的奶制品、禽蛋肉类的主要目的是什么?它们在细胞内以哪种形式存在?起什么作用?	

续表

教学环节	课堂实录		专业点评
任务1：探究不同类型糖类的功能	**呈现资料** 某些物质的相对甜度（表1-3）；几种糖类的结构示意图（图1-11）。 表1-3 某些物质的相对甜度		本环节从日常生活中常见的糖引入学习，结合"糖是甜的"这一认知误区，引发冲突，这有利于引导学生建构"糖类"的科学概念。

名称	甜度	名称	甜度
乳糖	16	蔗糖	100
半乳糖	30	木糖醇	125
麦芽糖	35	转化糖	150
山梨醇	40	果糖	175
木糖	45	天冬苯丙二肽	15000
甘露醇	50	蛇菊苷	30000
葡萄糖	70	糖精	50000
麦芽糖醇	90	应乐果甜蛋白	20000

注：表中山梨醇、甘露醇、麦芽糖醇、木糖醇、天冬苯丙二肽、蛇菊苷、糖精、应乐果甜蛋白等为非糖物质。

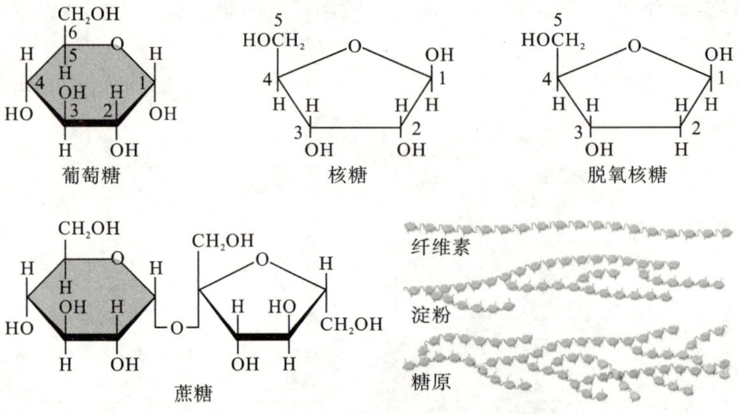

图1-11 几种糖类的结构示意图

学生活动 分组讨论以下问题：①糖一定是甜的吗？甜的物质一定是糖吗？②从结构上分，可以把糖分成哪几类？

学生总结 自主纠正生活中关于糖的认识误区。总结单糖、二糖和多糖的概念；认识五碳糖和六碳糖。（有些学生提出按碳的个数分类，有些学生按是否能被水解及水解产物进行分类。）

评价任务 ①某商家推出"无糖月饼"，称其主要成分为淀粉，不含糖，专供糖尿病患者食用。根据所学知识，判断糖尿病患者是否可安全食用该月饼？②舒化奶是乳糖高水解率牛奶，专供"乳糖不耐症"或乳糖酶缺乏人群饮用。根据材料，判断二糖能否被人体直接吸收。如何才能被吸收？

学生根据不同的标准对糖进行分类，这有助于培养发散性思维。
评价任务①中，学生意识到月饼中的淀粉也是糖类后，教师引导学生合理解释问题，理智分析某些广告产品中不含糖的说法，关注糖尿病患者的健康饮食。评价任务②中，教师引导学生从生活现象中洞察事物本质。

续表

教学环节	课堂实录	专业点评
任务1：探究不同类型糖类的功能	**学生活动** 说一说下列几种常见的糖中，哪些是动植物共有的，哪些是动物特有的，哪些是植物特有的。 核糖、脱氧核糖、葡萄糖、果糖、半乳糖、蔗糖、乳糖、麦芽糖、糖原、淀粉、纤维素。 **教学准备** 材料：苹果汁、甘蔗汁、发芽小麦的提取液、马铃薯匀浆、本尼迪特试剂、碘－碘化钾试剂。 **学生活动** ①据图说出植物体与动物体中特有的糖。②检测生物组织（苹果汁、甘蔗汁、发芽小麦的提取液、马铃薯匀浆）中的糖类，分析是否所有种类的糖都能被检测出来。 **学生总结** 通过查阅资料，总结概括：①本尼迪特试剂与还原糖在水浴加热的条件下能产生红黄色沉淀。②大多数单糖是还原糖，蔗糖和大多数多糖不是还原糖。③淀粉能与碘－碘化钾试剂发生蓝色反应。 **评价任务** ①概述本尼迪特试剂检测还原糖、碘－碘化钾试剂检测淀粉的主要操作步骤。②请将实验预测及实测结果填入实验记录表（表1-4）中。（用"＋"表示有相应的颜色变化，"－"表示无相应颜色变化） 表1-4 实验记录表 | 检测样品	实验检测	所含物质	
		淀粉	还原糖
---	---	---	---
苹果汁	预测		
	实测		
甘蔗汁	预测		
	实测		
马铃薯匀浆	预测		
	实测		
发芽小麦提取液	预测		
	实测		| **师生总结** 教师提供信息材料，各小组梳理本尼迪特试剂和碘－碘化钾试剂检测有机物的原理和流程。在明确原理和流程后，各小组通过实验操作认识了生物组织中还原糖和淀粉的检测方法和现象，进一步证明了生物组织含糖。 **呈现资料** ①植物的根、茎、叶含有的大量纤维素和果胶等物质，是构成植物细胞壁的主要成分。在细胞膜上，糖类往往与脂质、蛋白质结合，以糖脂、糖蛋白的形式参与细胞膜结构的组成。②糖类在生物体内（或细胞内）通过生物氧化释放能量，供给生命活动。可以转化成多糖，将能量储存起来。③有些糖类是重要的中间代谢产物，这些中间产物为合成其他生物分子如氨基酸、核苷酸、脂肪酸等提供碳骨架。 **学生活动** 小组合作，分析上述资料，归纳总结糖类的功能。 **评价任务** 结合上面的资料，归纳总结糖类的功能。	教师引导学生区分动、植物中共有的和特有的糖类，提出另一种分类依据，实现思维多角度的转换。 学生通过动手操作和观察，把直观的现象内化成抽象的概念。 基于丰富的生物学事实，帮助学生建构"糖类有多种类型，它们既是细胞的重要结构成分，又是生命活动的重要能源物质"的概念。

续表

教学环节	课堂实录	专业点评
任务2：说出不同类型脂质的功能	**呈现资料** ①养殖场通常给家畜、家禽提供富含糖类的饲料进行肥育。②油脂（脂肪）的分子结构式（图1-12）。 植物油脂呈液态，为油　　动物油脂呈固态，为脂 图1-12　植物油脂和动物油脂 **教师提问** ①油脂的元素组成有哪些？②油和脂在结构上的相似之处是哪里？③油和脂在结构上有什么区别？ **呈现资料** ①骆驼背部隆起像山峰状的部分里储藏了大量的脂肪，因此骆驼可以较长时间不吃食物。同时，聚集在一处的脂肪可以使骆驼的体温保持恒定，而不会使身体各处温度过高。②北极熊是世界上最大的陆地食肉动物，也是世界上皮毛保暖效果最好的动物。它的皮肤覆盖着厚达11.4 cm的脂肪，厚厚的脂肪层不仅能储存能量，还具有缓冲、防震的作用。 **教师提问** 这说明了油脂具有什么功能？厚厚的脂肪层对寒冷地区的生物来说，有何意义？ **学生总结** 根据已有的生活经验和材料信息，得出驼峰中储存的物质与能量有关，油脂是储能物质，具有保温、缓冲（保护内脏器官）等作用（储能脂质），同时油脂氧化分解时还能产生大量的水。 **呈现资料** 活细胞中一定含有磷脂，磷脂是细胞膜和其他细胞器膜的主要组成成分。磷脂的结构模型（图1-13）。 极性 非极性 图1-13　磷脂的结构模型	本环节从植物油脂和动物油脂的分子结构入手，不仅可以帮助学生较好地区分饱和脂肪酸和不饱和脂肪酸的结构特点，而且有助于学生从结构与功能观的视角解释饱和脂肪酸和不饱和脂肪酸对人体健康的影响。 骆驼、南极企鹅和北极熊的例子能更好地帮助学生建构"不同种类的脂质对维持细胞结构和功能有重要作用"的概念。

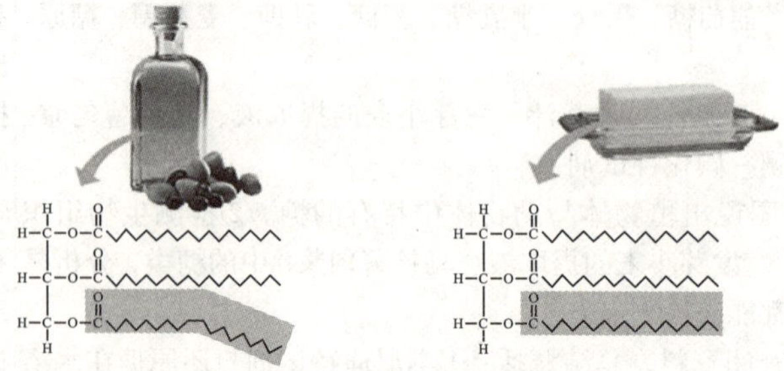

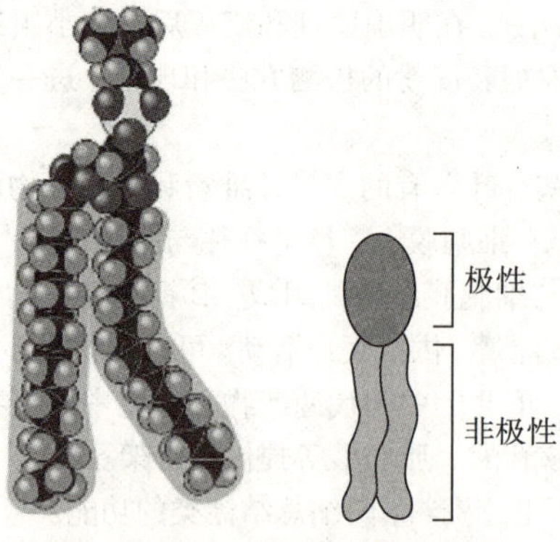

续表

教学环节	课堂实录	专业点评
任务2：说出不同类型脂质的功能	**学生活动** 思考：①磷脂是由哪些元素组成的？②磷脂和油脂在结构上有哪些相似之处和不同之处？ **呈现资料** 胆固醇、性激素、维生素D等固醇类物质的联系（图1-14）。 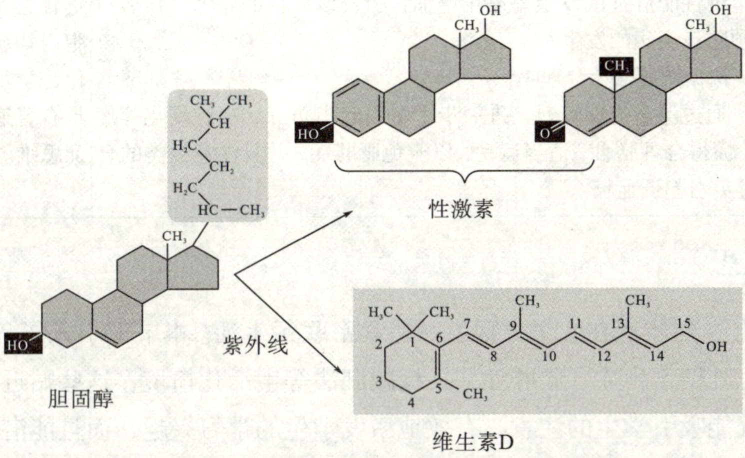 图1-14　胆固醇、性激素、维生素D等固醇类物质的联系 **呈现资料** ①胆固醇是细胞膜的重要成分，在人体内还具有参与脂质运输的功能，但血液中的胆固醇过多则可能会引发心脑血管疾病。②维生素D可促进人和动物对钙和磷的吸收。③性激素具有促进生殖系统发育、生殖细胞形成、激发并维持第二性征等作用。④胆固醇、性激素和维生素D存在图1-14所示的转化关系。 **评价任务** ①高胆固醇属于血脂异常的一种，对人体健康有一定的危害。有人认为应避免摄入一切含胆固醇的食物，你是否认同？②有一种观点：适当地晒晒太阳是有益人体健康的，你怎么看这一观点？③长期素食饮食可能会导致低胆固醇血症，进而导致生殖系统发育迟缓甚至不孕不育，为什么？	提供一些废弃材料，让学生合理利用材料建构模型。这是环保节能、垃圾分类理念在课堂中的生动实践。通过图片，学生能直观建立3种固醇类物质的联系，并以此解释生活中为什么适当地晒太阳有益健康，倡导健康的生活方式。这是新课程的重要理念。
任务3：认识糖类和油脂的异同	**呈现资料** ①油脂是非极性化合物，可以以无水的形式储存在体内，糖类是高度的水合形式，在体内储存时所占的体积相当于等量油脂的4倍左右。② 1 g葡萄糖氧化分解释放的能量为17.15 kJ，而1 g油脂氧化分解释放的能量为38.91 kJ。③糖类和油脂的元素含量（表1-5）。 表1-5　糖类和油脂的元素含量 | 类别 | C | H | O | |---|---|---|---| | 糖原$(C_6H_{10}O_5)_n$ | 44% | 6% | 50% | | 油脂 $C_{57}H_{110}O_6$ | 77% | 13% | 10% | **教师提问** 比较油脂和糖类在作为能源物质时的区别。 **学生总结** 油脂含C、H比例高，等量的葡萄糖和油脂在氧化分解时，油脂的耗氧量大，生成的水多，释放的能量多，因此油脂更适合储能。	依托材料和数据，分析糖类、油脂与能量释放的关系，为后续"细胞呼吸"的教学埋下了伏笔。

续表

教学环节	课堂实录	专业点评
课后任务	**交流评价** 结合《中国居民膳食指南（2016）》和"中国居民平衡膳食宝塔"进行交流与评价： ①过多地摄入胆固醇对人体会有哪些影响？ ②青少年单纯性肥胖症的发生率逐年增加，引发该症状的原因是什么？我们如何预防该疾病的发生？ ③你觉得"抗糖减肥法"合理吗？ **课后活动** 通过课后查阅资料，进一步了解引起脂肪肝、动脉硬化等疾病的原因。懂得合理膳食，适当运动，以避免肥胖症，并且注意糖类的合理摄入，避免引起低血糖。	从理论到实践，引导学生关注健康饮食习惯，提升社会责任意识。通过细胞内物质的相互转化，学生建立事物具有普遍联系的辩证思维。

（三）教学反思

本节课的亮点主要体现在2个方面：一是紧密联系生活。本节课引入了无糖月饼、糖尿病、舒化奶、乳糖不耐症、肥胖症、抗糖减肥法等生活化情境，这些贴近学生生活的真实情境，不仅能吸引学生的注意，有效地激发学生的学习兴趣，而且能潜移默化地引导学生纠正不良的生活习惯，提高健康意识。通过上述内容的讨论与评价，学生既发展了生命观念，又增强了社会责任感。二是实现概念建构至概念迁移的转变。本节课呈现了8组资料，每一组资料对应相应的学习任务。学生在问题的讨论交流、磷脂分子的模型建构、还原糖的实验检测中，较为有效地建构了本课时概念"糖类是细胞的主要能源物质，不同种类的脂质对维持细胞结构和功能有重要作用"，并应用概念探讨糖尿病、脂肪肝、动脉硬化等疾病的原因，从而关注自身饮食和健康的生活习惯，合理膳食，适当运动。本节课较好地实现了从概念建构至概念迁移、应用的转变。

本节课存在的不足之处：从教学效果看，学生对二糖和多糖的形成过程——脱水缩合理解不深刻，需要在蛋白质脱水缩合的教学过程中予以强化。从教学过程看，尽管学生较多地参与了课堂讨论，但讨论的质量、思维的深度均有待进一步加强。

（四）总体评析

1. 能运用所学知识解决现实情境中的矛盾和问题。

学生对糖类和脂质并不陌生，因此，教师在教学过程中应积极联系生活实际，创设问题情境，激发学生的兴趣。如从日常生活中常见的糖引入学习，结合学生的前概念"糖是甜的"，引发认知冲突，从而引导学生科学建构糖类的概念。又如，引入"舒化奶"案例，帮助学生判断二糖能否被人体直接吸收。本节课为学生提供了丰富、具体的生物学事实，引导学生基于事实建构"糖类是细胞的主要能源物质，不同种类的脂质对维持细胞结构和功能有重要作用"的概念。本节课开展了多元化、生活化、学生参与度高的课堂活动，为教学目标的达成和概念的建构奠定了基础。

2. 能运用所学知识养成良好的健康生活习惯。

传统的生物学课堂，更注重基础知识与基本技能的传授，往往忽略了社会责任和健康生活意识的培养。本节课的教学内容与学生的生活和身体健康关系密切，如学生运用所学知识分析"无糖月饼"的广告；又如：为什么甜食吃多了容易发胖？"抗糖减肥法"合理吗？上述问题或活动把学习和生活有机联系起来，学以致用，这不仅较好地体现了在现实生活中学习生物学知识、建构生物学概念的教学理念，而且有利于培养学生的社会责任感。或许，当学生忘记具体的生物学知识时，这些重要的观念或意识会伴随一生，终身受用。这就是大概念教学的意义所在。

3. 改进建议。

本节课明确了糖类是细胞的重要结构、是生命活动的主要能源物质，以及脂质对生物体的重要作用。在介绍多糖时，建议着重说明蛋白质、糖类、核酸这三类生物大分子都是由单体构成的多聚体，都是以碳链为骨架，从而进一步明确碳是生命的核心元素。这可为蛋白质与核酸的结构和功能、细胞的结构和功能、血糖平衡调节等内容的学习打下基础。

（本课时由温州中学蔡佩佩老师和江山中学王官勋老师设计，由王官勋老师执教）

课时3 生物大分子以碳链为骨架——蛋白质与核酸

（一）课时概念解析

本课时的概念为"蛋白质是生命活动的主要承担者，核酸是储存与传递遗传信息的生物大分子"，该概念的建构需要以下基本概念或证据的支持。

1. 氨基酸是蛋白质的基本单位，绝大多数氨基酸具有结构共性。

2. 蛋白质具有结构多样性。

3. 蛋白质具有功能多样性，是生命活动的主要承担者。

4. 核酸是由核苷酸聚合而成的生物大分子，能储存与传递遗传信息，控制细胞的生命活动。

（二）课堂实录

教学环节	课堂实录	专业点评
承接单元情境	**单元情境** "中国居民平衡膳食宝塔"（图1-15）提出了中国居民每日需摄入食物的种类和摄入量，其中奶制品、豆制品、肉类、禽蛋类等均是富含蛋白质的食物，需适量摄入。 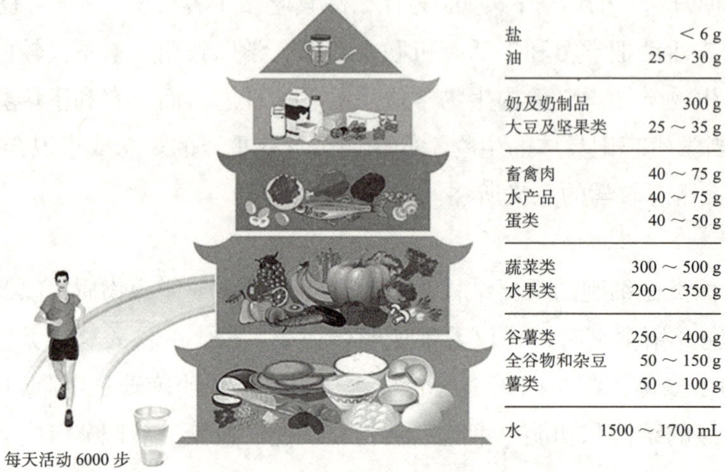 盐 <6 g 油 25～30 g 奶及奶制品 300 g 大豆及坚果类 25～35 g 畜禽肉 40～75 g 水产品 40～75 g 蛋类 40～50 g 蔬菜类 300～500 g 水果类 200～350 g 谷薯类 250～400 g 全谷物和杂豆 50～150 g 薯类 50～100 g 水 1500～1700 mL 每天活动6000步 图1-15 中国居民平衡膳食宝塔	本环节把单元情境中隐含的现实生活问题转变成学科问题，再引导学生开展本课时概念的建构。
提出核心问题	**核心问题** 适量摄入奶制品、豆制品、肉类等的主要目的是什么？为什么对蛋白质的摄入要求这么高？摄入的蛋白质是如何被人体吸收利用的？	
任务1：探索氨基酸的分子结构特点	**呈现资料** ①几种构成蛋白质的氨基酸的分子结构（图1-16）。②羧酸是指含有羧基（—COOH）的有机物分子，—COOH在一定的酸碱环境中可以电离出质子（—COO$^-$ + H$^+$）。氨基酸是指含有氨基的羧酸。 甘氨酸　丙氨酸　半胱氨酸　谷氨酸　精氨酸 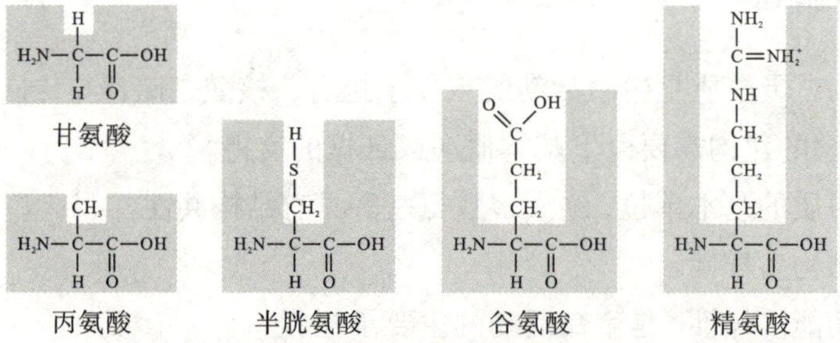 图1-16 几种构成蛋白质的氨基酸的分子结构 **学生活动** ①尝试写出氨基酸的结构通式。②解释构成蛋白质的氨基酸的特点。③说出蛋白质的元素组成。 **师生总结** 教师利用"希沃"投屏软件，展示几位学生书写的不一样的氨基酸通式（可能因为化学基团在平面的不同位置上）。引导学生理解它们实际是相同类型的分子，即α-氨基酸。氨基酸种类的不同取决于R基团的种类，有些氨基酸的R基团中还含有S、P等元素。	从学生的课堂表现看，通过对不同类型氨基酸分子结构的分析和讨论，学生经历了"建构—交流—评价—修正"的学习全过程，这有助于提炼和形成"氨基酸是蛋白质的基本单位，绝大多数氨基酸具有结构共性"的基本概念。

教学环节	课堂实录	专业点评
任务2：探索蛋白质分子结构多样性的原因	**学生活动** 小组合作模拟1个甘氨酸和1个丙氨酸形成二肽的过程。材料：一张纸上画有甘氨酸结构式，另一张纸片上画有丙氨酸结构式，纸片可以折叠；1根用于粘贴的固体胶棒。 各小组完成模拟活动后，分享、展示2个氨基酸通过脱水缩合形成二肽的过程，总结其间的化学键为"肽键"，并且，这2个氨基酸可以形成2种不同的二肽分子（图1-17）。 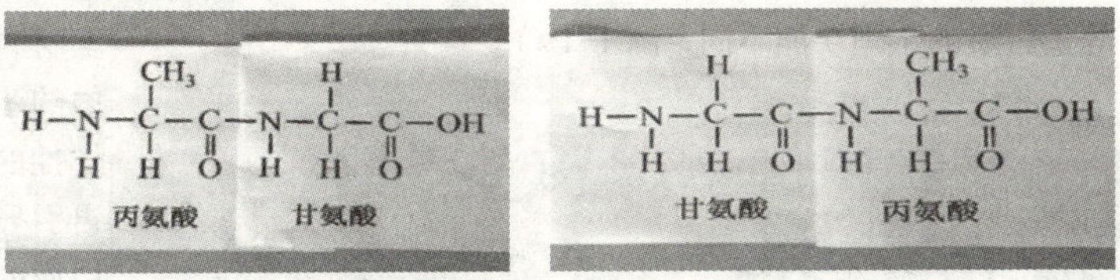 图1-17 丙氨酰甘氨酸（左）和甘氨酰丙氨酸（右） **学生活动** 每个小组任意选取不同氨基酸的纸片若干张，制作不同长度的肽链。 **教师提问** ①你们模拟的二肽与其他小组的二肽一样吗？肽键是如何形成的？如何书写肽键？②你们小组的肽链模型在形成过程中共脱去几个水分子？你们小组的肽链与其他小组相比，不同的原因是什么？ **学生总结** 脱水数＝肽键数＝氨基酸数－肽链数（非环状肽）；不同肽链的差别在于其中的氨基酸种类、数目和排列顺序。 **评价任务** 用A、B、C、D分别代表不同的氨基酸，假设一种氨基酸只能用一次，则可以组成几种三肽？若每种氨基酸的数量不限，可以组成几种三肽？ **学生总结** $4\times 3\times 2=24$ 种；$4^3=64$ 种。 **呈现资料** ①蛋白质分子可由一条或几条多肽链组成。每种蛋白质都有其独特的空间结构，如生长激素、血红蛋白、抗体的空间结构各不相同。正确的三维结构是蛋白质表现其特有的生物学活性所必需的。②在高温条件下，蛋白质的空间结构会发生不可逆的改变，这就是蛋白质的热变性。 **教师提问** 你还知道哪些蛋白质变性现象？变性会破坏肽键吗？总结蛋白质结构多样性的原因。 **评价任务** 胰岛素是一种蛋白质分子，它含有2条肽链，A链含有21个氨基酸，B链含有30个氨基酸，其中"—S—S—"是指由2个"—SH"（巯基）构成的二硫键（图1-18）。该分子含有几个肽键？至少有几个氨基、羧基？假设氨基酸平均分子质量是128，则胰岛素的相对分子质量是多少？ 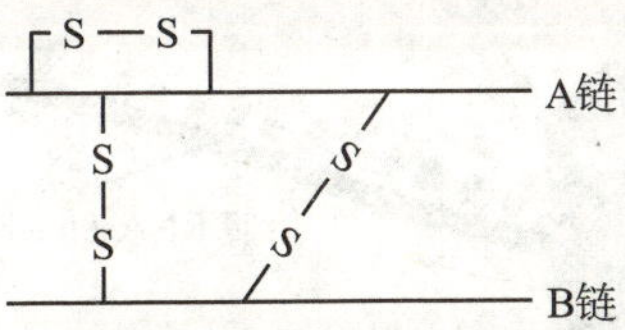 图1-18 胰岛素分子的平面结构	学生用模型模拟多肽链的形成过程，再通过组内、组间的活动评价，概括与归纳不同多肽链结构不同的原因，这有助于发展模型与建模的科学思维。 通过蛋白质变性的原因分析，学生初步形成"结构与功能相适应"的生命观念。 胰岛素分子的平面结构图的展示有助于学生更好地理解蛋白质的空间结构，并检测学习目标的达成情况。

续表

教学环节	课堂实录	专业点评
任务3：检测生物组织中的蛋白质	**呈现资料** ①适宜浓度配比的 NaOH、$CuSO_4$ 溶液因可与双缩脲分子反应出现紫色，而被称为双缩脲试剂。②能与双缩脲试剂发生紫色反应的化合物分子中至少含有 2 个肽键。 **学生活动** 利用 5 份材料：稀蛋清液、马铃薯匀浆、梨汁、煮沸冷却的豆浆、甘氨酸溶液，进行"检测生物组织中的蛋白质"活动。	蛋白质检测活动的进行，实现了实验教学与概念教学的有效衔接。
任务4：解释蛋白质功能的多样性	**呈现资料** 在人体内，肌球蛋白、肌动蛋白、抗体、蔗糖酶和细胞膜上的受体蛋白等蛋白质的生理功能不同（图1-19）。 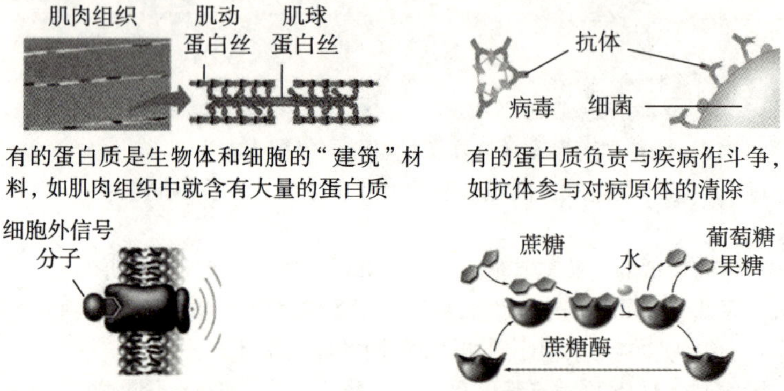 有的蛋白质是生物体和细胞的"建筑"材料，如肌肉组织中就含有大量蛋白质 有的蛋白质负责与疾病作斗争，如抗体参与对病原体的清除 有的蛋白质可识别细胞外信号分子，如细胞膜上的受体 有的蛋白质起着推动化学反应的作用，如食物的消化必须要有消化酶 图 1-19 蛋白质具有多种多样的功能 **教师提问** ①利用所学知识，解释不同蛋白质具有不同生理功能的原因。②《中国居民膳食指南（2016）》中为什么对蛋白质的摄入要求这么高？③蛋白质功能多样性的原因是什么？ **学生总结** 蛋白质的生物学功能与其分子结构密切相关，生物体许多生命活动的执行都是依靠特定的蛋白质来完成的。	学生通过提供的事实材料体会生物体内的蛋白质功能多样性的特点，教师再引导学生关注蛋白质的生物学功能与其特定的分子结构直接相关，这为学生形成结构与功能相统一的观念提供了支撑。
任务5：探索核酸的结构和功能	**呈现资料** ①大部分生物的遗传信息储存在 DNA 中，DNA 通过控制蛋白质的合成而使其中的遗传信息得以表达，从而控制细胞的生命活动。DNA 分子上的遗传信息先传递给 RNA，再由 RNA 指导合成具有特定氨基酸序列的多肽（图1-20）。②少数病毒（如 HIV 病毒、流感病毒）的遗传信息储存在 RNA 中。 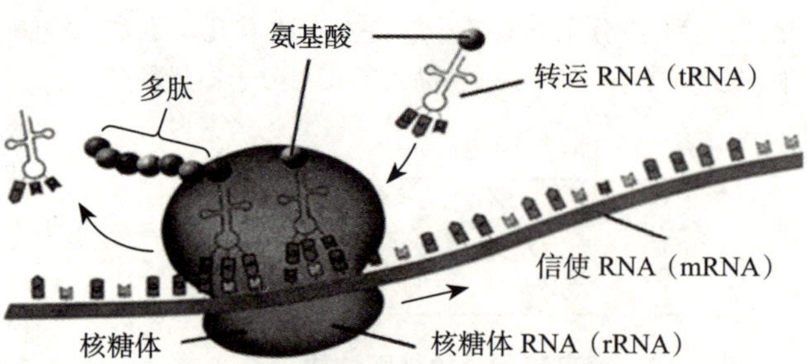 图 1-20 RNA 指导多肽的合成	从"蛋白质是生命活动的主要承担者"过渡到"核酸控制蛋白质合成"，这在思维上体现了一定的连贯性。

续表

教学环节	课堂实录	专业点评
任务5：探索核酸的结构和功能	**教师提问** ①生物的遗传物质是什么？②核酸有哪些种类？分别有哪些功能？ **师生总结** 绝大多数生物的遗传物质是 DNA，少数病毒的遗传物质是 RNA。在学生归纳"核酸具有储存和传递遗传信息"的基础上，教师引出核酸的基本单位——核苷酸。 **学生活动** 建构脱氧核苷酸和核糖核苷酸的分子结构模型。 **教学准备** 准备核苷酸学具模型。介绍各种模型结构所代表的物质种类：磷酸，脱氧核糖，核糖，A、G、C、T、U 5 种碱基模型。 **学生活动** 选择学具分别搭建脱氧核苷酸和核糖核苷酸的分子结构。 **提出问题** 你能建构出多少种脱氧核苷酸和核糖核苷酸？人体细胞、细菌、HIV 病毒中分别有多少种碱基和核苷酸？ **学生总结** 通过建构模型直观地了解到核苷酸的化学组成，以及各化学组成间的连接情况，充分了解脱氧核苷酸和核糖核苷酸在五碳糖和含氮碱基上的区别。 **呈现资料** DNA 和 RNA 的分子结构（图 1-21）。 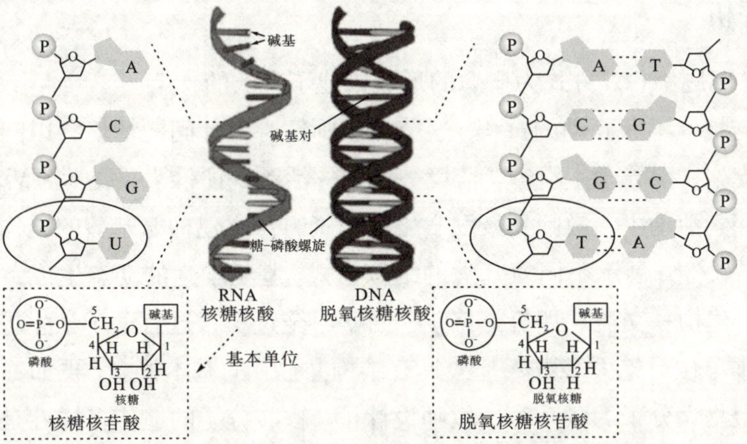 图 1-21 DNA 和 RNA 的分子结构 **学生总结** 结合蛋白质结构多样性的原因，从核苷酸序列的角度分析核酸分子多样性的原因。	学生在分析资料的过程中，加深了对核酸种类和功能的理解。并且，学生从核酸的功能出发探究其分子结构，这有助于形成结构与功能观。通过建模和展示 DNA 和 RNA 的分子结构，抽象内容直观化，这有助于学生形成"核酸是由核苷酸聚合而成的生物大分子"的概念。此过程锻炼了学生的信息获取、模型建构等能力。
回扣情境，交流评价	**交流评价** 结合《中国居民膳食指南（2016）》和"中国居民平衡膳食宝塔"进行交流与评价： ①说出熟鸡蛋、熟肉更容易消化的原因。 ②奶制品、豆制品、肉类、禽蛋类食物中的氨基酸在人体细胞中可以自主合成吗？请查阅资料，解释《中国居民膳食指南（2016）》的科学依据。 ③一些广告宣称"吃燕窝可补充胶原蛋白""喝核酸保健品可修复基因"，对此，你如何评析？	本环节紧密围绕单元情境，从理论到实践，引导学生合理膳食，提升社会责任感。

（三）教学反思

基于本节课学习内容的特点，保证学生思维的整体性，本节课采用长课时展开教学。本节课的亮点主要体现在两个方面：一是利用真实情境激发学生的学习兴趣。《中国居民膳食指南（2016）》是一个贴近生活的真实情境，我利用这一真实情境贯穿整个单元的学习，引导学生从身边问题出发，积极思考，主动探究，有效合作，较好地完成了本单元的教学内容。二是注重学生的交流讨论，生生互动。本节课以环环相扣的任务来驱动学习进程，较好地运用了自主合作探究的学习方式。例如，在进行二肽的模型搭建和多肽的模型分析时，通过小组间的评价与讨论，较为自然地提炼出了"蛋白质是生命活动的主要承担者"，促进了概念的生成。

本节课存在的不足之处：在备课时，除了备"教科书"，还应更多地备"学生"，这样才能在面对课堂上的各种"生成"时游刃有余。本节课学生的活动时间比较仓促，所以我一方面需要多引导学生进行课前预习，另一方面需要善于捕捉课堂生成的灵感和火花，留给学生更多的空间。

（四）总体评析

1. "模型""问题串"等方式为概念的形成搭建了有效的支架。

学习是个体与情境不断互动的过程。这节课教师精心设计问题情境，以问题情境为活动载体或学习支架，引导学生沿着"情境—任务—活动—评价"开展学习活动。例如，在氨基酸结构的探索活动中，教师先鼓励学生利用资料自主建构氨基酸的结构模型，再利用"希沃"投屏软件，展示不同氨基酸的结构通式。基于学生的动态生成，引导学生进行思辨，经历"建构—交流—评价—修正"的学习全过程，这有助于学生提炼"氨基酸是蛋白质的基本单位，绝大多数氨基酸具有结构共性"的基本概念。再如，在总结蛋白质与核酸两类生物大分子的联系时，教师设计了"核酸分子的遗传多样性是如何体现的？""蛋白质结构的多样性又是如何体现的？""两者之间有何联系？"等问题，这些问题为学生形成"DNA的核苷酸数量和排序可以决定蛋白质的氨基酸数量和排序"等基本概念搭建了学习支架。

2. 合理运用模型建构，突破教学难点。

蛋白质的分子结构过于抽象，这是本节课的教学难点。本节课教师利用图形、模型等直观的材料开展教学活动，引导学生小组合作建构氨基酸、蛋白质的物理模型，边做边学，帮助学生理解氨基酸和蛋白质的关系，以"做中学"的方式促成概念的建构，从而有效突破本节课的教学难点。模型建构活动直观地呈现了蛋白质分子结构多样性的原因，教师再引导学生从蛋白质结构与功能相适应的视角，思考、理解蛋白质具有功能多样性的原因，进而促成学生的深度学习，实现概念的建构、迁移与运用。

3. 改进建议。

建议适度增加有关蛋白质和核酸的生物学经典科学史资料，如人工胰岛素的合成。科学史是生物学课程资源的重要组成部分，一些科学史的引入能使学生沿着科学家探索生物世界的道路，理解科学的本质和科学研究的思路与方法，学习科学家的探索精神和创新精神，提高生物学科学素养。

（本课时由温州中学陈旭老师和江山中学王婷老师设计，由王婷老师执教）

单元 2

细胞的多种结构共同执行各项生命活动

一、单元教学分析

细胞是最基本的生命系统，是生命活动的基本单位。细胞的边界是质膜。质膜将细胞与外界环境分开，能控制物质进出，并参与细胞间的信息交流。细胞质中有线粒体、叶绿体、高尔基体、内质网、核糖体等细胞器，这些细胞器既有分工又有合作，担负着物质运输、合成与分解、能量转换与信息传递等生命活动。在细胞核的调控下，细胞的各部分结构协调配合，使生命活动能够在变化的环境中自我调控、高度有序地进行。

通过初中科学的学习，学生对质膜、细胞质、细胞核等结构已有一定的认识，但这些认识往往是割裂的，仅能片面地看待细胞各部分结构的功能，且对于细胞这样肉眼不可见的微观世界，学生往往缺乏感性认识和具象认识。因此，教师要引导学生从系统的角度来研究细胞，研究细胞的各个组分是怎样既相对独立又紧密联系的，细胞的生命活动是怎样通过各组分的协调配合来完成的。顺着这些视角去看微观的细胞，既符合学生的认知特点和认知规律，又可以帮助学生理解细胞的结构和功能，形成生命的系统观。

二、单元概念解构

本单元聚焦课程标准中的重要概念"细胞各部分结构既分工又合作，共同执行细胞的各项生命活动"。该重要概念是在单元 1 重要概念"细胞由多种多样的分子组成"的基础上形成的，这 2 个重要概念共同支撑大概念"细胞是生物体结构与生命活动的基本单位"的建构。本单元的教学分别对应"细胞膜控制细胞与周围环境的联系""细胞核是细胞生命活动的控制中心""细胞质是多项生命活动的场所""细胞在结构和功能上是一个统一整体"4 个次位概念，这 4 个次位概念共同聚焦本单元的重要概念，支持"细胞的功能绝大多数基于化学反应，这些反应发生在细胞的特定区域""细胞会经历生长、增殖、分化、衰老和死亡等生命进程"等重要概念的学习。这些概念之间的关系如图 2-1 所示。

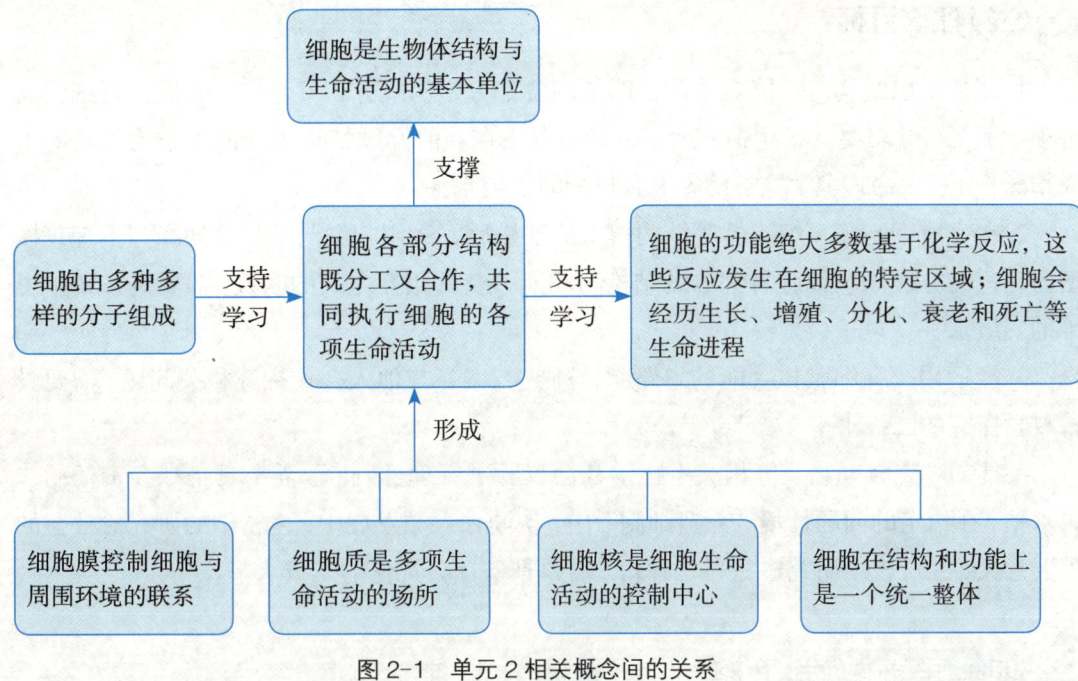

图 2-1 单元 2 相关概念间的关系

三、单元目标

(一)学习目标

1. 通过制作真核细胞的三维结构模型、流动镶嵌模型、细胞器模型，体悟模型与建模的思想，并从结构与功能的视角，阐明细胞内具有多个相对独立的结构，并且这些结构共同担负着物质运输、合成与分解、能量转换等生命活动，初步形成结构与功能观、生命的系统观。

2. 通过分析科学史的经典实验资料，体验科学家探索细胞结构的历程，运用演绎与推理、归纳与概括等科学思维，分析细胞作为基本的生命系统，在细胞核的调控下各部分结构之间相互联系、协调一致，共同执行细胞的各项生命活动。

3. 通过观察电镜照片和细胞结构模式图，认识结构与功能的适应性；通过差速离心法、同位素标记法等科学方法，关注技术进步对生物科学发展的重要作用。通过物质的穿透实验、叶绿体和细胞质流动的观察和实践，养成敢于质疑、勇于探索实践的科学精神和态度。

4. 通过脂质体药物的作用、克隆猴的"核质重组"、癌变细胞的核质变化以及人造细胞给社会生活带来的影响等方面的交流、辨析与评价，作出理性解释与判断，形成造福人类的态度和价值观。

（二）评价目标

1. 能初步以结构与功能观举例说明细胞各部分结构既分工又合作，共同执行细胞的各项生命活动。需要具备生命观念的一级水平。在新的问题情境中，能以结构与功能观为指导，分析生命现象。需要具备生命观念的二级水平。

2. 在完成细胞膜、细胞器等结构模型的建构后，运用归纳与概括、演绎与推理、模型与建模的方法阐释细胞各部分的结构与功能，及其相互之间的联系。需要具备科学思维的三级水平。

3. 能运用探究细胞核功能的思路制订研究方案，与他人合作探究相关问题。需要具备科学探究的二级水平。

4. 能对"克隆动物"等相关生物学社会议题进行理性判断。需要具备社会责任的二级水平。在给定的问题情境"人造细胞"中，认同在人类发展中，生物学的研究对社会的重要意义，并对该项研究进行科学评价。需要具备社会责任的三级水平。

四、单元教学思路

（一）单元情境

多年来，许多生物学家一直在从事人造细胞的相关研究，希望能合成一个纯人工，并且能生长、分裂的细胞。

要合成一个人造细胞，首先要了解细胞的结构，还要了解其代谢、分裂等过程的机理。为此，生物学家不断努力着，如人造脂质体的研究与应用、人造支原体的问世、人造叶绿体的研究……每一项成果都在推动生物科技新的革命。

（二）核心任务

探索细胞结构与功能的关系，构造一个"人造细胞"。

（三）教学流程

以支撑本单元重要概念所需的次位概念为课时学习主题，课时教学以问题、任务、活动与评价为主线展开。本单元分为4个课时，教学流程如图2-2所示。

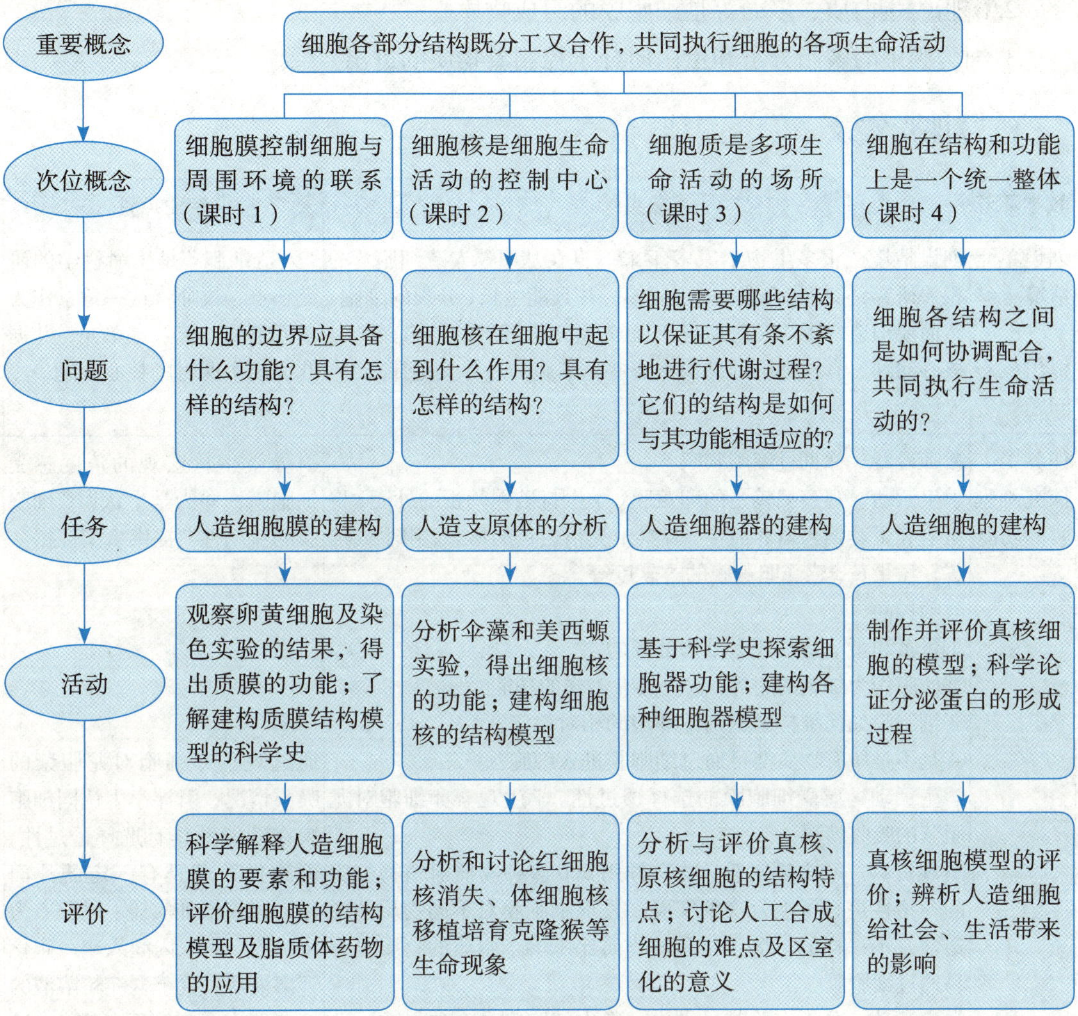

单元 2　细胞的多种结构共同执行各项生命活动

图 2-2　单元 2 教学流程

五、课时教学实例

课时 1　细胞膜控制细胞与周围环境的联系

课堂实录

（一）课时概念解析

本课时的概念为"细胞膜控制细胞与周围环境的联系"，该概念的建构需要以下基本概念或证据的支持。

1. 细胞膜将细胞与其生活环境分开，能控制物质进出，具有选择透过性。

27

2. 磷脂、蛋白质、多糖等是细胞膜的组成物质。
3. 细胞膜中的磷脂分子和蛋白质分子控制着物质的进出。

（二）课堂实录

教学环节	课堂实录	专业点评
创设单元情境 提出核心问题	创设情境　很多生物学家多年来一直在从事"人造细胞"的相关研究，希望能合成一个纯人工，并且能生长、分裂的细胞。然而要构造一个"人造细胞"，首先要知道细胞的结构。 核心问题　真核细胞的结构有哪些？细胞的边界又是什么？	"人造细胞"是生命科学的研究热点，教师将这一背景作为单元情境，统领本单元，并据此提出本课时的核心问题。
任务1： 探究细胞膜的功能	教师设疑　你见过细胞膜吗？ 学生活动　观察鹌鹑蛋的卵黄膜。学生打破鹌鹑蛋的外壳，将蛋清和蛋黄倒入培养皿中，观察未受精蛋的形态，用手或棉签轻压蛋黄，感受卵黄膜的柔软度等。 教师提问 ①蛋黄和蛋清是被什么结构分开的？ ②质膜作为细胞的边界，它应具有怎样的功能？ ③细胞膜如何维持细胞内部环境的相对稳定？ ④是不是所有物质都可通过细胞膜进入细胞？ 学生活动　感受细胞膜的选择透过性。学生观察卵细胞对龙胆紫的吸收情况。 呈现资料　欧文顿实验：欧文顿用500多种物质对植物细胞的通透性进行了上万次的实验，发现细胞膜对不同物质的通透性是不一样的，溶于脂质的物质比不溶于脂质的物质更容易通过细胞膜。 学生活动　分析实验与科学史，得出细胞膜具有选择透过性这一功能特性。	引导学生从宏观的角度感受细胞膜，并为学生认识"细胞膜的流动性"提供事实证据。 通过观察卵细胞对龙胆紫的吸收情况，引导学生认同细胞膜在功能上具有选择透过性。但这样处理具有一定的片面性，建议增加实验：以肠衣为半透膜，肠衣内灌入碘－碘化钾溶液后，置于含淀粉溶液的培养皿中，观察颜色变化。这样可从正、反2个方面帮助学生认识细胞膜具有选择透过性，更深刻地理解选择透过性，教学效果也会更好。
任务2： 建构细胞膜的模型	过渡　为什么细胞膜具有选择透过性？这与细胞膜的结构有什么关系？从而引出对细胞膜组成成分的学习。 教师讲解　介绍磷脂分子的特性。 教师提问 ①基于磷脂分子的特性，若将磷脂分子排在水面上，磷脂分子会如何排布？ ②磷脂作为细胞膜主要成分，在膜中又是如何分布的？ 呈现资料　展示戈特和格兰德尔的实验资料。	从磷脂分子的特性、戈特和格兰德尔的实验资料出发，学生通过建构脂双层模型，认同结构与功能相适应的观点，并培养了合作意识。

续表

教学环节	课堂实录	专业点评
任务2：建构细胞膜的模型	**学生活动** 建构脂双层的物理模型。学生5人一组，建构细胞膜中磷脂分子的分布模型。由小组代表展示小组成果。 **教师提问** 细胞膜是否只含磷脂分子？ **实验论证** 教师展示剥离后的鹌鹑蛋卵细胞膜与双缩脲试剂的颜色反应，证明细胞膜中存在蛋白质。 **学生活动** 建构蛋白质的分布模型。学生利用黏土模拟蛋白质，在刚刚建构的磷脂双分子层模型中，建构蛋白质在膜中的分布模型，并说明理由。 **呈现资料** 细胞外被又称糖萼，存在于细胞膜外表面，由多糖与细胞膜中的蛋白质或脂质结合而成，是细胞膜的正常成分。细胞外被不仅对细胞膜起保护作用，而且在细胞识别过程中起重要作用。 **学生活动** 建构多糖的分布模型。学生根据糖蛋白的功能，推测多糖在膜中的分布位置并建构模型。 **教师提问** 你们建构的模型最可能是动物细胞膜还是植物细胞膜？依据是什么？ **学生活动** 建构胆固醇的物理模型。学生根据动、植物细胞结构上的差异，尝试建构胆固醇在动物细胞膜中的分布模型。	教师以蛋白质显色反应的实验证据帮助学生直观认识膜中存在蛋白质。此外，基于学生已有的关于蛋白质特性的认知，建构蛋白质的分布模型。这从思维角度上看，有些跳跃。对此的改进建议是：先展示采用冰冻蚀刻技术处理后的细胞膜断裂面，以此为支架，引导学生小组合作，利用黏土建构蛋白质的分布模型，这将使思维更加顺畅。 根据糖蛋白的功能推测多糖的分布，进一步落实结构与功能相适应的观念。 结合动、植物细胞膜在结构上的差异，引出胆固醇的分布，培养学生的分析推理能力。
交流评价	**学生活动** 小组合作，建构完整细胞膜。每个小组都完成了一小区段的细胞膜模型后，再小组合作，将各组的细胞膜区段组合以形成一个完整的细胞膜结构模型。 **教师提问** 触摸一下模型，这跟触摸卵细胞膜的感觉有什么不一样？ **教师总结** 教师引出科学家提出的流动镶嵌模型，再对学生建构的模型提出建议。并引导学生提出人造细胞膜的基本要素和特点。	呈现科学家提出的模型后，学生开展自评与互评，认同细胞膜的流动镶嵌模型。但本环节缺少量化的评价标准，评价量表的使用一方面可以指导学生建构模型，另一方面可以帮助学生开展科学、严谨的评价。 限于课堂时间，本节课未能围绕单元情境，介绍"人造脂质体"等在生产生活中的应用，从而使课时情境与单元情境存在一定的断裂。

（三）教学反思

本节课的亮点主要体现在2个方面：一是从"概念解构"的视角，开展细胞膜结构与功能的学习活动。本节课从单元情境"人造细胞"入手，提出如何建构"人造细胞膜"这一核心问题。将次位概念"细胞膜控制细胞与周围环境的联系"解析为"细胞膜将细胞与其生活环境分开，能控制物质进出，具有选择透过性""磷脂、蛋白质、多糖等是细胞膜的组成物质""细胞膜中磷脂分子和蛋白质分子的特性控制着物质的进出"3个基本概念或事实,分别对应学习任务开展教学活动。教学时,利用鹌鹑蛋及其染色实验引导学生感知细胞膜及其选择透过性。再引导学生从结构与功能相适应的视角,以典型的生物科学史为支架,合作建构细胞膜的结构模型,这在一定程度上体现了"聚焦重要概念"的单元教学理念。二是通过模型建构活动,发展学生的科学思维。

　　本节课存在的不足之处:一是单元情境与课时情境融合性不够。"人造细胞"是本单元情境,但在本节课的教学中犹如蜻蜓点水,只在引入新课时有所涉及,在后续的教学乃至收尾时并未再次渗透与回应,为下一课时的铺垫也不充分。二是细胞膜的模型建构活动深度不够。本节课是基于科学实验与科学史的模型建构活动,在建构细胞膜模型时,可以呈现更多的科学史,为学生提供更为丰富的学习支架,从而增加模型建构活动的思维量。在完成细胞膜模型建构后,可以通过师生互评和生生互评等方式,或采用评价量表的方式进行评价。评价量表一方面可以引导学生科学地评价,另一方面,可指导学生深度开展模型建构活动。

(四)总体评析

　　本单元的情境围绕"人造细胞"展开,以如何建构人造细胞膜及如何实现相关细胞的生命活动等问题为线索,通过单元情境改善了学生碎片化的学习现状,促进了学生自主建构概念体系。"细胞膜控制细胞与周围环境的联系"是本单元的第一课时,教师以"情境—任务—活动—评价"为主线展开教学,帮助学生在建构概念的同时,发展生物学学科核心素养。本节课的教学设计和课堂实施表现出以下特点。

　　1. 真实情境激发学生学习的兴趣。

　　生物学学科核心素养的发展离不开情境的支撑,真实、生动的情境不仅受到学生的喜爱,更能引发学生的探究欲望,帮助课堂教学活动的深入开展。本节课以"人造细胞"这个科学研究的热点为情境,以建构"人造细胞膜"为任务,引发学生对细胞膜结构以及结构与功能相关性的思考,从而支撑结构与功能观的形成。

　　2. 合理运用模型建构,促进概念理解。

　　建构主义理论认为,学习的实质是学习者积极主动地进行有意义建构的过程。研究表明,体验是学习信息的关键来源,学生在积极的学习体验中能更有效地建构重要概念。本节课教师以细胞膜物理模型的建构来组织学生活动,通过资料分析、分组实验、观察思考、活动体验等适切的探究活动,让学生经历初步感知、初构概念、理解概念、完善概念、拓展概念、应用概念等过程,真正实现了概念的自主建构和深度理解。

　　3. 教学主线的形意关联和稳步推进。

　　学科素养的达成不是一蹴而就的,而是一个循序渐进的过程。本节课以"细胞膜的功能—细胞膜的结构—细胞膜的功能"为主线,以任务驱动学生活动,有目标地稳步推进教学进程。通过活动观察、触碰细胞膜、细胞膜选择透过性实验等,学生可以直观认识到细胞膜的存在以及它作为边界的选择透过性。学生通过分析科学史和资料、小组合作建构细胞膜的物理模型,培养和发展了模型与建模的科学思维。基于细胞膜物理模型解释脂溶性物质容易进入细胞膜的原因,可以提高学生运用生物学知识解决实际问题的能力。这样的教学主线,形式上分析是生物学概念知识的建构,其实质内涵是生物学学科核心素养的逐渐发展。

4. 改进建议。

活动情境大多选择文字材料的形式呈现,虽然知识性较强,但是过多的文字资料增加了学生阅读和思考的时间,这在一定程度上也限制了学生思维的深度和探究的热情。情境呈现方式应丰富多彩,声音、影像、文字等多种形式灵活结合,以充分调动学生的多元智能,促进教学的有效性。

（本课时由诸暨中学宣玉红老师设计和执教）

课时 2　细胞核是细胞生命活动的控制中心

课堂实录

（一）课时概念解析

本课时的概念为"遗传信息主要储存在细胞核中,细胞核是细胞生命活动的控制中心",该概念的建构需要以下基本概念或证据的支持。

1. 细胞核具有控制细胞遗传和生命活动的功能。
2. 细胞核的结构适合其作为遗传和代谢的控制中心。

（二）课堂实录

教学环节	课堂实录	专业点评
关联单元情境	创设情境　基于单元情境"人造细胞",承接上一课时的问题,创设第一例人造细胞的课时子情境: 美国克雷格·文特尔研究所的研究人员在美国《科学》杂志上报告说,他们人工合成了一种名为蕈状支原体的脱氧核糖核酸（DNA）,并将其植入另一个内部被掏空的山羊支原体内。经过多次尝试后,他们最终使植入人造 DNA 的支原体重新获得生命,并在实验室的培养皿中开始增殖。	

续表

教学环节	课堂实录	专业点评
提出核心问题	**核心问题** ①你认为该生命体最重要的物质或结构是什么？②你能描述原核细胞与真核细胞最大的区别吗？③是不是有了遗传物质就可以制造生命？④为什么真核细胞还需要进化形成区室化的结构——细胞核呢？⑤细胞核在细胞中起什么作用？没有细胞核，细胞还能存活吗？细胞还能生长、分裂吗？细胞还能合成蛋白质吗？	通过比较原核细胞与真核细胞的最大区别——有无核膜包被的细胞核，可以激发学生对真核细胞"区室化"存在的意义的思考。
任务1：建立细胞核的感性认识	**呈现资料** 4种真核细胞细胞核的显微结构图（图2-3）。 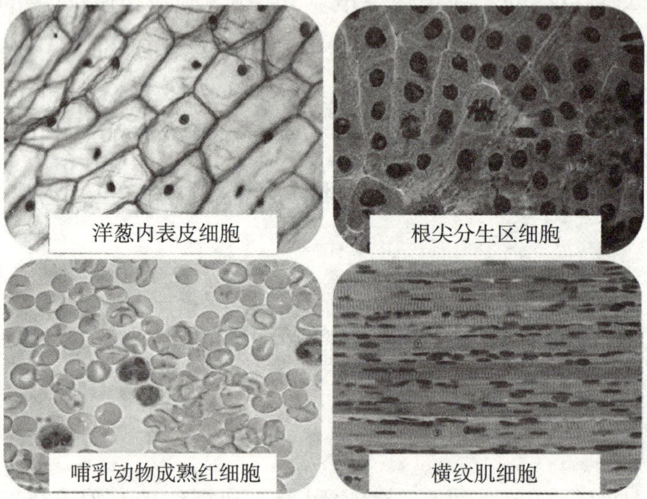 洋葱内表皮细胞　　根尖分生区细胞 哺乳动物成熟红细胞　　横纹肌细胞 图2-3　4种真核细胞细胞核的显微结构图 **学生活动** 通过观察、比较多种细胞的显微结构，描述这些细胞核的大小（核质比）、形态、数量、位置等。 **教师提问** ①为什么有些细胞核相对细胞而言特别大？②为什么有的细胞没有细胞核，有的有多个细胞核？③有些细胞核中为什么会出现特殊的结构（染色体）？ **学生活动** 思考以上问题，认同细胞的形态和功能多样，细胞核的大小、数量也不同，但都具有相似的基本结构。	学生通过观察发现多数细胞仅有一个细胞核，但也存在多核或无核的细胞，细胞核的大小也各不相同。在建立感性认识细胞核的基础上，学生从结构与功能观的视角思考细胞核的大小、数量与该细胞的功能的关系。
任务2：探索细胞核的功能	**呈现资料** 伞藻嫁接与核移植实验，以及美西螈核移植实验。 **教师提问** ①对地中海伞藻（a）和细圆齿伞藻（b）的柄进行嫁接，预测实验的结果和结论。②嫁接实验能说明细胞核控制伞帽的形状吗？如何优化实验设计？③黑色素合成（美西螈子代的皮肤性状）是由细胞核还是细胞质控制的？上述实验是否足以说明？ **学生活动** 观察、分析上述实验过程，说出假根细胞核周围部分细胞质的存在也可能会影响伞帽的形状，并尝试进一步完善实验，以排除这部分细胞质的干扰。通过增加对照实验以完善美西螈肤色遗传的探究，归纳细胞核是遗传的控制中心。	本环节以论证式的教学方式形成"细胞核是遗传与代谢的控制中心"这一重要概念，并在概念的形成过程中，优化补充实验设计，发展了学生的批判性思维，培养了学生的科学探究能力。

续表

教学环节	课堂实录	专业点评
任务2：探索细胞核的功能	呈现资料　探究细胞核控制生物生命活动（代谢）的科学史：变形虫切割、核移植实验及蝾螈受精卵缢裂与核移植实验。 教师提问 ①分别描述变形虫、蝾螈受精卵的有核部分和无核部分的生长状况。 ②没有细胞核，变形虫为什么还有部分的代谢活动？ ③若没有细胞质，单独的细胞核能继续存活吗？如何利用变形虫的分割实验继续完善细胞核功能的探究？ ④变形虫实验思路和蝾螈实验思路有哪些相似之处？ 学生活动　比较、推理、设计实验。通过对去核留质、去质留核、核质重组等操作结果的比较，归纳细胞核是遗传与代谢的控制中心，形成"核质相互依赖，不可分割"的整体观。	本环节教师关注更多的是师生之间的对话，建议教师评价的方式与对象可以更加多元，如增加生生评价与质疑；以表格、绘图、模拟等多样化方式呈现实验设计和结果；也可以引入相关现代生物技术或最新研究成果，以激发思维冲突，引发核质关系的深度思考。
任务3：探索细胞核的结构	呈现资料　细胞核的相关照片（图2-4）。 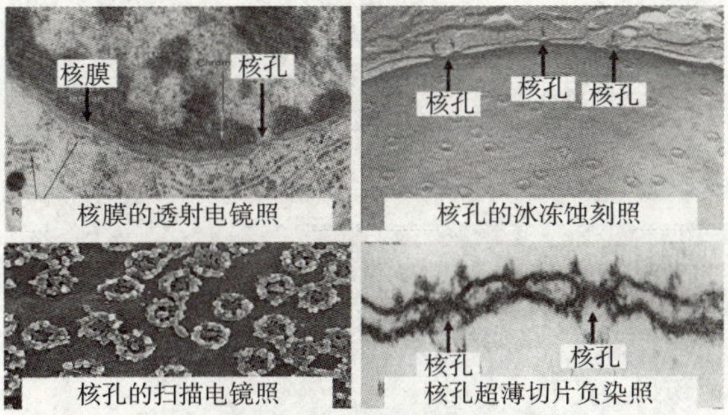 图2-4　细胞核的相关照片 学生活动　基于电镜照片等科研成果和教科书资料，观察描述细胞核的结构。 呈现资料　核膜及核孔控制核质物质的进出（图2-5）。 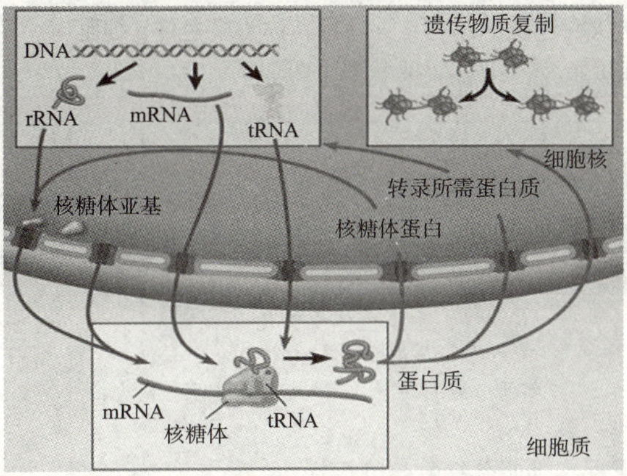 图2-5　核孔控制核质物质进出	本环节从显微结构到亚显微结构，步步深入，让学生感知与认同科技的发展对于生物学研究的重要意义。

续表

教学环节	课堂实录	专业点评
任务3：探索细胞核的结构	**呈现资料** 1个细胞核大约有3000个核孔。一般来说，合成蛋白质功能活跃的细胞，其核孔复合体数量较多。DNA上存在的控制蛋白质合成的遗传信息，可通过RNA传递给核糖体。核孔可以将细胞核内合成的RNA运出细胞核，但是DNA不能运出细胞核。 **教师提问** ①核膜与细胞膜的结构有何异同？②从核到质，从质到核，主要运输了哪些物质？核膜与核孔运输的物质大小有何特点？③细胞生命活动的执行者与承担者（参与代谢）分别是哪种有机物？核膜、核孔与代谢之间的关系是怎样的？ **学生活动** 小组合作，基于资料推理、分析，初步建构核质之间的物质联系和信息联系。 **呈现资料** 1879年，科学家用碱性染料对细胞核进行染色后，在光学显微镜下观察，发现细胞中有一团物质被染成了深色，这团物质被命名为染色质。用电子显微镜观察染色质，发现它是由很多串珠状结构聚合在一起形成的（图2-6）。用DNA酶（可水解DNA）处理细胞核，发现"珠子"间的连线消失了，但"珠子"还在；用蛋白酶（可水解蛋白质）处理，"珠子"被分解，但连线还在。 **学生活动** 分析资料，认识染色质及其组成成分，初步理解染色质是DNA的主要载体。 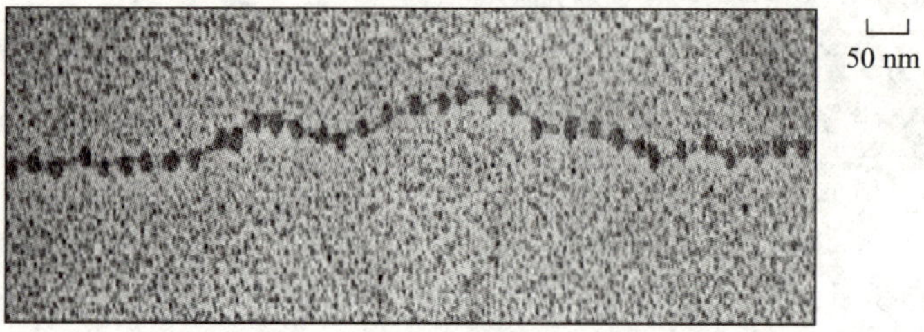 50 nm 图2-6 染色质的亚显微结构 **呈现资料** 1888年，科学家发现正在分裂的细胞中，染色质不呈团状，而是呈一条条圆柱状或杆状的结构，所以将其称为染色体。细胞分裂结束时，染色体又重新变成染色质的状态（图2-7）。 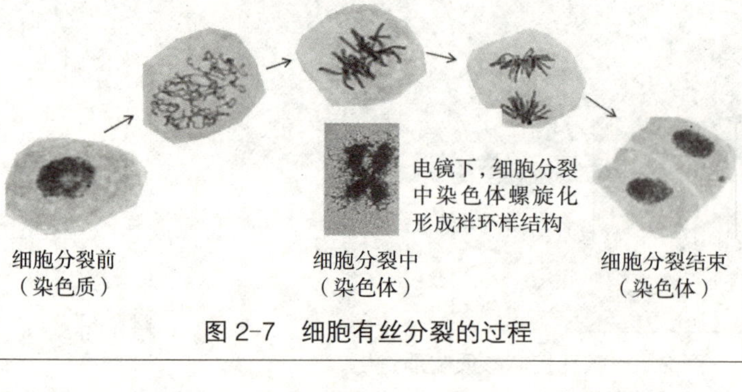 细胞分裂前（染色质） → 细胞分裂中（染色体） 电镜下，细胞分裂中染色体螺旋化形成袢环样结构 → 细胞分裂结束（染色体） 图2-7 细胞有丝分裂的过程	多种事实证据和研究结果引导学生理解由于染色体中的DNA携带了遗传信息，细胞核成为遗传信息库，进而控制细胞代谢。在细胞分裂时，遗传信息通过复制和平分保证了亲、子代细胞遗传性状的一致，从而控制细胞遗传。核膜、核孔也分别为细胞核成为系统的控制中心提供了结构保证。

单元 2　细胞的多种结构共同执行各项生命活动

续表

教学环节	课堂实录	专业点评
任务3：探索细胞核的结构	**学生活动**　基于上述资料，推理并用毛根材料模拟染色质与染色体在细胞分裂过程中的转变，理解染色质与染色体是细胞分裂不同时期的两种状态，初步理解细胞核中的染色质在细胞分裂中的动态变化以实现遗传物质的传递，认识细胞核的功能——遗传的控制中心。 **呈现资料**　蛋白质合成旺盛的细胞的核仁大（核糖体的大、小亚基在核仁中形成，代谢旺盛时，1 min 可通过核孔向细胞质中运出 3 套核糖体前体单位），约占细胞核体积的 25%；不具备蛋白质合成能力的植物细胞的核仁很小。真核细胞分裂时，核膜、核仁发生周期性变化，分裂初期，核膜、核仁解体；分裂结束，核膜、核仁形成（图 2-8）。 分裂前 →（核膜、核仁解体）→ 分裂中 →（核膜、核仁形成）→ 分裂结束 图 2-8　细胞分裂过程中核膜、核仁的变化 **学生活动**　基于资料推理核膜、核仁在细胞分裂中的周期性变化，初步建立核膜、核仁与细胞核控制遗传的联系。通过核仁大小与细胞代谢程度的思考，推理核仁通过形成核糖体亚基（核糖体是蛋白质合成的场所）影响代谢，从而建立核仁与细胞核控制代谢的联系。	本任务中的资料较多，学生提取、解构、建构核质关系的难度较大，耗时较多，建议教师适当调整信息难度和文字量。
任务4：自主建构概念图，内化结构与功能观	**学生活动**　运用结构与功能相适应的观点，综合上述学习，建构概念图，呈现细胞核是遗传与代谢的控制中心的原因。学生在概念模型（图 2-9）的基础上，用文字、箭头表示细胞核内部结构如何与功能相统一，并以此解释细胞核作为遗传与代谢的控制中心。 结构 ←具有— 细胞核 —具有→ 功能 （相适应） 图 2-9　细胞核结构与功能相适应 **教师提问**　原核细胞没有核膜包被的细胞核，为何也能控制细胞的代谢和遗传？真核细胞核区室化的意义是什么？	教师利用了建构概念模型的方法，可以引导学生逐步形成"细胞核结构与功能相适应"的生命观念。 本环节是总结评价与概念建构的重要过程，但教学时留给学生交流、展示的时间过少。
交流评价	**呈现资料**　哺乳动物成熟红细胞的演变过程（图 2-10）。 造血干细胞　原红　早幼红　中幼红　晚幼红　成熟红细胞 图 2-10　哺乳动物成熟红细胞演变过程	本环节评价学生能否在新的问题情境中，以结构与功能观为指导，分析生命现象，解决相应问题。

续表

教学环节	课堂实录	专业点评
交流评价	哺乳动物成熟红细胞没有细胞核和其他细胞器结构，这意味着它们失去了DNA，寿命仅120天。红细胞从骨髓中的造血干细胞分化而来，经历了原始阶段、幼稚阶段（又分早、中、晚三期）和成熟阶段。骨髓中不停地产生新的红细胞，以替代衰老的红细胞。成熟红细胞内90%是血红蛋白，在氧分压高时，血红蛋白中的Fe^{2+}与氧结合，形成氧合血红蛋白；在氧分压低时，氧合血红蛋白与氧解离，释放氧气，成为还原血红蛋白，由此实现运输氧气的功能。植物韧皮部的筛管细胞也退化了细胞核以便"轻装上阵"，更好地运输有机物。 **学生活动** 从结构与功能相适应的角度分析成熟红细胞为什么失去细胞核，并推理其分裂能力。 **呈现资料** 克隆猴"中中"与"华华"的体细胞核移植实验。 **学生活动** 课后通过网络资源的查阅，思考：建构一个重组胚胎，为什么需要选用去核的卵母细胞质？这违背细胞核是控制中心的常识吗？	通过克隆猴的交流与评价，鼓励学生参与社会事务的讨论，并作出理性解释和判断，落实社会责任。

（三）教学反思

本节课的亮点主要体现在2个方面：一是从事实到概念，关注概念的形成过程。本节课以人造支原体细胞的科学研究导入，引出对"真核细胞进化出区室化结构——细胞核"的思考。在光学显微镜和电子显微镜照片的观察中识别细胞核，认同不同细胞的形态和功能具有多样性，其细胞核的大小和数量也不相同，但都具有相似的基本结构。大量的资料分析体现本节课高度重视学生基于事实论据提取信息、归纳整合建构概念的能力；通过问题驱动，小组探讨，学生深刻认识"核膜"是核质间建立物质与能量联系的重要渠道，染色质与染色体、核膜与核仁的周期性变化保证了细胞核对遗传物质的传递的控制。由此，学生厘清了"细胞核—遗传物质—生命活动"的联系，建立了核质密切联系的逻辑关系，落实了本课时概念"遗传信息主要储存在细胞核中，细胞核是细胞生命活动的控制中心"；通过概念模型的建构，梳理与呈现了细胞核结构与功能相适应的观点。二是从课内延伸到课外，体现了社会责任感的培育。本节课通过克隆猴的交流与评价，以及对哺乳动物成熟红细胞的演变过程、癌变细胞的核质变化等的解释，从课内拓展到课外，我鼓励学生查阅资料，参与社会热点的讨论，对动物细胞克隆中的"核质重组"提出科学性的推理与解释，以此作出理性判断，落实社会责任。

本节课存在的不足之处：尽管大部分的预设目标都能达成，但对于高一学生而言，资料的容量过大，学生在理解"染色质的成分、形态和特性及其与染色体的关系"时，难度较大。细胞有丝分裂中染色体行为变化图结合毛根模型，学生能初步建立细胞核分裂与控制遗传的联系，进而理解"细胞核是遗传与代谢的控制中心"。但在问题设置时，局限于从资料中寻找答案，缺少开放性问题的引导，导致动态生成不足；在"结构与功能相适应"的概念呈现中，学生的反思和展示略显仓促；在教学评价策略的使用上，本节课更多的是师生对话，因此，教师需要创设更多生生交流的机会。

（四）总体评析

1. 重视次位概念与重要概念的有效对接。

本节课在单元整体与课时教学的对接上，将重要概念"细胞各部分结构既分工又合作，共同执行细胞的各项生命活动"解构为"细胞膜控制细胞与周围环境的联系""细胞核是细胞生命活动的控制中心"等4个课时概念。本节课将课时概念"细胞核是细胞生命活动的控制中心"转化为核心问题"人造细胞核的功能与结构是怎样的"。为了解决本节课的核心问题，教学时，教师以科学史中的经典实验为情境，通过软磁片演示实验方案等方法，让学生建构了"细胞核是细胞生命活动的控制中心"这一课时概念。

应用"去核留质，去质留核，核质重组"的基本思路探究细胞核的功能，可以帮助学生厘清核质的逻辑关系，进而理解细胞核是控制中心。同时，精选光学显微镜、电子显微镜照片和大量核质研究事实，以递进性问题串和概念图的形式，外显事实与概念的关系，很好地实现了事实与概念的有效对接。

2. 关注问题设计的进阶思维。

本节课的教学设计精选细胞核结构、细胞核功能相关的科学史，充分关注了学生的概念储备和思维进阶，使用观察、比较、归纳、建模、探究等教学方法，设计了具有层次性的问题链，驱动学生像科学家一样基于事实获取证据，论证问题。教师将问题情境化，以问题促探究，以探究促思维。基于问题串的探究活动，帮助学生理解细胞核内各部分结构与细胞核整体的关系，以及细胞核与细胞质的关系，从而建构概念"遗传信息储存在细胞核中，细胞核是细胞生命活动的控制中心"。

3. 促进知识结构化。

教师在总结环节中引导学生从结构与功能观的角度，呈现概念与事实的逻辑层次，以此解释细胞核作为遗传与代谢的控制中心。从学生的展示与表现来看，学生能较完整地阐述细胞核的结构，也能较好地阐明核内遗传物质是通过RNA来指导蛋白质的合成，进而控制代谢，这种处理方式促进了知识的结构化。

4. 改进建议。

本节课的资料较多，且对学生的思维要求较高，而高一学生的知识储备不足，仅了解"核酸是遗传物质""蛋白质是生命活动的承担者"，对原核细胞与真核细胞的区别仅停留在"有无核膜包被的细胞核"，且微观知识"遗传的分子基础"尚未涉及，因此要将"遗传物质"与"控制蛋白质合成"建立联系难度较大。学生在资料信息的提取、加工、建构等过程中略感困难,耗时较多,而教师也没有很好地关注到每个学生对信息的接受程度。若适当降低难度或调整信息容量,课堂目标的达成度会更高。

尽管本节课对于预设的问题均有较好的突破,但希望也能关注到更多预设外的动态生成,如设计开放性的问题,激发学生发散性思维,使整节课的生动性和生命性体现得更充分!

(本课时由宁波市北仑区泰河中学张粒老师设计和执教)

课时3 细胞质是多项生命活动的场所

课堂实录

(一)课时概念解析

本课时的概念为"细胞质是多项生命活动的场所",该概念的建构需要以下基本概念或证据的支持。

1. 细胞质中有多种细胞器,担负着物质运输、合成与分解、能量转换和信息传递等生命活动。
2. 各种细胞器都有特定的结构,且结构与功能相适应。
3. 细胞溶胶是细胞代谢的主要场所。

(二)课堂实录

教学环节	课堂实录	专业点评
关联单元情境 提出核心问题	**创设情境** 基于单元大情境"人造细胞",承接上一课时的情境:除了细胞膜、细胞核,真核细胞还有细胞质,细胞质也曾被人认为是一团混沌不清的部分。 **核心问题** ①"人造细胞质"需要填充哪些结构和物质?②根据已学的细胞膜和细胞核内容,你可以用什么方法去了解细胞质?从而引出显微镜(光学显微镜、电子显微镜)观察或离心的方法。	根据单元情境下的子情境,教师引出"人造细胞质"需要填充哪些结构与物质,并围绕情境提出本课时需要解决的问题,顺势呈现整节课的知识主线。 教师引导学生寻找研究细胞结构的科学方法,并从中渗透科学与技术的关系。
任务1:探索核糖体的结构与功能	**呈现资料** 美国科学家运用差速离心的方法获得了各种细胞组分,并提出差速离心后获得的上清液是富含蛋白质的部分,生化学家将其称为"细胞溶胶"(后发现这是高度有组织、有序的体系)。 **学生活动** 阅读资料,学习细胞溶胶的成分和作用。	美国科学家用差速离心法获得各种细胞组分的介绍,不仅呈现了科学方法,而且建构了细胞质内容的结构框架,较自然地为接下来内容的学习作铺垫。

续表

教学环节	课堂实录	专业点评
任务1：探索核糖体的结构和功能	**呈现资料** 美国洛克菲勒大学的科学家用两层磷脂分子包裹着能够生产蛋白质的部分，形成微小的颗粒。这种微小颗粒具备将氨基酸合成蛋白质所需的一切机制，可合成具有工业和医学价值的蛋白质。 **教师提问** ①谁指导蛋白质的合成？②生产蛋白质是否需要细胞内相应的结构？若需要，该结构存在于细胞的哪些场所？ **学生活动** 小组讨论，汇报讨论的结果。学生认识到核酸指导蛋白质合成，蛋白质的合成需要核糖体。总结核糖体有的游离在细胞溶胶中、有的附着在内质网上，还有的是在线粒体和叶绿体中。 **呈现资料** ① 1953年，英国的罗宾逊和布朗首先利用电子显微镜在植物细胞中观察到这些颗粒状的东西，这些颗粒后来被人们称为核糖体。 ② 1955年，美国生物学家帕拉德通过改进电子显微镜样品的固定技术，发现了动物细胞内制造酶（一种蛋白质）的地方是直径仅为20 nm左右、富含RNA的小颗粒。 ③ 1958年，美国科学家罗伯茨根据这些微粒中的化学成分，将微粒命名为核糖核蛋白体，简称核糖体。 **学生活动** 基于资料介绍核糖体的组成和结构特点。指出核糖体由RNA和蛋白质组成，整体结构分成大、小两个亚基（联系上一课时，其与细胞核的核仁有关）。分析核糖体合成蛋白质的大致过程：小亚基与mRNA（一种RNA）结合后，大、小亚基结合形成完整的核糖体，参与肽链的合成，肽链合成终止后，大、小亚基解离。	结合科学研究资料引出"核糖体"的学习内容，提出需要解决的问题，顺势呈现本节课的知识主线。将细胞质中的各种结构通过"蛋白质"串联起来，具有一定的设计性，有效承接了重要概念"细胞中蛋白质和核酸是两类最重要的生物大分子"的学习。 教师通过科学史的呈现，引导学生归纳核糖体的组成和结构，并能结合课前所做模型进行评价和修正，形成了结构与功能观。科学史的呈现能很好地呼应本节课开始时对科学研究方法的探讨。
任务2：探索线粒体的结构和功能	**过渡** 通过刚才的分析，我们发现核糖体还可以存在于线粒体和叶绿体中。那么拥有核糖体的这两种细胞器的结构是怎样的，又有什么功能呢？ **呈现资料** ① 1898年，德国生物学家在光学显微镜下观察到动物细胞质中的一种结构，因其呈短线状或颗粒状，所以将其命名为线粒体。 ② 德国科学家在研究线粒体时，统计了某种动物部分细胞的线粒体数量（表2-1）。 表2-1 某种动物部分细胞的线粒体数量 	细胞种类	肝细胞	肾皮质细胞	平滑肌细胞	心肌细胞
---	---	---	---	---
线粒体数量/个	950	400	260	12500		教师通过设置层层递进的问题串，引导学生借助模型认识并叙述细胞器的结构，再从结构的特异性去理解其相应的功能，最后从功能的角度阐述两种细胞器的分布，在这个教学过程中，学生对细胞器的结构和功能的认识实现了从"了解—理解—应用"的跃迁，同时也实现了对生命观念中的结构与功能观的认识的自我评价。资料的阅读与分析培养了学生的归纳、比较能力。

续表

教学环节	课堂实录	专业点评
任务2：探索线粒体的结构和功能	③细胞内几乎所有的生化反应都需要酶的参与，需氧呼吸也不例外。研究表明，与需氧呼吸有关的酶主要分布在线粒体内膜上及基质中。 **学生活动** 根据资料和模型，解决以下几个问题： ①辨认线粒体的透射电镜照片。 ②借助模型，介绍线粒体的结构及其有利于代谢反应的结构特点。 ③心肌细胞的线粒体数量最多，主要原因是什么？ ④推测：不同细胞内的线粒体含量不同。同一细胞内的不同部位线粒体分布均匀吗？其分布取决于什么？ **学生总结** ①线粒体具有双层膜、内膜折叠形成嵴、基质等，基质中含DNA、RNA、核糖体等。 ②心肌细胞运动量大，需要的能量多，因此心肌细胞的线粒体数量最多。 ③同一细胞的不同部位线粒体分布不均匀，耗能多的部位线粒体多。线粒体内有核糖体的实际意义是线粒体能自主合成自身所需的蛋白质。	建议：在学生阐述"同一细胞的不同部位线粒体分布不均匀，耗能多的部位线粒体多"的观点后，教师最好能提供一个实证，比如展示精子细胞的显微结构图，显示尾部线粒体含量明显多于头颈部，以证实学生观点的正确性。
任务3：探索叶绿体的结构和功能	**呈现资料** 合成生物学家重塑了叶绿体，叶绿体是光合作用的核心"引擎"。科学家在《科学》中报告说，他们通过将菠菜的"捕光器"与9种不同生物体的酶结合起来，制造了人造叶绿体。这种叶绿体可在细胞外工作，收集阳光，并利用由此产生的能量将二氧化碳转化成富含能量的分子。 **学生活动** 根据资料和模型，解决3个问题： ①借助模型，辨认叶绿体透射电镜照片，并介绍叶绿体的结构。 ②菠菜的"捕光器"是什么？其结构特点如何与功能相适应？ ③比较叶绿体和线粒体的共同特点。 **学生总结** 小组探讨，得出结论： ①双层膜，类囊体膜绿色，类囊体膜堆叠成基粒，含DNA、RNA、核糖体等。（教师可继续追问基粒之间的部分是什么？） ②类囊体膜堆叠成基粒，其上的色素能吸收转化光能，类囊体膜的堆叠增大了膜面积，即增大了反应面积。 ③线粒体和叶绿体都有双层膜、有增大膜面积的方式、有核酸和核糖体等。 **教师总结** 线粒体和叶绿体有很多共同特点，如都有核糖体、都有双层膜。两者都有DNA的发现更是推动了有关线粒体和叶绿体起源的大量研究。这个与进化有关的话题就留给同学们课后查阅资料和探讨。	教师利用科学研究"人造叶绿体"引导学生运用知识解释原理，帮助学生进一步理解叶绿体的结构和功能，形成结构与功能观。 但在引导学生对各细胞器的透射电镜照片进行观察与分析环节，教师的处理过于简单。在个别同学回答正确后，仍需追问原因，而不能只关注获得教师自己想要的答案。 教师设置叶绿体和线粒体结构和功能的比较，为后续的光合作用和细胞呼吸作铺垫，同时引导学生从叶绿体和线粒体结构的角度，归纳结构共性，并建议学生利用课余时间查阅关于线粒体、叶绿体起源的问题，引导学生将课堂学习拓展到课外的自主学习。

续表

教学环节	课堂实录	专业点评
任务4：探索其他细胞器的结构以及功能	**教师提问** 核糖体合成的蛋白质分布在细胞的哪些部位？ **学生活动** 小组探讨，归纳总结：核糖体合成的蛋白质可分布于各种膜上（包括线粒体膜、叶绿体膜、内质网膜、高尔基体膜等）、细胞外、溶酶体与植物液泡中的酸性水解酶类、细胞溶胶、细胞骨架等，是核糖体这一细胞器的成分之一，以及中心体的成分。 **教师总结** 细胞质的每一部分结构都与蛋白质有关，这也体现了蛋白质在细胞生命活动中的重要作用。 **板书** （板书结构图：核酸指导合成蛋白质，分布于细胞外、细胞器、细胞溶胶、细胞骨架、细胞膜、细胞核；细胞质是多项生命活动的场所；蛋白质合成场所→核糖体，存在于游离、附着在内质网上、叶绿体、线粒体中）	教师引导学生分析"蛋白质合成后的分布"这一问题，归纳学习了其他细胞器，并得出结论"细胞质的每一部分结构都与蛋白质有关"，也了解了细胞溶胶中有丰富的蛋白质，完善了细胞质的内容，进一步突出了蛋白质在细胞生命活动中的重要作用。由于时间紧张，该环节的呈现稍显不充分，可待下一课时继续探讨。
交流评价	**教师提问** ①与原核细胞相比，真核细胞的结构特点是怎样的？有什么意义？②如果要人工合成细胞，难点在哪里？（为什么要有这么多区室的划分？） **教师总结** 真核细胞的内部结构复杂化了。正是这种复杂化，使得细胞内能够同时进行多种化学反应，不会相互干扰，从而保证了细胞的生命活动高效、有序地进行。 **学生分组讨论** 如在核糖体上合成的蛋白质为什么能精准地到达这些结构？（细胞骨架的作用）去哪里了？怎么去的？ **教师总结** 细胞器之间是联系着的，模型能直观反映结构，但细胞结构在行使功能时还进行着复杂的化学反应，这不是仅用模型就能解决的，待我们在以后的课中继续探讨。	通过2个探讨问题，教师引导学生一起归纳本课时需要解决的概念"细胞质是多项生命活动的场所"，建议教师将概念"细胞质是多项生命活动的场所"以板书的形式呈现出来。最后拓展问题的提出为下一课时"细胞在结构和功能上是一个统一整体"的学习作铺垫。

（三）教学反思

本节课的亮点主要体现在3个方面：一是重视单元情境与课时情境的有机融合，课时概念与重要概念的有效关联。本节课为有效达成"细胞质是多项生命活动的场所"这一课时概念（次位概念），在单元情境"人造细胞"的牵引下，创设了"建构合成蛋白质的微囊体""人造叶绿体"等课时情境，并提出系列问题，引导学生根据资料、结合各种细胞器模型以及亚显微结构图进行活动交流，在活动中有效达成了课时概念。二是利用科学研究方法及进展，推动学生思维发展。本节课通过显微镜观察、差速离心等科学研究方法，既激活了学生思维，帮助其认识到科学技术对科学发展的重要性，又帮助学生建构课时概念与学习框架。我选择核糖体、叶绿体和线粒体等细胞器作为重点进行教学，借助人工合成细胞器的研究进展，设置了层层递进的问题串，推动了学生科学思维的发展，形成了结构与功能相适应、局部与整体相统一等生命观念。三是任务前置与延伸，课内与课外都"动"起来。如任务前置，布置学生课前动手做模型；引导学生课后带着问题继续探索其他细胞器的结构和功能。通过自评、互评学生课前制作的模型，较好地调动了学生的积极性和参与度。

本节课存在的不足之处：本节课的授课对象是高一学生，他们刚接触高中生物学，其认知水平和能力都还不足，因此我应当充分关注学情。如在"寻找叶绿体、线粒体的电镜照片"环节，我的处理过于简单，没有继续追问学生的选择依据，并以个体的回答情况默认为整体学生的认知情况。因此在教学中，我应从学生的实际认知水平出发，更关注学生的"学"，以更好地提升课堂的有效性。

（四）总体评析

本节课是单元2整体教学的第三课时，学生通过第一、第二课时的学习已初步了解研究细胞的方法，为本课时的学习奠定了基础，此外，本节课也为第四课时"细胞在结构和功能上是一个统一整体"的学习提供了概念支撑。本节课从以下几方面建构次位概念，较好地达成了核心素养目标。

1. 基于单元情境，促进概念理解。

知识往往是在情境中生成和显现的，本节课是在"人造细胞"单元情境下的教学，教师从科学家的研究成果以及人造叶绿体引入，很好地呼应了单元情境。尽管本节课的内容（各种细胞器的结构与功能）较为零散，但教师以"蛋白质的合成"延伸出的3个问题将各种细胞器有机地串联起来，着重学习核糖体、叶绿体、线粒体这3种细胞器的结构和功能，并从结构与功能观的视角介绍了上述细胞器的结构和功能，教学主线清晰，较好地达成了课时概念"细胞质是多项生命活动的场所"。

2. 关注问题进阶设计，促进深度学习。

课堂是学生思维锻炼的主阵地。在本节课的教学中，教师在课时情境的基础上，通过抛出系列子问题，引导学生利用资料与素材进行分析，形成了结构与功能观。根据学生的认知水平，在"叶绿体"内容的学习中，教师设计递进式问题，可以提高学生的逻辑思维能力。在结课环节，教师又提出"与原核细胞相比，真核细胞的结构特点是怎样的？""如果要人工合成细胞，难点在哪里？有什么意义？"等系列问题，引导学生对所学知识进行了比较归纳。在本节课中，教师设置了层层递进的问题，引导学生分析推理，促进了学生分析、评价和创造等思维水平的发展。

3. 合理运用模型建构，提升科学思维。

在课堂教学中，教师通过建构模型来组织了教学活动。例如课前各种细胞器物理模型的建构和课中模型的分享与评价，可以帮助学生抓住细胞器的特征，理解其复杂的结构或功能。除了物理模型，本节课教师以概念图的形式呈现板书，可以帮助学生对知识进行梳理，建构细胞质概念模型，促进知识结构化。

4. 改进建议。

本节课开展了多项小组讨论和评价活动。例如：根据核糖体、线粒体、叶绿体等相关资料和问题开展讨论；在细胞器的学习中，学生进行模型展示，生生互评，在讨论和评价中修正和完善模型，进一步加深了对细胞器结构和相应功能的理解。虽然本节课有较多环节的生生互评，但在评价的量化方面，仍有待完善，如通过开发评价量表等方式帮助学生在活动中开展有效的自评与互评。

（本课时由嘉善高级中学王红梅老师设计和执教）

课时4　细胞在结构和功能上是一个统一整体

课堂实录

（一）课时概念解析

本课时的概念为"细胞在结构和功能上是一个统一整体"，该概念的建构需要以下基本概念或证据的支持。

1. 生物膜系统把细胞各部分结构联系在一起。
2. 细胞内各结构协调配合，共同执行生命活动。

（二）课堂实录

教学环节	课堂实录	专业点评
提出核心问题	核心问题　学生结合课前自制的细胞模型，分组进行评析，评析出最佳模型，并在评析过程中结合上一节课提出的拓展问题，提炼出本课时需要解决的核心问题：细胞各结构之间如何协调配合，共同执行生命活动？	教师利用课前时间，延伸课堂，充分利用学生的自制模型进行评析，此过程既能复习有关的细胞器知识，又能提升学生的评析能力，渗透评价的激励作用。

续表

教学环节	课堂实录	专业点评
任务1：分析豚鼠胰腺细胞分泌蛋白的形成与运输过程	**呈现资料** 帕拉德利用豚鼠胰腺细胞研究分泌蛋白的简略过程以及教科书示意图。 ① 20世纪40年代，帕拉德改进了适合蛋白质研究的细胞内同位素示踪体系，发展了放射自显影的电子显微镜方法（可检测标记物的位置）。他选择豚鼠胰腺作为研究材料，因为该器官拥有大量的分泌细胞，这些细胞中存在大量的粗面内质网。他和同事首先给哺乳动物注射带放射性同位素标记的氨基酸（^{3}H标记亮氨酸），然后分离亚细胞成分，观察新合成的带有放射性标记的蛋白质动力学特征。研究发现，3 min取出的腺泡细胞，被标记的蛋白质出现在粗面内质网中，17 min时，出现在高尔基体中，117 min时，出现在靠近细胞膜的囊泡及细胞外。 ②教科书示意图（图2-11）。 图2-11 豚鼠胰腺腺泡细胞胰蛋白酶形成过程 **学生活动** 结合科学史资料，学生分析在分泌蛋白合成、分泌过程中需要哪些细胞器或细胞结构的参与。并结合资料进行论证推理，同时体悟科学发展离不开科技进步（如同位素标记法、放射自显影所需的电子显微镜）。 **教师提问** 粗面内质网和高尔基体之间又是如何联系的？ **呈现资料** 研究表明，高尔基体膜含有大约60%的蛋白质和40%的脂质，具有一些和内质网共同的蛋白成分。膜脂中磷脂酰胆碱的含量介于内质网和质膜之间。 高尔基体在厚度和化学组成上都介于内质网和质膜之间。高尔基体膜的形成面近似内质网膜，成熟面则近似质膜，介于两者之间的储泡膜则呈逐渐过渡的形态。 **学生活动** 通过阅读获取资料中的关键信息，得出粗面内质网和高尔基体之间是通过囊泡建立结构上的联系的。 **呈现资料** 内质网和高尔基体间存在一个需要消耗能量的运输过程，粗面内质网上的核糖体合成的蛋白质通过小泡转运到高尔基体内侧面，小泡与高尔基体内侧网络融合之后，蛋白质进入高尔基体腔，然后经过中间储泡的出芽形成分泌小泡，逐步向高尔基体外转运，并伴随着各种蛋白质的进一步加工。高尔基体外侧网络要进行蛋白质的分选，然后形成不同的分泌小泡，运送到不同的目的地。	教师通过对教科书中的科学史资料的挖掘和补充，使本环节内容既立足于教科书又有适当的拓展。 本环节渗透了科学与技术的关系。 教师通过充分挖掘各组分之间的联系，引导学生建构知识网络，而不是将知识点生硬地抛给学生。呈现顺序是先结构再功能，符合学生的认知思维方式，同时又渗透了结构与功能相统一的生命观念。

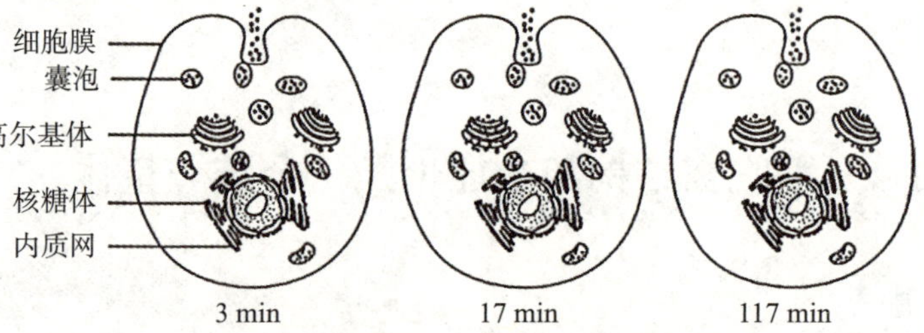

续表

教学环节	课堂实录	专业点评
任务1：分析豚鼠胰腺细胞分泌蛋白的形成与运输过程	学生活动　结合资料，推测粗面内质网和高尔基体在分泌蛋白的合成和分泌过程中的功能。 学生结合图示、资料、教科书内容进行充分论证，得出粗面内质网、高尔基体均起到加工、运输的作用，建立起两者在功能上的联系。 学生活动　小组合作，用文字和箭头建构分泌蛋白合成、分泌过程的流程图。建构流程图的要求： ①基本要求：写出各细胞器、细胞结构的名称及主要作用，用箭头表示出不同结构之间的联系。②挑战要求：分泌蛋白合成、分泌过程还需要与哪些细胞器建立结构或功能上的联系，尝试在流程图中用相应的文字、箭头呈现，并说出理由。 两组代表进行演示（利用自制磁贴教具及相应文字说明，其中一组需要与已有板书进行整合），其他小组学生进行点评。在生生评价中形成完整的流程图，并整合上一课时的板书，呈现本单元的知识网络。	通过自主建构和评析流程图，学生能更加深刻地理解和运用知识，并能从他人的错误或不足中反思，这体现了学习主体的分工、配合与协作。
任务2：运用囊泡运输机制分析结构与功能上的联系	呈现资料　1999年的诺贝尔生理学或医学奖授予了科学家布洛贝尔，以表彰他在分泌蛋白研究的基础上提出的指导蛋白质定位的"信号肽假说"。2013年的诺贝尔生理学或医学奖授予了美国科学家罗斯曼和谢克曼、德国科学家苏德霍夫，以表彰他们发现了细胞内部囊泡运输调控机制。谢克曼发现了能控制细胞传输系统不同方面的3类基因，为从基因层面上了解细胞中囊泡运输的严格管理机制提供了新线索；罗斯曼发现了一种蛋白质复合物，可令囊泡基座与其目标细胞膜融合；苏德霍夫解释了囊泡如何在指令下精确地释放内部物质。 教师提问　囊泡运输的一般过程是怎样的？其关键过程是什么？可通过哪些物质或结构进行调控？ 学生活动　自主阅读分析，独立解决上述问题。 教师活动　教师在学生回答的基础上提出囊泡的运输还需要细胞骨架的参与，简要介绍细胞骨架的内容，并在板书中进行补充。在此基础上教师可以自然而然地引导学生思考：如果细胞各组分出现异常，会出现怎样的现象？ 呈现资料　科学家利用酵母菌突变体（图2-12中A型—E型）研究蛋白的分泌过程，揭示了囊泡运输的过程。野生型酵母菌能正常进行蛋白的分泌，突变体由于某些原因异常，内膜结构不正常，分泌过程出现障碍。 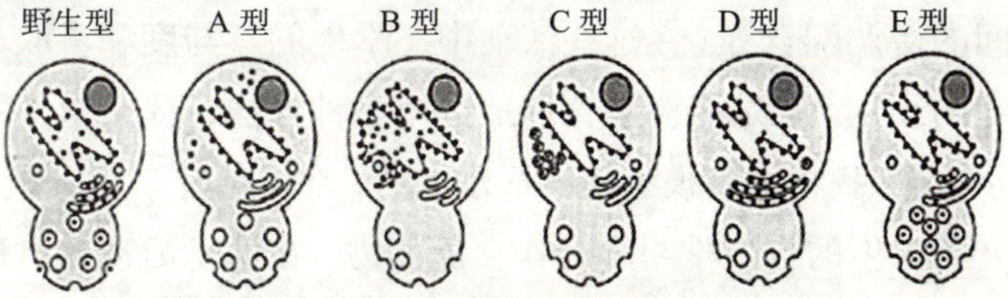 野生型　A型　B型　C型　D型　E型 图2-12　不同类型酵母菌分泌蛋白的过程	生物膜系统中重要的运输介质——囊泡，这部分内容的补充能够使知识体系更加完整，也更有利于学生理解和掌握重要概念。

续表

教学环节	课堂实录	专业点评
任务2：运用囊泡运输机制分析结构与功能上的联系	**学生活动** 利用资料和所学知识分析异常现象的原因，并领悟科学家解决问题的思路和方法。	在真实的、具体的情境中提出需要解决的问题，实现概念的迁移和应用。
关联单元情境，聚焦概念	**播放视频** 细胞内部的生命活动（以分泌蛋白为例）。 **教师引导** 引导学生回顾细胞是生命结构和功能的基本单位，然后思考：细胞作为结构和功能的基本单位，是否具有系统的一般特征，即有边界、有系统内各组分的分工合作、有控制中心起调控作用？ **学生活动** 利用系统观分析细胞的统一性和整体性，归纳细胞统一性的具体体现，思考细胞是否具有多样性。接着，分析生物膜系统存在的重要意义。 **教师引导** 引导学生认同"细胞内各部分结构既分工又合作，共同执行细胞的各项生命活动"。 利用创设的课时情境与单元情境"人造细胞"进行首尾呼应，请学生辨析人造细胞构想的实现给社会、生活带来的影响。	从静态的文本资料与动态的视频动画2个维度，建构概念"细胞各部分结构既分工又合作，共同执行细胞的生命活动"。 关联课时情境和单元情境，通过辨析活动提升了学生的社会责任。

（三）教学反思

本节课教学思路清晰，主线明确，重点突出，环节之间过渡自然，学生活动目标明确，学生参与度高，教学效果较好。

本节课的亮点主要体现在3个方面：一是能建立问题与活动的逻辑，较高质量地开展了学生活动。本节课从单元情境"人造细胞"入手，引导学生说出"人造细胞内部需要分工和合作"，从而提出"细胞各结构之间如何协调配合，共同执行生命活动？"这一核心问题。我再在具体情境中将核心问题细分成几个具有内在逻辑关系的重要问题，例如：在分泌蛋白合成、分泌过程中需要哪些细胞器或细胞结构的参与？粗面内质网和高尔基体之间又是如何联系的？进而分别对应学习任务开展教学活动，如：学生通过科学史资料的阅读论证分析粗面内质网和高尔基体之间的联系；通过小组合作建构修订流程图理解细胞各结构之间的协调配合等。在这些活动中，学生的参与度和获取、分析关键信息的能力均超出了我的预期。二是能科学合理地运用多种方法，提升学生的科学思维水平。考虑到课堂时间有限，我将细胞模型建构活动前置，在课前让学生分组完成，在课堂中进行评价，这提升了学生的自主学习和合作交流能力；在课堂活动的过程中，充分给予学生自主阅读材料、获取信息的时间，提升了学生信息获取、图文转化、科学论述等关键能力；在板书中整合学生建构、修正的流程图，使学生的主体地位更加显性化，学生的学习积极性被充分激发。三是能积极尝试以学生为主体的多元评价方式。如在问答环节，能以激励性地评价和有效地追问引导学生分析不同类型的酵母菌异常分泌蛋白的原因，进行高阶思维活动；又如，学生在完成分泌蛋白的合成和分泌过程的板书建构和修订中，我强调生生评价、小组互评，较好地完成了教学目标。

本节课存在的不足之处：一是对学生原有知识结构和思维水平了解不够充分。没有预料到部分高一学生阅读资料慢，获取关键信息困难，如个别学生无法获取资料中的关键信息，因此，我需要在资料的呈现数量和方式上再做一些改进。二是流程图建构活动深度不够。流程图建构上，原本意图是邀请2个小组在板书上建构流程图，实际教学中演变成了2位同学的"个人秀"，导致小组合作流于形式。并且学生的书写非常缓慢，拖延课堂进度。在二次教学时，可提供自制概念磁贴让学生进行选择、粘贴，以减少板书书写时间，使课堂更高效。在处理上，还可以将资料阅读与流程图建构活动合二为一，让学生组内进行充分的讨论，完成概念的建构，这样能更有效地提升学生的科学思维水平。

（四）总体评析

1. 以科学史为情境支架，通过小组合作，引领学习进阶。

本节课按照学习进阶理论，循着科学家的发现之路，以"分析帕拉德研究豚鼠胰腺细胞分泌蛋白实验"作为学习进阶起点，进一步分析获得诺贝尔生理学或医学奖的相关发现，如信号肽假说、细胞内部囊泡运输调控机制，最后以不同类型的酵母菌异常分泌蛋白作为学习进阶的终点，整个过程以"情境—任务—活动"的设计体现学生的认知特点和认知规律。从现象到本质，由表及里，从整体到局部，将相关的科学史串成一条脉络清晰的主线，引导学生通过小组合作步步深入，促进了学生的深度学习。

2. 基于事实和证据，通过科学论证，完成概念建构。

生物学结论的获得和概念的建构要基于事实和证据。教师在教学过程中提供了大量的事实，并设计了一系列任务和活动，通过问题驱动引导学生分析生物学事实，并运用论证的方法，将内部的推理外化，让学生评价资料、提出主张、为主张进行辩驳。教师在引导学生完成概念建构的同时，也提高了学生的交流能力，提升了学生的批判性思维等高阶思维。

3. 借助适时点拨，通过感悟凝练，形成生命观念。

帮助学生形成系统观、结构与功能观是本节课的一个重要目标，系统观统领结构与功能观、物质与能量观。结构与功能观是基本的生命观念，在理解这个观念时既要分析局部又要综合整体。在学习分泌蛋白合成、加工和运输过程中相关细胞器的分工协作时，教师点拨学生通过感悟凝练形成了系统观、结构与功能观。

4. 改进建议。

一是教师提问和理答环节上语言不够精练，生命观念的落实如果能够不着痕迹地以"润物细无声"的方式渗透，课堂效果将会更好。二是本节课是本单元教学的收尾之节，承载着单元总结提升的功能。在教学时，教师还需要更充分地关注单元情境"人造细胞"的首尾呼应，可以尝试从细胞膜、各类细胞器、细胞核结构与功能等角度，聚焦"细胞各部分结构既分工又合作，共同执行细胞的各项生命活动"重要概念的形成。教师还可以尝试从结构与功能观、局部与整体观的视角，引导学生应用生物学的观点和方法，讨论和辨析人造细胞给社会、生活带来的影响，并作出理性的判断，形成造福人类的态度和价值观，落实社会责任。

（本课时由宁波市效实中学吴依妮老师设计和执教）

单元 3

细胞通过物质交换维持正常的代谢活动

专家解读

一、单元教学分析

人体每天都需要从外界摄取食物,也需要将废物排出体外,细胞作为最基本的生命系统也是如此。不同的物质进出细胞的方式不同:水分子可通过渗透进出细胞,并引起动物红细胞或成熟植物细胞形态上的改变,这种改变可以通过光学显微镜观察到;气体和脂溶性小分子通过扩散进出细胞;部分离子和有机小分子可以通过易化扩散进出细胞;绝大多数有机小分子和离子则通过主动转运进出细胞;大分子物质主要通过胞吞、胞吐进出细胞。

经过初中科学的学习,学生对细胞的吸水和失水现象已有初步感知;经过高中物理的学习,学生对物质的扩散现象也有了基本的认知;经过主题2的学习,学生也已经知道细胞膜的主要功能是控制物质进出细胞,且该功能与其结构密切相关。但是,由于物质出入细胞的微观性,学生很难想象细胞是如何从周围环境获取氧气和营养物质,又是如何向周围环境排出各种代谢废物的。因此,给学生提供充足的事实性依据,帮助学生总结得出物质转运的相关概念至关重要。考虑到碎片化地学习各种物质出入细胞的方式会导致学生难以形成结构化的知识,因此,教师以"小肠上皮细胞如何吸收各类物质"作为主线串联整个单元的教学,有机整合教学内容。在教学过程中,教师要及时引导学生归纳总结被动转运、跨膜运输等概念,指导学生绘制概念图,及时帮助学生建构、完善知识体系,同时达成科学思维的训练。

二、单元概念解构

本单元聚焦课程标准中的重要概念"物质通过被动运输、主动运输等方式进出细胞,以维持细胞的正常代谢活动"。该重要概念是在次位概念"质膜将细胞与其生活环境分开,能控制物质进出,具有选择透过性"的基础上形成的,并支撑大概念"细胞的生存需要能量和营养物质,并通过分裂实现增殖"的建构。本单元的教学分别对应"有些物质顺浓度梯度进出细胞,不需要额外提供能量""主动转运需要载体蛋白,并且消耗能量,有些物质通过胞吞、胞吐进出细胞"2个次位概念,共同聚焦本单元的重要概念,支持"细胞的功能绝大多数基于化学反应，这些反应发生在细胞的特定区域""机体细胞通过内环境与外界环境进行物质交换"等重要概念的学习。这些概念之间的关系如图 3-1 所示。

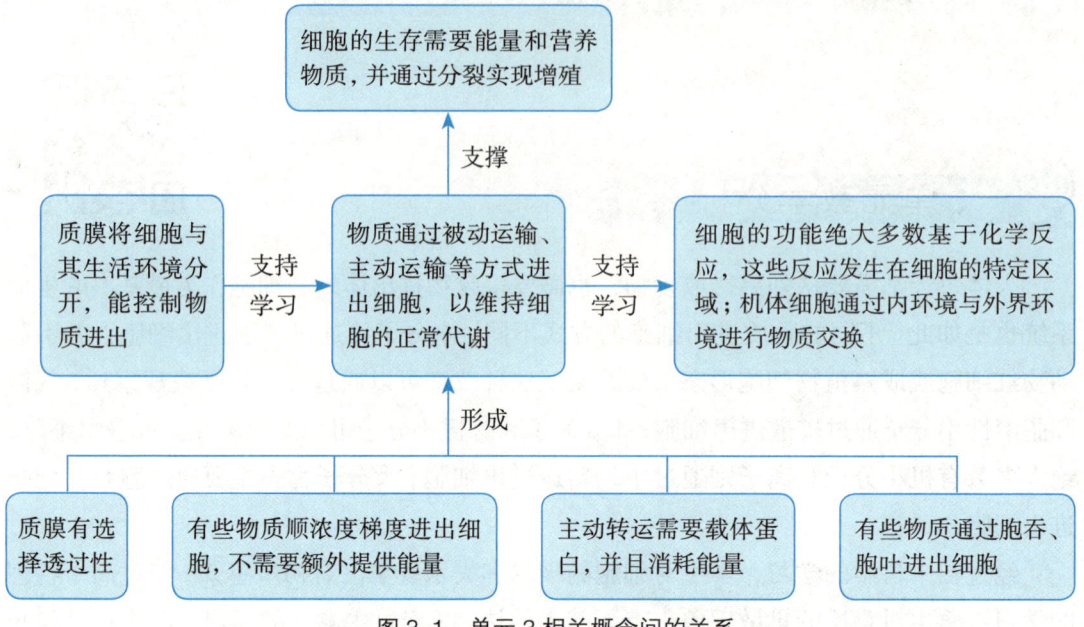

图 3-1　单元 3 相关概念间的关系

三、单元目标

（一）学习目标

1. 通过渗透实验现象的分析、紫色洋葱鳞片叶外表皮细胞的细胞液浓度的测定、植物细胞质壁分离及其复原现象的观察，能熟练使用光学显微镜等工具进行实验操作，并针对特定情境提出问题，进行设计或论证，从而掌握科学探究的基本思路和方法。

2. 通过脂双层模型、物质穿透性实验的分析，阐明有些物质顺浓度梯度进出细胞，不需要额外提供能量，有的物质逆浓度梯度进出细胞，需要载体蛋白和能量，从而初步形成结构与功能观、物质与能量观。

3. 通过实验现象和数据的分析，综合运用归纳与概括、分析与比较、模型与建模等方法，科学解释各种物质进出小肠上皮细胞的方式。

4. 通过设计口服型胰岛素药物，尝试综合运用科学、技术、数学和工程学的知识和原理来解决生活中的实际问题；能够运用科学的思维方法探讨"细胞与环境进行物质交换"在生产、生活和医学等方面的实际应用，提升社会责任。

（二）评价目标

1. 基于生物学事实，经过类比推理、归纳概括、论证、模型与建模等方式得出物质转运的相关概念。需要具备科学思维的二级水平。

2. 能初步以结构与功能观举例说明各种物质进出细胞的方式。需要具备生命观念的二级水平。在新的问题情境中，能以结构与功能观、稳态与平衡观为指导，分析与物质转运相关的生命现象。需要具备生命观念的三级水平。

3. 基于给定的实验方案完成质壁分离及其复原实验，并科学地描述实验现象。需要具备科学探究的一级水平。基于给定的资料，设计可行的实验方案寻找水通道蛋白。需要具备科学探究的二级水平。

4. 基于给定的材料，利用所学知识设计口服型胰岛素药物，形成造福社会的意识。需要具备社会责任的二级水平。

四、单元教学思路

（一）单元情境

俗话说"人是铁，饭是钢，一顿不吃饿得慌"。我们每天进行的学习、工作、运动等各类活动，都离不开食物提供的营养和能量。根据"常见食品主要营养成分表"（表 3-1），我们知道大多数食物中都含有水、无机盐、糖类、脂质、蛋白质等营养物质，那么这些营养物质是如何被小肠上皮细胞吸收的呢？它们进入细胞的方式有区别吗？

表 3-1 常见食品主要营养成分表（每 100 g）

食物	能量 /kJ	水 /g	蛋白质 /g	脂肪 /g	糖类 /g	钠 /mg
大米	1431	14.4	8.1	0.3	76.9	0.01
牛奶	274	86.8	3.8	3.6	5	70
鸡蛋	328	55.2	15.2	26.2	3.4	55
大白菜	59	87.5	1.5	0.2	3.2	57.5
鸡腿汉堡	2148	11.2	20.9	32.3	34.4	1081

（二）核心任务

分析各类营养物质（如水、糖类、蛋白质、脂肪、无机盐离子）是怎样进出人体细胞的。

（三）教学流程

以支撑本单元重要概念所需的次位概念为课时学习主题，课时教学以问题、任务、活动与评价为主线展开。本单元分为2个课时，教学流程如图3-2所示。

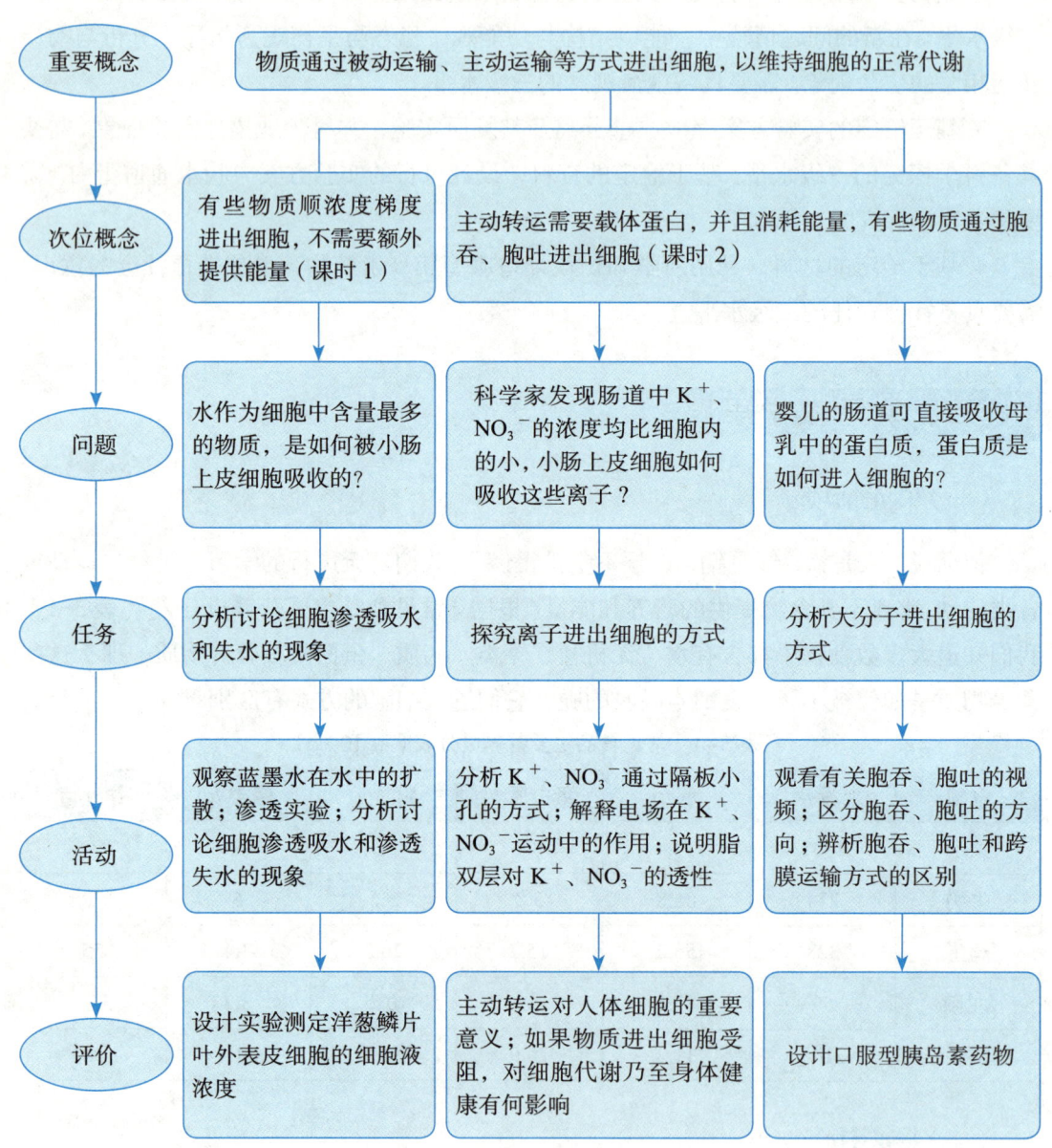

图3-2 单元3教学流程

五、课时教学实例

课时 1　物质通过多种方式出入细胞（一）

课堂实录

（一）课时概念解析

本课时的概念为"有些物质顺浓度梯度进出细胞，不需要额外提供能量"，该概念的建构需要以下基本概念或证据的支持。

1. 水分子能以渗透的方式进出细胞。
2. 动物细胞通过渗透作用实现吸水和失水。
3. 渗透作用的实验证据是成熟植物细胞会发生质壁分离及其复原。

（二）课堂实录

教学环节	课堂实录	专业点评
创设单元情境	**创设情境**　呈现常见食品主要营养成分表（表3-2）。俗话说"人是铁，饭是钢，一顿不吃饿得慌"。我们每天进行着各类活动，这些都需要食物提供营养和能量。 表3-2　常见食品主要营养成分表（每100 g） 	食物	能量/kJ	水/g	蛋白质/g	脂肪/g	糖类/g	钠/mg
---	---	---	---	---	---	---
大米	1431	14.4	8.1	0.3	76.9	0.01
牛奶	274	86.8	3.8	3.6	5	70
鸡蛋	328	55.2	15.2	26.2	3.4	55
大白菜	59	87.5	1.5	0.2	3.2	57.5
鸡腿汉堡	2148	11.2	20.9	32.3	34.4	1081		教师从学生熟悉的食品的主要营养成分入手，引导学生探讨不同类型的营养物质是如何进入人体细胞的。这一来源于生活的真实化情境，能有效激发学生的学习兴趣。
提出核心问题	**核心问题**　水分子是如何进出人体细胞的？其运输方式有何特点？	
任务1：探究水分子的跨膜运输方式	**呈现资料**　蓝墨水滴入水中的视频。 **学生活动**　观看将一滴蓝墨水滴入水中的视频，并描述实验现象。 **过渡**　作为细胞中含量最多的物质——水分子，它进出细胞是否是通过扩散的方式？	从溶质扩散过渡到溶剂扩散，逐步接近"渗透作用"概念的本质。

续表

教学环节	课堂实录	专业点评
任务1：探究水分子的跨膜运输方式	**学生活动** 将30%蔗糖溶液倒入长颈漏斗中（图3-3，课前完成），用可移动线圈标记漏斗内溶液的初始液面，用试管夹固定漏斗后将其放入清水中。观察并分析实验现象。 图3-3 水分子的渗透实验（试管夹、长颈漏斗、烧杯、30%蔗糖溶液、蛋壳膜（半透膜）、清水） **教师提问** ①如果用纱布或者不透膜代替蛋壳膜，还会出现原来的现象吗？②如果烧杯中不是清水而是相同浓度的蔗糖溶液，结果会怎样？请学生据此总结渗透作用发生的条件。 **小组讨论** ①在整个实验过程中，水分子的运动方向是怎样的？②如果长颈管足够长，管内的液面会无限升高吗？请分析原因。③此时若将清水改为40%蔗糖溶液，漏斗内液面将如何变化？	高中学生乐于动手操作，参与意识强，通过开展活动"观察渗透作用的现象"，能较好地实现实验教学与概念教学的有效整合。 通过小组讨论，从宏观和微观2个角度剖析水分子的运动方向，帮助学生突破难点，也为后续学习"红细胞和成熟植物细胞的失水和吸水"奠定基础。
任务2：分析讨论动物细胞的吸水和失水现象	**过渡** 如果我们用实验中的渗透系统来类比哺乳动物红细胞（图3-4），那么半透膜、30%蔗糖溶液分别对应红细胞中的什么？ 图3-4 渗透系统与哺乳动物红细胞的类比（30%蔗糖溶液、蛋壳膜、清水、细胞溶胶、细胞膜、清水） **教师提问** 如果把之前小组讨论的3个问题迁移到细胞中，又会有什么样的答案？请大家快速分组讨论。 **小组讨论** ①细胞吸水时，水分子的运动方向是怎样的？②细胞能否持续吸水？请分析原因。③猜想：红细胞在高浓度NaCl溶液中，细胞形态如何变化？原因是什么？ **呈现资料** 红细胞分别在NaCl溶液和清水中的形态变化的视频。 **学生活动** 观看实验视频"红细胞分别在NaCl溶液和清水中的形态变化"，检验猜想是否正确。	演示实验能有效地激发学生的学习兴趣。用物理装置类比生物细胞，既能循序渐进地理解细胞的渗透作用，又能帮助学生领悟类比分析是重要的科学研究方法。 利用渗透作用装置类比红细胞，降低动物细胞渗透吸水和失水的学习难度，符合最近发展区理论。 借助实验视频，学生检验自己之前的猜测是否正确。基于证据的论证是学习的重要方式。

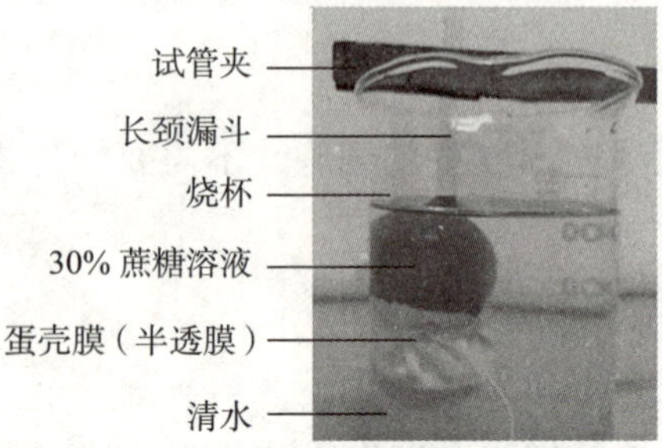

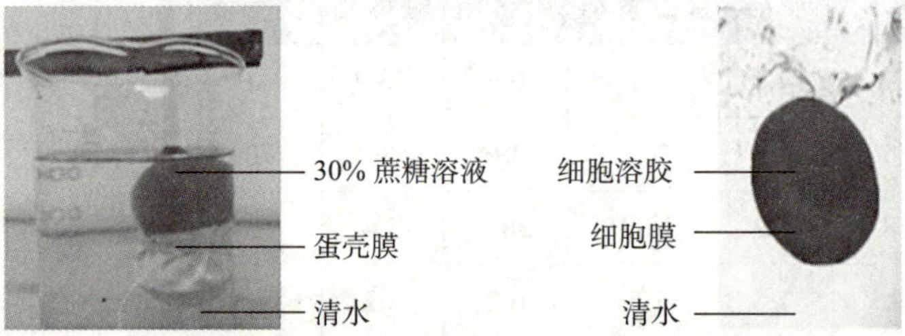

续表

教学环节	课堂实录	专业点评
任务3：分析讨论植物细胞的吸水和失水现象	**过渡** 如果用实验中的渗透系统来类比成熟的植物细胞（图3-5），那么半透膜、30%蔗糖溶液又分别对应植物细胞中的什么呢？ 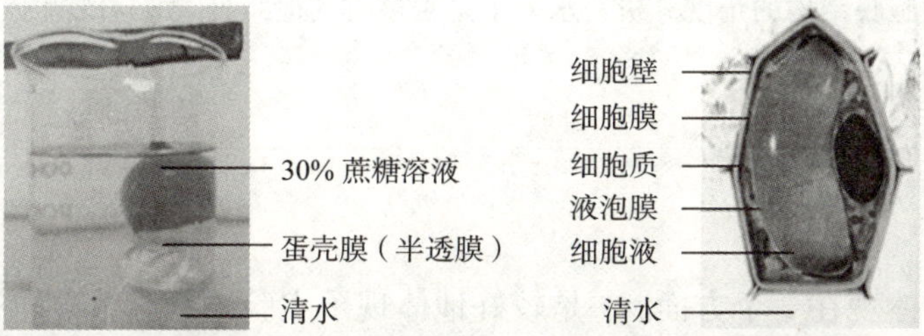 图3-5 渗透系统与成熟植物细胞的类比 **教师介绍** 介绍原生质层的概念，说明成熟的植物细胞也是一个渗透系统。 **小组讨论** ①细胞吸水时，水分子的运动方向是怎样的？②细胞能否持续吸水？请分析原因。③将成熟植物细胞放入30%蔗糖溶液中，细胞形态如何变化？原因是什么？ 对于第3个问题，不同学生提出了不同的看法，在教师的引导下，学生通过实验探究来寻找真相。 **学生活动** 制作紫色洋葱鳞片叶外表皮的临时装片（课前完成）。在光学显微镜下观察洋葱鳞片叶外表皮细胞的形态。之后，在盖玻片一侧滴加30%蔗糖溶液，另一侧用吸水纸引流。重复几次后，在光学显微镜下观察洋葱外表皮细胞的形态。换用清水，重复以上操作。完成实验结果记录表（表3-3）。 表3-3 质壁分离及复原实验结果记录表 	比较	液泡大小变化	液泡颜色变化	原生质层与细胞壁位置变化
---	---	---	---
加入30%蔗糖溶液后与细胞初始状态相比			
加入清水后与加入30%蔗糖溶液后相比					将渗透装置先迁移到哺乳动物红细胞，再迁移到成熟植物细胞进行学习，这样的做法让学生完成了知识与能力的双向迁移。 教师从学生的困惑出发，将提出问题、分析问题和利用实验验证解决问题有机结合。在此过程中，知识得到内化和应用，能力得到锻炼和培养。 给每一台光学显微镜配备了平板电脑，这样可以让更多的学生在实验过程中实时看到实验现象，为学生讨论、分析实验现象提供良好的学习条件。
概念迁移	**评价任务** 设计实验测定紫色洋葱鳞片叶外表皮细胞的细胞液浓度相当于多少质量分数的蔗糖溶液。写出实验思路，并分析其中的基本原理。	评价学生能否在新的问题情境中，以本节课所获得的概念为指引，解决实际问题。

续表

教学环节	课堂实录	专业点评
概念迁移	**呈现资料** 科学家研究发现：水分子在小肠上皮细胞膜中的通过速率远大于其在脂双层中的扩散速率。 **教师提问** 从细胞膜结构的角度分析，水分子是否还有其他跨膜运输方式？	让学生带着问题进入课堂，又带着问题离开课堂。这既激发了学生的学习兴趣，又为下节教学内容作铺垫。

（三）教学反思

本节课的亮点主要体现在2个方面：一是较好地体现了实验与概念教学的有效衔接。通过利用"蓝墨水在水中的扩散实验"帮助学生建构扩散的概念；通过"渗透实验"帮助学生建构渗透的概念。基于直观的事实性感知，学生提炼了扩散与渗透的概念，较好地实现了概念的意义建构。二是能利用"原型—变式—建模"推动学生思维的发展。本节课以渗透装置为原型，并将其迁移到哺乳动物红细胞、成熟植物细胞，形成2个不同的变式。我不断地组织学生讨论3个关键问题：①细胞吸水时，水分子的运动方向是怎样的？②细胞能否持续吸水？请分析原因。③将该细胞放入高浓度溶液中，细胞形态如何变化？原因是什么？这样较为有效地培养了学生的科学思维，提高了学生的类比推理能力。

本节课存在的不足之处：我预设学生在进行质壁分离及其复原实验时，这一实验环节将花费8分钟左右，但学生观察到质壁分离现象后都很兴奋，因限于课堂教学时间，我催促学生进入下一环节，忽略了学生会因看到实验现象而享受实验的真实感受。这看似"浪费"的时间，实际上是培养学生生物学学习兴趣的最佳时机。在今后的教学中，我还要充分关注学生的"成功"体验。

（四）总体评析

本节课的教学基于"营养物质如何被吸收"这一问题情境展开，从可视化的扩散、渗透等物理现象着手，类比推测水分进出细胞的方式，再通过水分进出动、植物细胞的实验探究，建构"一些物质通过扩散、渗透进出细胞"的概念。

1. 系列问题引导，环环紧扣，步步深入。

问题可以打开学生的思维，引导概念的建构。一系列过渡性问题的设计，更是推动了学习的转换和进程。在完成一个学习任务时，借助过渡性问题的引导，自然地开启了下一个学习任务，使得在不同学习内容上有承接，在思维活动上有连续。从一般物质的扩散运动到水分的渗透进出，从渗透装置到细胞结构，不同性质的学习任务实现了完美的过渡。课时教学的结尾阶段，问题"从细胞膜结构的角度分析，水分子是否还有其他的跨膜运输方式？"为过渡到第二课时留下了链接的"端口"。

2. 探究活动与概念建构有机整合，学习高质量顺畅进行。

教学过程中，教师没有把结论直接告知学生，而是在演示实验和动手实验的基础上，学生根据实验现象进行分析，总结水分子渗透进出细胞的条件。在探究实验的设计上，应以利于学生概念建构和素养发展为依据，合理选择资源，做到用好教科书又超越教科书。

3."课前—课中—课后"统筹安排，扩大学习时空。

本单元学习内容较多，尤其是实验活动的体验是不可或缺的，而课堂教学时间又不是很充分，所以教师把课前预习和课后作业的任务进行了巧妙地转化，在不增加学生负担的基础上，把课堂学习延伸到课外，培养了学生主动、自主学习的习惯和能力，也保证了动手、动脑、深度学习所需的时间。

4. 改进建议。

本节课因受到课堂时间的制约，有2处实验探究采用视频代替。这虽不影响知识的学习，但不是最好的选择，也与生物学作为实验学科的特点不相符合。

（本课时由绍兴市第一中学赵正瑜老师设计和执教）

课时2　物质通过多种方式出入细胞（二）

课堂实录

（一）课时概念解析

本课时的概念为"有些物质顺浓度梯度进出细胞，不需要额外提供能量；有些物质逆浓度梯度进出细胞，需要载体蛋白和能量；大分子物质可以通过胞吞、胞吐进出细胞"，该概念的建构需要以下基本概念或证据的支持。

1. 脂溶性小分子、二氧化碳、氧气、水等物质通过扩散进出细胞。
2. 水等小分子可经易化扩散进出细胞。
3. 葡萄糖等有机小分子、离子可通过主动转运进出细胞。
4. 蛋白质等大分子可以通过胞吞、胞吐进出细胞。

（二）课堂实录

教学环节	课堂实录	专业点评
紧扣前情，导入新课	**创设情境**　上节课我们从资料中获知：水分子通过小肠上皮细胞膜的速率远大于其扩散速率，因此，大家产生了这样的疑问：水分子是否还有其他进出细胞的方式？今天我们先来解决这一问题。	承接第一课时的疑问，导入第二课时的教学，这在一定程度上体现了单元的整体性。

续表

教学环节	课堂实录	专业点评
任务1：探究水分子进出细胞的方式	**过渡** 在科学研究中，科学家有时会利用模型进行研究。小肠上皮细胞吸收水分子的关键是水分子要穿过细胞膜，因此，有科学家利用脂双层模型来开展此项研究。 **呈现资料** 科研人员对同一物质在脂双层和生物膜中的透性做了比较，结果如图3-6所示。 图3-6 生物膜和脂双层对同一物质的透性的差异 **教师提问** ①找出生物膜和脂双层在结构上的差异。②甘油在2种膜中的透过速率各为多少？③甘油能透过膜是否与蛋白质等结构有关？④水分子能通过渗透跨膜是否与膜蛋白有关？甘油等分子最可能通过什么方式跨膜？⑤水分子在2种膜中的透过速率各为多少？试从结构上推测这种差异的形成原因。 **学生活动** 开展小组合作，识图分析生物膜和脂双层结构上的差异；推测水分子在2种膜中透过速率不同的原因。 **教师提问** 生物膜上所有的蛋白质均有协助水分子通过膜的作用吗？你如何以脂双层为材料，找到这种水通道蛋白质？ **学生活动** 小组合作，利用脂双层相关资料，设计实验寻找水通道。 **呈现资料** 40年前，一位科学家将类似的想法付诸实践，最终找到了这种蛋白质，并因此获得诺贝尔生理学或医学奖。 科学家阿格雷在红细胞膜上发现了一种疏水性跨膜蛋白AQP1。他将这种蛋白镶嵌在人工合成的脂质体上，并将镶嵌有AQP1的脂质体和普通脂质体同时放入蒸馏水中，每隔一段时间观察，结果如图3-7所示。 图3-7 不同脂质体的吸水实验	教师通过科研方法的讲解引出脂双层模型，渗透学习方法。 教师通过层层设问，由易入难，训练学生获取信息的能力，注重由现象分析原因，再引导学生关注扩散的特点和实例，形成了结构与功能观。 教师引导学生大胆想象，初步学会了实验设计，体会到单一变量在实验设计中的重要性。

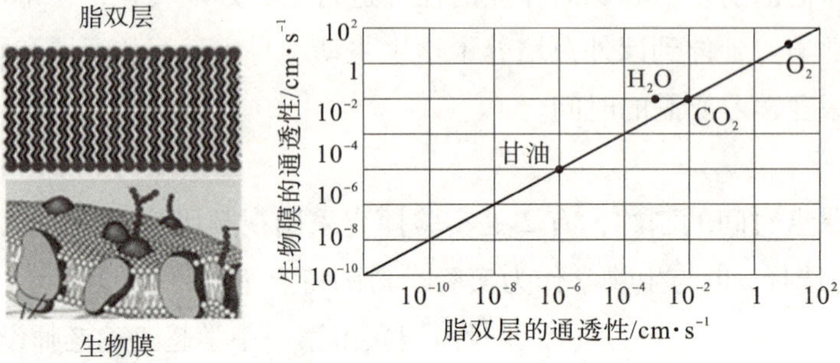

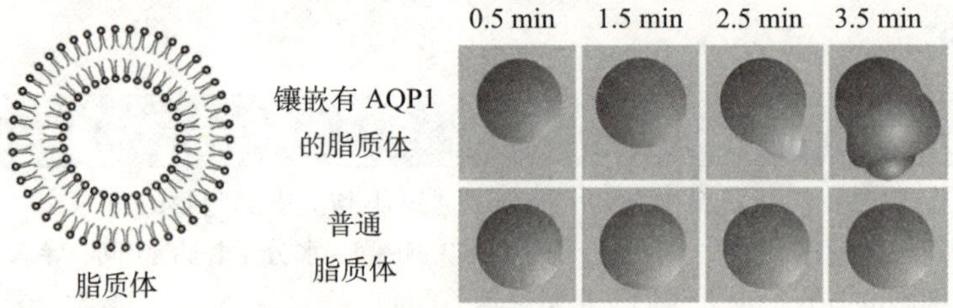

续表

教学环节	课堂实录	专业点评
任务1：探究水分子进出细胞的方式	**教师提问** ①两组脂质体在形态上有何区别？②镶嵌AQP1的脂质体为什么会膨胀？③普通脂质体会吸水吗？④实验结果说明了什么？ **教师总结** 这种借助蛋白质进行的扩散称为易化扩散，相关蛋白质按类型不同分为通道蛋白和载体蛋白。AQP1是一种水通道蛋白。高中阶段常见的易化扩散例子不多，主要有水分子通过水通道进出细胞、神经细胞通过离子通道吸收钠离子、排出钾离子、红细胞通过载体蛋白吸收葡萄糖分子。 **学生总结** 从转运方向、是否需要载体蛋白协助、是否需要能量3个方面归纳易化扩散的特点。 **教师总结** 扩散、渗透、易化扩散均是高浓度向低浓度运输的方式，细胞只能被动地吸收或排出物质，我们将其统称为被动转运。	通过连续设问，引导学生分析自变量和因变量的内在逻辑关系，并尝试推导实验结果。
任务2：探究离子、有机小分子进出细胞的方式	**创设情境** 小肠肠腔内钾离子、葡萄糖分子等物质的浓度均小于小肠上皮细胞内，小肠上皮细胞能以被动转运的方式逆浓度吸收这些营养物质吗？让我们继续用脂双层来进行研究吧。 **呈现资料** 科学家用一块有小孔的隔板将水槽分成左、右2室（图3-8），左、右小室分别放入低浓度、高浓度的KNO_3溶液。K^+和NO_3^-离子可自由通过小孔。一段时间后，左、右小室溶液的浓度相同。之后在左、右小室中分别插入正、负电极。通电一段时间后，在左侧小室中检测到少量K^+、大量NO_3^-，右侧小室中检测到大量K^+、少量NO_3^-。 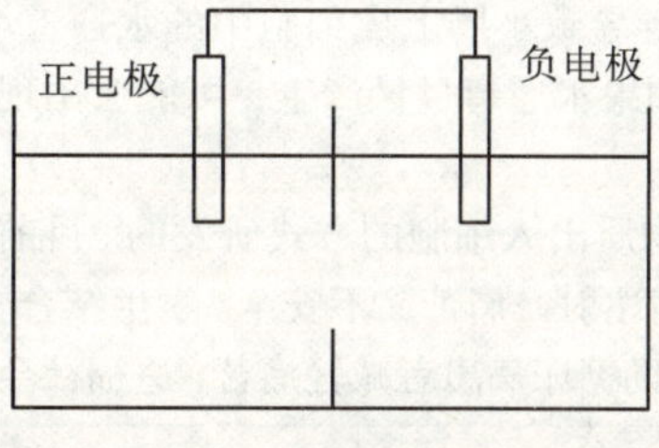 正电极　　　　负电极 图3-8　探究主动转运条件的装置示意图 在上述实验的基础上，科学家尝试将磷脂分子引入隔板小孔，使之成为一层薄膜，断电时2种离子均不能穿过薄膜，重新通电后2种离子也不能穿过薄膜。此时科学家将缬氨霉素（多肽）注入脂双层中，通电后发现左侧小室的少量K^+被运往右侧小室，右侧的K^+和两侧的NO_3^-仍不能运到对侧。断电后所有的离子均不能穿过薄膜。 **学生活动** 从资料中寻找证据，从运输方向、是否需要蛋白质协助、是否消耗能量3个方面归纳K^+的运输特点，并列举主动转运的例子，总结跨膜运输的定义。	用延续性的情境开启新的探究，用脂双层这一模型加强物质运输与前面所学知识的联系，使思维更连贯。 本环节的教学提升了学生获取信息的能力。论证式教学是学生形成概念的重要方式。

续表

教学环节	课堂实录	专业点评
任务3：分析大分子进出细胞的方式	**过渡** 跨膜运输的对象均为小分子，大分子物质可以出入细胞吗？ **创设情境** 婴儿的小肠上皮细胞可以直接从母乳中吸收抗体等大分子蛋白质，这是依靠什么方式进行的？ **呈现资料** 胞吞、胞吐过程的视频。 **学生活动** 利用情境资料与视频动画，观察抗体等大分子蛋白质在运输时是否穿过质膜，进而分析膜泡运输的特点和意义。要求从运输方向、是否需要蛋白质协助、是否需要能量3个方面归纳胞吞、胞吐的特点。	教师从浓度、载体、能量3个维度引导学生总结不同物质的运输特点。这既突出了重点，又突破了难点。
任务4：建构单元概念图	**过渡** 到目前为止，我们已经学习了物质出入细胞的主要方式。回到我们最开始的问题，食物中的营养物质是怎么进入人体细胞的？ **学生活动** 依据概念图模板（图3-9），应用概念图整理细胞运输物质的方式。要求将物质出入细胞的方式按依据分类整理，并列举相应的实例。 图3-9 物质出入细胞的方式的概念图 **学生总结** 物质通过不同的方式进出细胞，体现了细胞膜的选择透过性。气体和脂溶性物质通过扩散直接穿过脂双层，有机小分子和离子则需要蛋白质协助，大分子则需要依赖膜的流动性。	任务4回应了本单元的核心问题，实现了单元情境与课时情境的统一。利用概念图进行梳理，这既是对概念的巩固，也是对概念的检测。通过生生互评、互改，学生的思维发生碰撞，合作学习的质量得到了提升。
概念应用，交流评价	**创设情境** 假如小明因食物中毒导致小肠上皮细胞中的水通道堵塞，那么他可能会出现什么症状？如果水通道过量产生，可能会出现什么症状？ **学生活动** 许多药物都是针对物质出入细胞的方式研发的。目前糖尿病患者服用胰岛素的方式均采用注射，痛苦又不安全。学生结合资料，课后设计口服型胰岛素药物，帮助糖尿病患者减轻痛苦，造福社会。	教师通过医学情境，引导学生既关注相关疾病，又检测了本单元概念的达成度。联系生活的开放型设问，值得学习。

（三）教学反思

本节课的亮点主要体现在2个方面：一是基于事实与证据，较好地形成了"物质通过被动运输、主动运输等方式进出细胞，以维持细胞的正常代谢活动"这一重要概念。本节课从"水分子通过小肠上皮细胞膜的速率远大于其扩散速率"等事实性资料入手，引导学生依次分析、总结水分子、钾离子和葡萄糖分子可通过易化扩散进出部分细胞，大部分有机小分子和离子通过主动转运进出细胞，大分子主要通过胞吞、胞吐进出细胞，最后通过概念图进行梳理和整合。这样处理既较好地聚焦了本单元的重要概念，又实现了单元知识的结构化建构。二是以脂双层模型、物质穿透性实验为抓手，较好地指向了学科核心素养。如活动1要求学生识图分析生物膜和脂双层结构上的差异，并在此基础上推测水分子在2种膜中的透过速率不同的原因，这个活动隐含了结构与功能相统一的观念。又如，活动2利用脂双层设计实验寻找水通道时，大多数同学提出将膜蛋白逐一嵌入脂双层再进行检测，但有同学提出了"通过比较吸水功能异常细胞与吸水功能正常细胞膜蛋白的差异，来缩小水通道的搜索范围"的观点，这就是应用结构与功能相统一的观念来解决实际问题，这一生成也为本节课增色不少。再如，"设计口服型胰岛素药物"活动既激发了学生的求知欲，又引导学生关注科研成果和社会问题，提升了学生的社会责任感。

本节课存在的不足之处：我对课堂的动态生成的处理仍显不足。如在介绍寻找水通道的实验设计时，本可以让其他同学优先讲出"逐一试验"的方法，再由同学提出如何缩小试验范围的思路，这样更能体现实验设计的巧妙，更好地渗透结构与功能相统一的观念。但出于课堂进程的考虑，我选择直接让同学讲解，这使课堂的生成性"滋味"有所减少，实在可惜。

(四)总体评析

本单元2个课时的学习都是基于"食物中不同营养成分如何进入人体细胞"这一情境展开，以系列问题引导学习，以各种探究活动深化学习，运用比较归纳、类比推理、建模等思维方法，最终建构"物质通过被动运输、主动运输等方式进出细胞，以维持细胞的正常代谢活动"的概念，并引导学生运用所学知识来创新解决实际问题，将学习引向深度与综合运用，播下"为社会大众服务"的种子。第二课时延续了第一课时的问题教学法，以过渡性问题转换学习任务，保证了学习思维的连续性。除此之外，本节课教学还有以下几个特点。

1. 开展基于资料分析的论证或教学，培养学生获取信息并开展推理的能力。

论证式教学在发展学生思维、开展深度学习上的作用明显。为保障论证的进行，教师需要准备好相关的学习资源，这些资源要让学生"够得到""想得明"，学生的思维才能被激活，并在得出结论的过程中，建构概念。脂双层和生物膜实验结果的比较和正、负电极电场下的离子过膜等的分析促进了概念的学习，也有利于结构与功能观、物质与能量观的形成。

2. 以建构单元概念图的方式开展课堂总结，促进重要概念的综合建构。

认知是有一定过程的，不可能一下子把大概念、重要概念灌输给学生，否则学生也只是记住了概念的表述，概念也就变成了没有内涵和外延的文字。在学习中，学生首先是基于一个个事实建构次位概念，再通过次位概念发生相互作用建构重要概念。建构单元概念图是让各个次位概念间发生反应的好方法，因为这并不是次位概念的简单叠加，而是在比较、归纳异同和关联的基础上，知识综合重整的过程，这个过程使思维得到进一步发展，概念学习也就更牢固、更丰富。

3. 改进建议。

一是本节课教学对学生的学习要求较高，表现在学习任务比较重，思维要求比较高。如果学生没有较好的学习基础和学习能力，是难以完成课堂的大容量设计的。因为课堂活动安排较满，所以课堂就容不得有"意外"的发生，这就使得本节课错过了很多"有趣的"和"真实的"学习。建议适当减少本节课的容量，使活动开展得更为深入。二是本节课与单元的衔接还需加强。在后续教学中，应更加注重单元情境与课时情境的有机融合，真正做到"境""脉"相融。

（本课时由稽山中学何源老师设计和执教）

单元 4

细胞内的化学反应依赖ATP和酶

一、单元教学分析

生命活动的本质是物质和能量的转化，它是通过细胞内的化学反应来实现的，其中渗透了生命的物质与能量观。ATP是细胞生命活动的直接能源，在细胞能量转化和利用中起着关键作用，ATP与ADP相互转化使细胞内的ATP含量保持相对平衡，体现了生物界的统一性、物质与能量的统一性。酶是生物催化剂，其催化作用具有高效性和专一性，保证了细胞内的化学反应有序、高效地进行，酶的活性受pH、温度等多种因素的影响，这体现了结构与功能的统一性，渗透了稳态与平衡观。

经过初中阶段和单元1的学习，学生已经知道蛋白质的结构和功能、核酸由核苷酸聚合而成、细胞的功能在细胞的特定区域完成等生命观念，也有一些关于ATP和酶的常识，他们对实验探究也有了一定的体验和感悟。但学生对ATP如何供能、酶催化反应的机理、对照实验的设计等还缺少深入的理解。教师需要引导和指导学生从生物界的统一性、物质与能量的统一性、结构与功能的统一性等去探究，帮助学生形成"细胞内的化学反应依赖ATP和酶"的观念。"探究酶催化的专一性、高效性及影响酶活性的因素"活动可增强学生对ATP和酶的求知欲，使学生掌握对照实验设计的基本思路和方法，尝试运用ATP和酶的相关内容解决现实生活问题。

二、单元概念解构

本单元聚焦课程标准中的重要概念"细胞的功能绝大多数基于化学反应，这些反应发生在细胞的特定区域"，该重要概念支撑大概念"细胞的生存需要能量和营养物质，并通过分裂实现增殖"的学习。本单元的教学分别对应2个次位概念"ATP是驱动细胞生命活动的直接能源物质""绝大多数酶是一类能催化生化反应的蛋白质，酶活性受到环境因素（如pH和温度）的影响"，这2个次位概念共同聚焦本单元的重要概念。本单元支持"物质通过多种方式出入细胞""细胞呼吸为细胞生活提供能量""光合作用将光能转化为化学能""细胞通过分裂实现增殖"等概念的学习。这些概念之间的关系如图4-1所示。

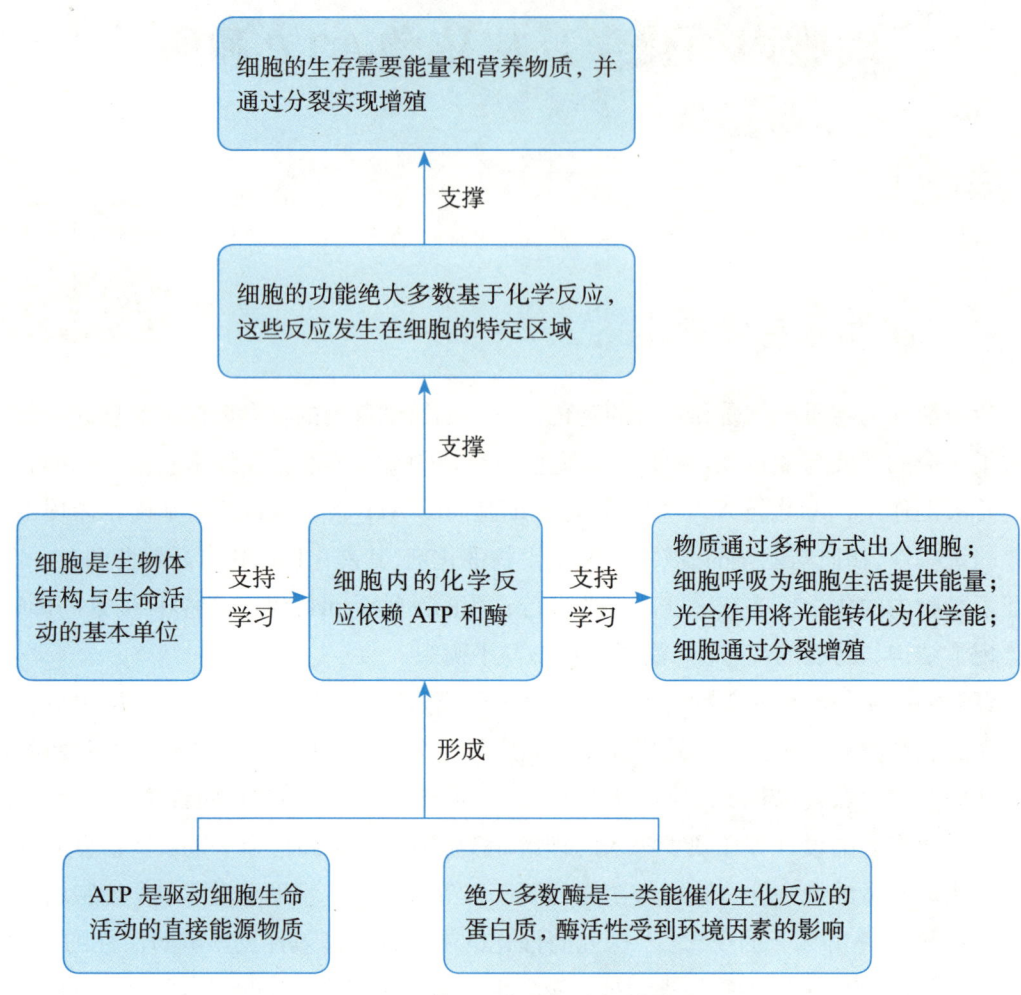

图 4-1 单元 4 相关概念间的关系

三、单元目标

（一）学习目标

1. 通过"蛙腓肠肌收缩""萤火虫发光"等实验的观察、设计和分析，认识生命活动不仅具有物质基础，还需要能量驱动，形成"物质是能量的载体，能量是物质变化的动力"的观点，初步建立生命的物质与能量观。

2. 通过酶的发现历程、酶与底物锁钥模型等科学史的分析，能基于生物学事实和证据，运用归纳与概括、模型与建模等方法，说明酶在细胞代谢中的作用，解释酶的化学本质及催化机理。

3. 通过"酶催化的专一性、高效性及酶活性的影响因素"等实验的操作，能运用控制变量、设置对照等科学探究的基本方法和思路，阐明酶具有高效性、专一性及其活性受环境因素的影响，提高实践能力和探究技能。

4. 通过酶的有关原理在生活、生产中的应用，认同酶具有高效、环保、节能等特点，并主动向他人宣传科学运用酶制剂，抵制有关酶保健品的虚假宣传，成为健康中国的促进者和实践者。

（二）评价目标

1. 在学习"ATP 是细胞内的'能量通货'"后，能从结构与功能观阐明 ATP 作为能量通货的结构特点和 ATP-ADP 循环对维持 ATP 稳定的意义。需要具备社会责任的四级水平。

2. 在学习酶是生物催化剂后，能从结构与功能观说明酶催化反应的机理，能运用观察、提问、设计实验方案以及对结果的交流和讨论，探究酶活性受环境因素的影响。需要具备生命观念的二级水平和科学探究的四级水平。

四、单元教学思路

（一）单元情境

视频：2018 年世界女排锦标赛，中国队 3 : 0 战胜美国队的精彩比赛集锦。女排精彩的表现既源于女排精神，也依赖科学的训练和营养。

（二）核心任务

分析女排队员将营养物质转变成肌肉收缩动力过程所需的条件。

（三）教学流程

以支撑本单元重要概念所需的次位概念为课时学习主题，课时教学以问题、任务、活动与评价为主线展开。本单元分为 3 个课时，教学流程如图 4-2 所示。

重要概念	细胞内的化学反应依赖 ATP 和酶	
次位概念	ATP 是细胞内的“能量通货”（课时 1）	酶是生物催化剂（课时 2、3）
问题	女排队员的能量直接来自什么？ATP 是如何持续为生命活动提供能量的？	酶是如何催化底物反应的？影响酶催化功能的因素有哪些？
任务	设计实验证明肌肉细胞直接利用的能源物质是 ATP，ATP 是能量通货	探究酶的催化作用和环境因素对酶催化作用的影响
活动	预测蛙腓肠肌实验的结果，分析实验成功的原因；阅读 ATP 药剂说明书和教科书，总结 ATP 的元素组成和结构简式；建构能量释放、转移与利用的模型	分析酶与底物锁钥模型；探究酶的专一性和高效性实验；探究高温、酸、碱、重金属离子、有机溶剂等因素影响过氧化氢酶活性的实验；探究影响酶催化功能的因素的实验
评价	分辨日常生活中几个常见观点的真假；依据萤火虫荧光反应资料，设计实验步骤	课堂问题与观察；用实验报告评分标准评估实验效果

图 4-2 单元 4 教学流程

五、课时教学实例

课时 1 ATP 是细胞内的“能量通货”

课堂实录

（一）课时概念解析

本课时的概念为“解释 ATP 是驱动细胞生命活动的直接能源物质”，该概念的建构需要以下基本概念或证据的支持。

1. ATP 是细胞生命活动的直接能源物质。

2. 细胞内 ATP 与 ADP 保持动态平衡。

单元 4　细胞内的化学反应依赖 ATP 和酶

（二）课堂实录

教学环节	课堂实录	专业点评
创设单元情境 提出核心问题	创设情境　播放"2018年世界女排锦标赛，中国队 3∶0 战胜美国队的精彩比赛集锦"。女排精彩的表现既源于女排精神，也依赖科学的训练和营养。 核心问题　营养物质以哪些方式进入细胞？营养如何转变成强大的力量？这一系列复杂的过程需要怎样的条件？ 过渡　通过本单元的学习，你会知道细胞内的化学反应依赖物质转运、ATP 和酶。	这个情境既活跃了课堂氛围，又回顾了已有知识，通过设置认知冲突引起了学生注意，从而激发了学生的求知欲望。
任务 1：ATP 是细胞生命活动的直接能源物质	教师引导　女排队员扣球时高高跃起，这个动作可能涉及细胞中哪些能量形式的转化？肌肉细胞直接利用的能源物质是什么？葡萄糖还是 ATP？能否通过 1 个直观的实验来验证你的假设？ 实验视频演示　蛙腓肠肌收缩实验。 实验材料：一组 1 个离体的蛙腓肠肌标本、任氏液、培养皿、烧杯、铜锌弓、葡萄糖溶液、ATP 溶液。 提出问题　①实验前要如何说明腓肠肌已经彻底消耗原来的能源物质？②实验的预期结果和结论是什么？③说明实验失败的原因。滴加葡萄糖的实验组，时间长点腓肠肌也能恢复收缩能力，分析其可能的原因。滴加 ATP 溶液的腓肠肌没有恢复收缩能力，分析可能的原因…… 教师引导　为什么 ATP 是各项生命活动的直接能源物质？这取决于 ATP 独特的分子结构。请同学们阅读 ATP 药剂说明书和教科书上相应的内容，并结合课件上的资料，在纸上写出 ATP 的元素组成和结构简式。 呈现资料　结构简式的表示方法——腺苷用"A"表示，磷酸基团用"P"表示，普通磷酸键用"—"表示，高能磷酸键用"～"表示。 学生活动　写出 ATP 的元素组成和结构简式。部分学生展示完成情况。并讨论：1 分子的 ATP 中，磷酸基团的数量是多少？高能磷酸键的数量是多少？ 教师引导　注意区别 ATP 中的腺苷"A"与碱基"A"。 呈现资料　萤火虫尾部的发光器细胞中有荧光素和荧光素酶。当荧光素接收能量时，在荧光素酶的催化下，可与 O_2 发生化学反应，产生荧光。 材料用具　干燥后的萤火虫发光器研磨成的粉末、蒸馏水、ATP 溶液、葡萄糖溶液、试管、滴管等。 学生活动　讨论并说出实验设计思路后，回答实验设计的步骤，提出预期结果及其相应结论。 教师点评　评价学生设计的实验步骤中的对照原则、单因子变量原则、等量原则等。（注意：学生回答时容易忽略用蒸馏水消除粉末中原有 ATP 这一步骤） 提出问题　若向刚切下的萤火虫发光器滴加葡萄糖溶液，发光器会发光吗？	通过给出的实验材料，创设实验情境，可以提高学生生物科学素养，进一步加深了学生对探究性实验设计思路的理解和对"ATP 是直接能源物质"这一抽象结论的感性认识。 利用教科书和多媒体资源，阅读、分析 ATP 药剂说明书，绘制 ATP 的结构简式。再以问题驱动实现迷失概念的转化，达到了课堂节奏一静一动的效果。 学生先开展小组讨论，设计方案，分享后补充完善。荧光实验的自主设计，培养了学生的创新能力。教师引导学生体会、思考实验中的自变量、因变量、无关变量的控制，熟悉对照实验，领会单一变量原则，有效突破了教学难点。

67

续表

教学环节	课堂实录	专业点评
任务1：ATP是细胞生命活动的直接能源物质	**日常生活中的观点** ①长跑时喝ATP溶液可以极大提高成绩。 ②红牛等运动饮料中含有ATP，因此，它有助于运动供能。 ③可以通过静脉注射ATP来治疗肌无力。 **提出问题**　你认同这些观点吗？ **学生活动**　每个小组讨论后说理辨析。	学生通过说理对一些不科学的观点进行批判，培养了其批判性思维。
任务2：细胞内ATP与ADP保持动态平衡	**图形模型** **课件演示**　ATP是一种不稳定的高能化合物。远离腺苷的那个高能磷酸键，在有关酶的催化下很容易水解断裂，放出能量（30.54 KJ/mol），用于多种生命活动。远离腺苷的那个高能磷酸键，在另一种酶的催化下同样很容易吸收能量，重新形成。 **师生归纳**　所有细胞中最重要的放能反应是糖的氧化。ATP的合成和水解，使糖类等氧化放能反应所释放的能量用于多种生命活动的吸能反应。 细胞内吸能反应所需的能量，一般来自细胞内的放能反应。ATP是细胞中糖类、油脂等氧化放能反应和生命活动吸能反应之间的纽带，是细胞能量代谢的"通用货币"，如图4-3所示。 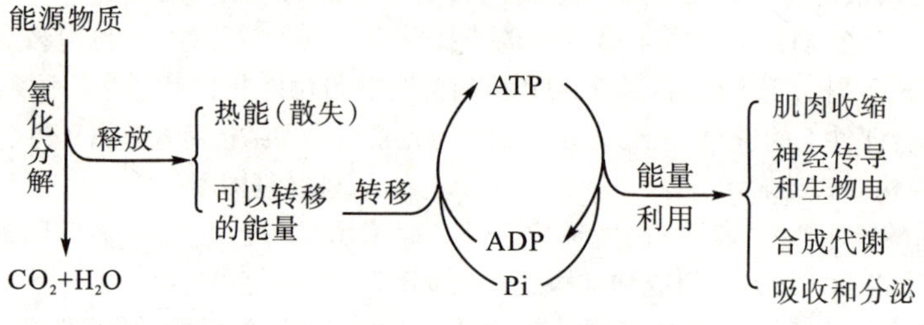 能源物质 氧化分解 释放 热能（散失）/ 可以转移的能量 → 转移 → ATP ⇌ ADP+Pi → 能量利用 → 肌肉收缩、神经传导和生物电、合成代谢、吸收和分泌 CO_2+H_2O 图4-3　能量的释放、转移和利用 **教师总结**　根据图4-3可以看出，从有机物中稳定的化学能到ATP中活跃的化学能，再到各种生命活动表现过程中的机械能或电能等，细胞内发生着各种能量形式的相互转变，能量既没有被创造也没有消失。植物细胞中ATP的再生除了来自有机物的氧化分解，还可以来自光合作用。 **表格模型** **提出问题**　ATP与ADP是可以相互转化的，ATP与ADP相互转化的过程是可逆反应吗？ **学生活动**　从反应式、转化条件、能量的来源和去路、转化场所等角度进行充分的讨论，辨析ATP合成和ATP水解的区别和联系，学习成果见表4-1。	"细胞内能量释放、转移、利用"的图形模型的建构，既可以让学生较好地理解ATP与糖类等其他能源物质在能量代谢中的关系，又可以让学生举例说明吸能反应和放能反应，达到了一图多用的目的。

续表

教学环节	课堂实录	专业点评
任务2：细胞内ATP与ADP保持动态平衡	表4-1 ATP合成和水解的比较 | 项目	ATP合成	ATP水解
反应式	ADP + Pi + 能量 $\xrightarrow{酶}$ ATP	ATP $\xrightarrow{酶}$ ADP + Pi + 能量
所需酶	ATP合成酶	ATP水解酶
能量来源	光合作用、细胞呼吸	远离腺苷的高能磷酸键中的能量
能量去路	储存于形成的高能磷酸键中	用于各种生命活动
反应场所	细胞溶胶、线粒体、叶绿体	生物体的需能部位
联系	ATP与ADP的相互转化不是可逆反应，但物质可以循环使用 || **评价任务** 通过表格模型和练习题组，及时反馈、巩固学生对知识的理解和掌握。 **类比模型** **呈现资料** 人体内ATP的总量大约只有0.05 kg；1个成人在安静状态下24 h内消耗的ATP约为40 kg；在剧烈运动时，ATP的消耗可达0.5 kg/min；ATP形成后不到1min的时间就要发生转化；氰化钾能阻止人体合成ATP，人中毒后在3～6 min内就会死亡。如何解释这些数据？ **学生活动** 讨论发言，阐明观点。明确细胞内ATP含量少且相对稳定，ATP-ADP循环速度快，从而使细胞内的ATP与ADP保持动态平衡。 **教师点评** 用类比模型进一步帮助学生理解：一个小城镇的汽车保有量只有50辆，但如果这些汽车一天内频繁往返于繁华区域的某个十字路口，那么这个路口的车流量可能比小城镇的汽车保有量大几百倍。 **提出问题** ATP是生命活动的直接能源物质，被称为"能量通货"。如果把ATP比作流通的"现金"，那么糖类和油脂可以比作什么？ **师生互动** 利用生活经验打开想象的翅膀，可以把糖类比作"活期存折"，可以随时兑换"现金"；把油脂比作"定期存折"或"黄金"，可以长期存储，不轻易使用。 **教师拓展** 事实上，ATP是一切生物细胞中最常用的直接能源物质，但不是唯一的直接能源物质。科学家后来发现，细胞内还有少量其他的直接供能物质，如GTP、CTP、UTP、TTP，它们可用于DNA的复制或RNA的复制等。所以，我们要学会用唯物辩证的眼光对待所学知识。	本环节建构了"ATP合成和水解的比较"的表格模型，并以多样的师生交互问答与讨论，引导学生全面地理解ATP与ADP的相互转化在酶、能量、反应场所等方面的区别，突破了教学难点。 教师通过"ATP-ADP循环"和"能量通货"的类比模型，活跃了课堂气氛，帮助学生理解抽象的概念。 教师以知识拓展结束本课时的教学，为学生提供了生物科学研究的前沿素材，培养了学生的生物学科素养。

（三）教学反思

本节课的亮点主要体现在2个方面：一是通过探究性学习改变了学生的学习方式，

促进了学生的主动学习。探究性学习是提高学生科学素养的重要途径，教师应该在课堂上更多地尝试改变学生原有的学习方式，不断地给学生创造探究性学习的机会，改学生的被动学习为主动学习，激发学生的主体意识。本节课结合了多种教学方法，如实验分析、资料分析、自学探究、小组合作、语言表达、问题串递进，推动学生思维，使学生在学习中变"被动"为"主动"，提高了学生的自学能力、获取信息和理解归纳的能力，锻炼了学生的语言表达能力，突破了教学重点。二是对教科书处理遵循学生的认知规律，培养创新精神和批判性思维。由于光合作用、细胞呼吸的具体过程还没有学到，ATP的再生途径不宜讲授得过于深入，教师只需引导学生分析出绿色植物通过光合作用将光能先转化成ATP等物质中的化学能，最终将该化学能储存于糖类等有机物中即可。同时，对于生物学学科素养较好的学生，还可以提示学生"ATP是一切生物细胞中最常用的直接能源物质，但不是唯一的直接能源物质"，从而教会学生用唯物辩证的眼光对待所学知识。

本节课存在的不足之处：在进行本节重点"ATP的功能"教学时，过于依赖课件和板书，没有更多地体现"体验式"教学理念。

（四）总体评析

1. 真实情境的创设指向问题解决型学习任务。

基于核心素养的课堂教学要关注情境设计，从激发学生学习兴趣转变到作为问题解决型学习任务的真实情境。所谓真实，就是指在现实生活、科学研究中真实存在的情境。本节课基于创设的"女排精彩扣球"情境，引出了单元核心问题，指向了社会责任核心素养；基于创设的"蛙腓肠肌标本实验"情境，验证了ATP是生命活动的直接能源物质，指向了科学探究核心素养；基于创设的"ATP药剂说明书"情境，运用结构与功能观、稳态与平衡观解释ATP为什么是直接能源物质，指向了生命观念核心素养；基于创设的"萤火虫发光实验"情境，设计实验步骤，指向了科学思维核心素养。

2. 思维与行为相统一的模型建构指向重要概念的理解。

模型是人们为了某种特定目的而对理解对象所作的一种简化的概括性描述，这种描述可以是定性的，也可以是定量的，有的借助具体的实物或者其他形象化手段，有的则通过抽象的形式来表达。本节课通过建构"细胞内能量释放、转移、利用"的图形模型，既让学生较好地理解了ATP与糖类等其他能源物质在能量代谢中的关系，又让学生举例说明了吸能反应和放能反应，达到了一图多用的目的。教师以多样的师生交互问答与讨论，引导学生建构"ATP合成和水解的比较"表格模型，全面地理解ATP与ADP的相互转化在酶、能量、反应场所等方面的区别，有效突破了教学难点。借助"ATP-ADP循环"和"能量通货"类比模型，活跃了课堂气氛，帮助学生理解了抽象的概念。

3. 改进建议。

本节课通过播放蛙腓肠肌实验视频来验证 ATP 是直接能源物质，学生没有动手实践的体验，科学思维和实验探究的落实不够到位，教师"讲"得比较多。教师需要考虑设置更多的课堂活动，让学生通过参与活动来"体验" ATP 的功能或能量的转化利用。

（本课时由温州中学黄华老师和江山中学周欢燕老师设计，由周欢燕老师执教）

课时 2、3 酶是生物催化剂

课堂实录

（一）课时概念解析

本课时的概念为"绝大多数酶是一类能催化生化反应的蛋白质，酶活性受到环境因素（如 pH 和温度等）的影响"，该概念的建构需要以下基本概念或证据的支持。

1. 酶是由活细胞产生的一类生物催化剂，大多数酶是蛋白质。
2. 酶的催化功能具有专一性和高效性。
3. 酶的催化功能受多种条件的影响。

（二）课堂实录

教学环节	课堂实录	专业点评
对接单元情境	**创设情境** 若某女排队员缺乏乳糖酶，她不慎摄入乳糖后，乳糖不能被消化吸收，直接进入大肠，刺激大肠，使大肠蠕动加快，造成腹胀、腹泻等症状，从而影响了她的训练和比赛，这种病症称为乳糖缺陷症。食用酸奶、低乳糖奶可以减缓该症状。	基于学生生活经验或经历的情境能有效地引起学生有意的注意，引发认知冲突，启迪思维，激发动机。
提出核心问题	**核心问题** 什么是乳糖酶？酶是怎样发挥作用的？酶的作用受哪些条件的影响？你能设计实验证明你的观点吗？	
任务 1：探究大多数酶是一类能催化生化反应的蛋白质	**情境 1** 小资料——酶的发现历程。 **提出问题** ①斯帕兰札尼实验中是什么物质使肉块消失了？②由小资料可知，酶的化学本质是什么？③酶是怎样被发现的？④酶的发现历程对你有何启示？…… **活动 1** 阅读"小资料——酶的发现历程"，总结回答问题①②。 **评估 1** 识别学生列举的事实是肉块消失和酶的化学本质。 **活动 2** 总结与分享问题①，启迪问题②。形成结论：酶的发现与人类生产实践活动、科学技术的发展有着密切的关系；人类对酶的认识是一个长期的过程，经历了从生活现象中发现问题、不断探究、不断进行实验，最终揭示酶的本质的过程。 **评估 2** 识别学生列举的事实与形成结论是否一致。 **情境 2** 酶与底物的锁钥模型。	对于酶的发现历程的学习有助于学生建立生物学观念，了解科学知识产生的特点，把握自然科学的特点，并以此来辨别现实生活中的科学和非科学，从而促进生物学学科核心素养的达成，也让学生体验到追求真理的科学精神。

续表

教学环节	课堂实录	专业点评
任务1：探究大多数酶是一类能催化生化反应的蛋白质	**提出问题**　①酶是如何催化底物反应的？②酶的催化过程经历了哪些阶段？③哪些条件会影响酶的变形与复原？④酶的活性如何表示？…… **活动3**　展示酶与底物的锁钥模型（图4-4），分析、回答问题①②。总结酶促反应的特点——专一性。 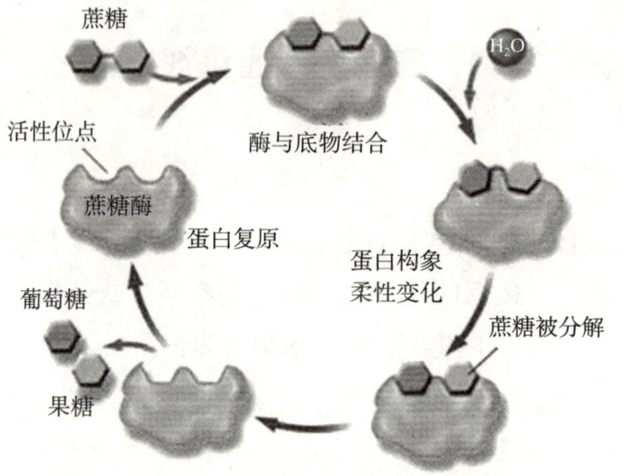 图4-4　酶与底物的锁钥模型 **活动4**　小组合作讨论，结合酶的本质是蛋白质，得出影响酶变形与复原的因素有pH、温度和某些化合物，解决问题③。 **活动5**　根据化学反应速率，阅读教科书，解决问题④。 **评价3**　①课堂问题和观察；②小测验。	教师以模型为载体，通过"锁与钥"类比"底物与酶"的关系，并结合影响蛋白质结构的因素，通过演绎推理方法形成影响酶活性的因素，帮助学生形成结构与功能观、物质观等生命观念。
任务2：探究酶的催化具有专一性和高效性	**情境3**　视频"生命的来源——酶"。 **提出问题**　①酶的催化功能具备哪些特点？②根据活动目的，你将选择哪一种酶进行实验？为什么？③你的实验的自变量是什么？你用什么方法控制自变量？④实验中的因变量又是什么？你选择什么方法或试剂来检测因变量？⑤对照组怎样设置？是否需要重复实验？ **活动6**　阅读教科书，总结问题①。 **活动7**　结合活动"检测生物组织中的糖类"，讨论、确定酶的选择依据，并给自变量和因变量下操作定义。 **活动8**　参照教科书P71—72活动"探究酶的专一性"，以小组为单位设计并实施实验，预测并记录实验结果，探讨教科书P72的3个问题。 **活动9**　参照教科书P73活动"探究酶催化的高效性"，以小组为单位设计并实施实验，预测并记录实验结果，探讨教科书P73的3个问题。 **评价4**　①课堂问题与观察；②用实验报告评分标准评估"探究酶的专一性"和"探究酶催化的高效性"的活动报告。	在探究酶的专一性和高效性的活动中，以5个问题为锚，学生通过小组讨论，参照教科书中的活动方案，学会、体验"控制变量，设计对照实验"。通过活动操作和现象观察、分析与讨论，发展了学生的科学思维和科学探究能力，认识到"细胞代谢离不开酶"，最后归纳出酶的专一性和高效性。

续表

教学环节	课堂实录	专业点评
任务3：探究酶催化功能的影响因素	**情境4** 持续高烧的患者和救治误服农药患者的照片。 **提出问题** ①为什么持续高烧和误服农药会危及生命（从酶的角度分析）？ ②影响酶催化功能的因素还有哪些？你能设计实验证明你的观点吗？ ③若探究pH对酶活性的影响，则需要设定哪几个pH？怎样将不同溶液的pH分别调整到设定值？怎样排除温度等因素对实验的干扰？ ④若探究温度对酶活性的影响，则需要设定哪几个温度？怎样将不同溶液的温度分别调整到设定值？怎样排除pH等因素对实验的干扰？ **活动10** 探究环境因素对酶催化作用的影响。 学生选择合适的器材和材料，以小组为单位设计实验以探究酶催化功能的影响因素。实验方案如下： 活动目的：探究高温、酸、碱、重金属离子、有机溶剂等因素对过氧化氢酶活性的影响。 材料用具：过氧化氢酶、3% H_2O_2、0.9% NaCl、5% NaOH、5% HCl、5% $AgNO_3$、95% 酒精、白瓷板、试管、酒精灯等。 实验步骤： ①将新鲜的猪肝分别放在白瓷板的小圆孔中，按下表取相应溶液处理猪肝小块，同时对第6组进行煮沸处理。 | 编号	1	2	3	4	5	6
---	---	---	---	---	---	---
试剂	0.9% NaCl	5% NaOH	5% HCl	5% $AgNO_3$	95% 酒精	— | ②取6支试管，分别加入5 mL 3% H_2O_2，然后分别加入经过步骤①处理的猪肝小块。 ③观察6支试管每分钟产生的气泡数量，并记录结果。 **活动11** 参照教科书P74的活动"探究影响酶催化功能的因素——pH对过氧化氢酶的影响"，以小组为单位设计并实施实验，预测并记录实验结果，探讨活动后的3个问题。 **活动12** 小组合作讨论，设计实验验证温度对酶活性的影响，预测实验结果，实施实验，并分析实验结果。 **评价5** ①课堂问题与观察； ②用实验报告评分标准评估"探究pH对过氧化氢酶活性的影响"的活动报告。	教师基于学生生活经验或经历，引发探究问题，促进核心素养的落实。 学生根据方案按要求分组进行实验。通过实验，学生亲自获得多种酶活性影响因素的实验证据，体会、思考对实验中的自变量、因变量、无关变量的控制，熟悉对照实验，领会单一变量原则，有效突破难点。 活动11是在活动10的基础上进行深化，学生以教科书中的活动"探究影响酶催化功能的因素——pH对过氧化氢酶的影响"为支架，探究pH对酶活性的影响规律，形成pH对酶活性的影响曲线。学生模仿教科书中的活动，设计活动方案并预测实验结果，形成温度对酶活性的影响曲线。这个活动旨在培养学生的创新能力。

教学环节	课堂实录	专业点评
课堂小结	**课堂小结** 运用知识结构图（图4-5）进行总结。 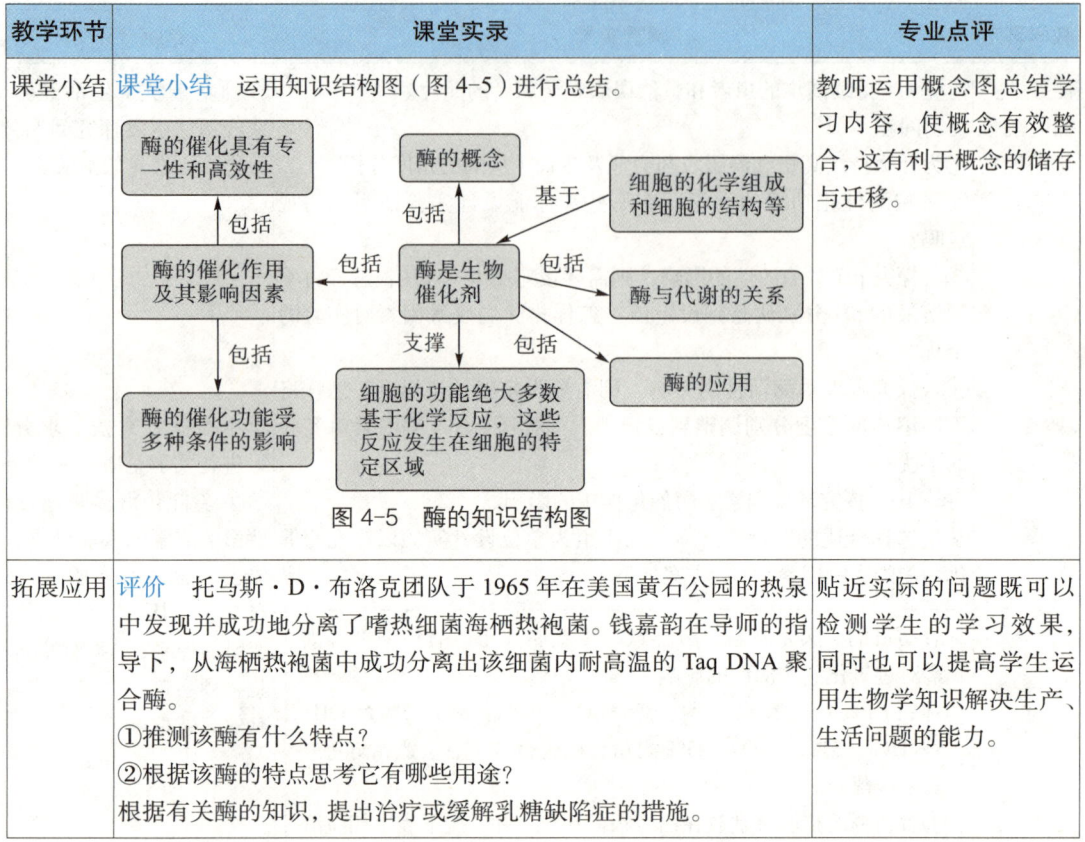 图4-5 酶的知识结构图	教师运用概念图总结学习内容，使概念有效整合，这有利于概念的储存与迁移。
拓展应用	**评价** 托马斯·D·布洛克团队于1965年在美国黄石公园的热泉中发现并成功地分离了嗜热细菌海栖热袍菌。钱嘉韵在导师的指导下，从海栖热袍菌中成功分离出该细菌内耐高温的Taq DNA聚合酶。 ①推测该酶有什么特点？ ②根据该酶的特点思考它有哪些用途？ 根据有关酶的知识，提出治疗或缓解乳糖缺陷症的措施。	贴近实际的问题既可以检测学生的学习效果，同时也可以提高学生运用生物学知识解决生产、生活问题的能力。

（三）教学反思

本节课的亮点主要体现在3个方面：一是在教学策略上，突出了探究、体验和分享。本节课的活动采用先定性再定量的方式，增加了活动"探究高温、酸、碱、重金属离子、有机溶剂等因素对过氧化氢酶活性的影响"，让学生亲历了"科学是以实证为判别尺度、以逻辑作论辩的武器、以怀疑作审视的出发点"的基本特征，这样既培养了学生的科学探究能力，也提升了学生的科学思维品质，发展了学生的学科核心素养。而这些科学探究能力和科学思维品质的养成，又进一步推动了概念建构活动的严谨性和完善性，优化了以实验为载体的概念建构过程。二是在教学过程上，本节课以情境引发问题，以问题引导活动，以活动促进概念建构，实现了课堂教学从知识重现走向知识重演。并且本节课的评价贯穿教学中的每一个环节，体现了目标、教学和评价的一致性。三是在教学组织上，每组根据成员特质选出组长、操作者、评价者，以学习任务单为支架引导学生学习和评价。本节课尝试80分钟的长课时，为完整的学习活动提供了时间保障，体现了较大的灵活性。短课与长课相结合的教学方式是一种有益的尝试。

本节课存在的不足之处：本节教学内容是重要概念"细胞内的化学反应依赖 ATP 和酶"的重要组成部分，教学中突出了酶的催化作用及其影响因素，而对 ATP 和酶共同保证细胞正常生命活动的体现甚少，还没有较好地体现出整体教学的思想。

（四）总体评析

本节课以布卢姆的目标教学分类法为依据，结合建构主义学习理论，通过"情境—问题—活动—概念"的方式实施教学，有效地实现了目标、教学和评价的三位一体，使我们的教学从经验走向理性，再上升到本质。

1. 学习问题。

本节课的目的是建构"绝大多数酶是一类能催化生化反应的蛋白质，酶活性受到环境因素的影响"的概念。以科学史和活动为载体，运用归纳与概括、模型与建模、创造性思维等方法，形成了酶的本质、作用机理和特点等生命观念，同时，通过活动解构了空白对照和条件对照的设计与分析。

2. 教学问题。

教学活动主要集中在理解酶的概念、催化机理和酶促反应的影响因素等概念性知识，应用程序性知识（实验探究），以及基于程序性知识设计、实施和分析实验。"情境—问题—活动—概念"的教学，使学生活动与目标保持高度一致。本节课运用科学史概括出酶的概念（概念性知识），运用"锁钥模型"解释酶的催化机理（概念性知识），基于元认知知识和程序性知识设计、实施了 4 个有关酶的活动。

3. 评价问题。

教学中采用了形成性评价和终结性评价。用形成性评价评估由情境引发的问题（主要是概念性知识），用实验报告评分标准评价学生的实验报告（分析和创造的认知过程）。

4. 一致性问题。

整体上看，目标、教学和评价三者之间高度一致，从教学中使用的"表：基于教学活动和评估分析"中，看到目标、教学和评价主要集中在理解概念性知识和分析程序性知识，也有记忆事实性知识和创造元认知知识的活动和评价。

5. 其他思考的问题。

运用分类表可以使目标、教学和评价三位一体，有利于教学回归理性，使得教学设计能在更大的范围推广。但分类表是否会限制教师和学生个性的发挥？高层次的认知过程可以促进知识的记忆、理解和运用，实现问题解决的迁移。那么，高层次的认知过程（分析、评价和创造）在建构事实性知识和概念性知识时的有效性如何？值得探讨。

（本课时由丽水中学周业宇老师设计和执教）

单元 5

细胞呼吸为细胞生活提供能量

专家解读

一、单元教学分析

　　细胞作为微观层面的生命系统，必须时刻与外界进行着物质、能量和信息的交流，才能维持自身有序的状态，这些生命过程表现出生命特有的自主性、有序性和稳态的特征。新陈代谢是生命的基本特征，其中所有活细胞都需要不断地进行两类化学反应：一类是将从外界获得的营养物质转化为细胞的组成成分；另一类是将生物体内的营养物质分解，以获得细胞活动所需要的能量。细胞呼吸是生物新陈代谢中产能代谢的主要方式，其通过糖等有机物的氧化分解将储存在有机分子中的能量转化为生命活动可以利用的能量。细胞呼吸主要包括三部分：细胞呼吸的概念、需氧呼吸和厌氧呼吸的过程、细胞呼吸的意义。

　　通过初中科学和前几个主题的学习，学生已经能够说出细胞溶胶、叶绿体、线粒体等细胞器的结构和功能，初步认识生物个体的细胞呼吸会分解有机物产生二氧化碳和水等细胞代谢，认同化学反应中物质和能量守恒定律，这些为学习目标的完成奠定了良好的基础。另一方面，学生存在着一些错误认知，如：酶的化学本质是蛋白质、葡萄糖是直接供能物质、呼吸就是气体进出、细胞呼吸一定需要氧气参与、生物的需氧呼吸和厌氧呼吸只能进行一种、厌氧呼吸也在线粒体中进行、厌氧呼吸的产物也是二氧化碳和水，这些错误认知会给科学概念的建构带来干扰。

二、单元概念解构

　　本单元聚焦课程标准中的次位概念"生物通过细胞呼吸将储存在有机分子中的能量转化为生命活动可以利用的能量"。该次位概念是在"ATP是驱动细胞生命活动的直接能源物质"概念的基础上形成的，这2个概念共同支撑重要概念"细胞的功能绝大多数基于化学反应，这些反应发生在细胞的特定区域"的建构，进而支撑"细胞的生存需要能量和营养物质，并通过分裂实现增殖"这一大概念的建构。本单元的教学分别对应"需氧呼吸为细胞生活提供能量""厌氧呼吸为细胞生活提供能量"2个概念，共同聚焦本单元的次位概念。本单元支持"植物细胞的叶绿体从太阳光中捕获能量，这些能量在二氧化碳和水转变为糖与氧气的过程中，转换并储存为糖分子中的化学能""内环境为机体细胞提供适宜的生存环境，机体细胞通过内环境与外界环境进行物质交换""机体通过呼吸等系统参与内、外环境间的物质交换"等次位概念的学习。这些概念之间的关系如图 5-1 所示。

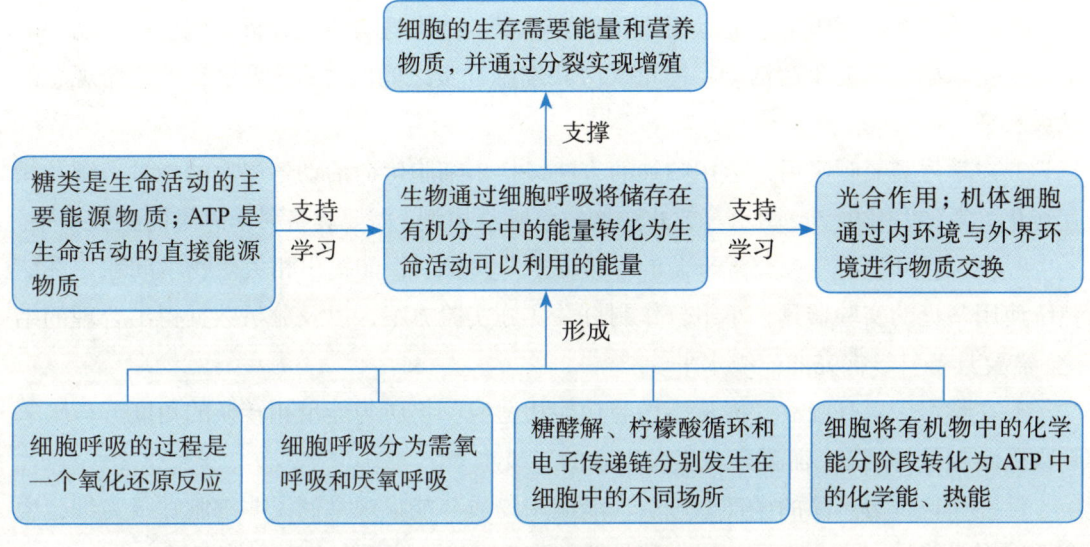

图 5-1　单元 5 相关概念间的关系

三、单元目标

（一）学习目标

1. 基于实验数据和科学史资料，在尊重事实和资料证据的基础上，基于现有逻辑运用演绎与推理、归纳与概括等科学思维，阐明生命活动、能量供应和细胞呼吸之间的关系，小组讨论分析、综合建构出细胞呼吸不同阶段的场所、物质和能量变化的模型，逐步发展物质与能量相统一的生命观念。

2. 通过精子活力的影响因素和精子库的建立意义等社会议题的讨论，能利用细胞呼吸过程中物质和能量转化等生物学观念，运用科学思维方法探讨和审视，并通过逻辑推理阐明个人立场，逐步树立正确的生育观，形成科学、健康的生活方式。

3. 基于给定的实验条件，设计并实施不同条件下酵母菌呼吸方式的探究方案，并用多种方法如实记录和分析实验结果，采用归纳与概括、演绎与推理等方法，以表格的形式说明不同条件下酵母菌细胞呼吸中的物质和能量变化，并以生命观念探讨酵母菌的代谢规律。

4. 通过和面、葡萄酒和泡菜制作方法的讨论,从物质与能量观、结构与功能观角度,运用细胞呼吸原理解释不同发酵产品制作过程中操作不同的原因,并认识到人类利用微生物发酵原理制作发酵产品的悠久历史,形成人与自然和谐共处的观念。

(二)评价目标

1. 在学习需氧呼吸后,能运用物质与能量观、结构与功能观分析细胞生命活动中的生化变化基础,阐明生命活动、能量供应和细胞呼吸之间的关系。需要具备生命观念的二级水平。

2. 在学习需氧呼吸后,运用归纳的方法概括出细胞生命活动各层次的能量来源及相互转化关系,并用文字、图示等方式建构需氧呼吸模型。需要具备科学思维的三级水平。

3. 在设计和实施"探究酵母菌的呼吸方式"实验后,能提出相关生物学问题,并能熟练使用常见的实验器具,小组合作制订并实施实验方案,以及分析数据得出合理的结论。需要具备科学探究的三级水平。

4. 在学习厌氧呼吸后,能从结构与功能相适应、物质与能量相转换的角度分析厌氧呼吸概念相关的问题。需要具备生命观念的二级水平。

5. 在讨论发酵产品的生产原理后,能运用物质与能量观举例说明细胞呼吸为细胞生命活动提供能量、为合成反应提供碳骨架的实例。需要具备生命观念的三级水平。

四、单元教学思路

(一)单元情境

人的行走、阅读、思维、心脏的跳动、胃肠的蠕动需要 ATP 提供能量;绿色开花植物的种子萌发、生长发育、开花结果需要 ATP 提供能量;人类精子的运动、酵母菌的代谢和增殖也需要 ATP 提供能量。

(二)核心任务

生物体的生命活动需要 ATP 提供能量,这些 ATP 是如何形成的?

(三)教学流程

以支撑本单元重要概念所需的次位概念为课时学习主题,课时教学以问题、任务、活动与评价为主线展开。本单元分为 2 个课时,教学流程如图 5-2 所示。

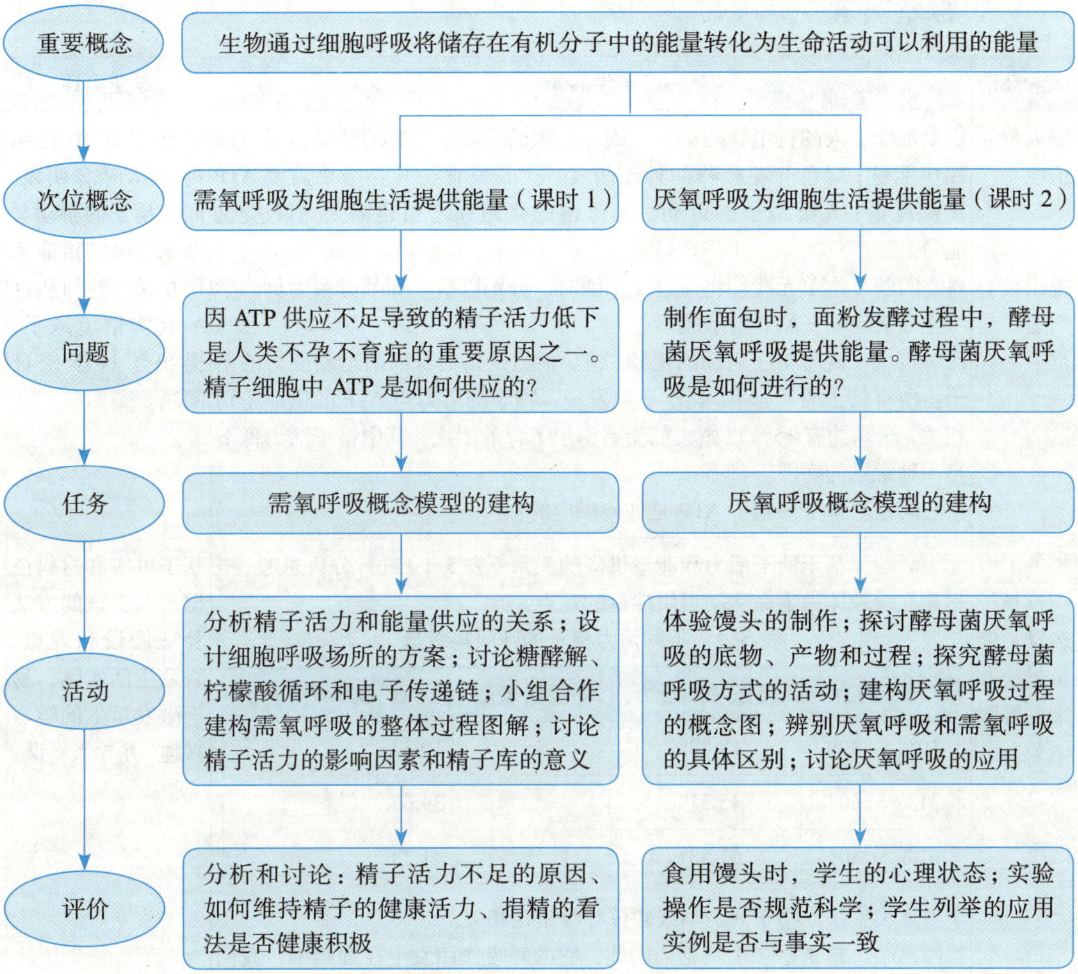

图 5-2　单元 5 教学流程

五、课时教学实例

课时 1　需氧呼吸为细胞生活提供能量

课堂实录

（一）课时概念解析

本课时的概念为"需氧呼吸为细胞生活提供能量"，该概念的建构需要以下基本概念或证据的支持。

1. 生物通过细胞呼吸将储存在有机分子中的能量转化为生命活动可以利用的能量。
2. 需氧呼吸分为 3 个阶段，它们分别发生在细胞溶胶和线粒体中。

(二)课堂实录

教学环节	课堂实录	专业点评
创设单元情境 提出核心问题	**创设情境** 人的行走、阅读、思维、心脏的跳动、胃肠的蠕动需要ATP提供能量;绿色开花植物的种子萌发、生长发育、开花结果需要ATP提供能量;人类精子的运动、酵母菌的代谢和增殖也需要ATP提供能量。 **核心问题** 本单元我们将通过2个课时,分别以精子和酵母菌为例,学习生命活动——ATP的形成。 **课时情境** 观看精子运动的视频。精子活力是指具有向前运动能力的精子占所有精子的百分率。科学研究发现,精子的活力与ATP的供应密切相关,全球约有15%已婚夫妇受到不孕不育的困扰,其中精子活力低下是一种常见的病因。 **核心问题** 精子细胞中ATP是如何供应的?	精子是单细胞结构,运动现象明显,同时精子的游动与细胞呼吸的供能密切相关。教师从这一真实情境入手,提出了科学论证问题。
任务1:探索精子运动、能量供应和细胞呼吸的关系	**学生活动** 基于精子活力和能量供应的关系(表5-1)进行分析思考,概括建立线粒体为生命活动提供能量的观点。 表5-1 不同活力精子的呼吸耗氧量 | 精子活力 | 精子平均活力 | 呼吸耗氧量/(nmol O_2/min·mg) | | --- | --- | --- | | 10%~30% | 18.88% | 19.32 | | 31%~60% | 45.31% | 34.63 | | 61%~80% | 67.53% | 41.73 | **学生证实主张** 精子活力与线粒体呼吸呈正相关。 **教师总结** 精子是一个细胞,因此,它的呼吸作用发生在细胞中,我们称为细胞呼吸,其他正常活细胞也一样。引导学生回忆初中所学的细胞呼吸的总反应式。	基于事实和材料证据,以实证的方法验证假设和观点。联系生活实际,易于激发学生的学习兴趣,并导入新课。
任务2:探索细胞需氧呼吸的场所和物质变化	**教师提问** 如何证明线粒体是细胞呼吸的场所? 教师鼓励学生积极发言,提出实验方案。用投屏技术投影学生的方案,引导生生互评。 **学生活动** 口头表述实验方案(表5-2)。学生之间相互评价各个方案的优缺点,检测葡萄糖的消耗量和耗氧量。 表5-2 验证线粒体是细胞呼吸场所的实验方案 | 组别 | 肝细胞的不同结构 | 检测指标 | | --- | --- | --- | | A组 | 细胞溶胶 | 葡萄糖含量 | | B组 | 线粒体 | 葡萄糖含量 | | C组 | 细胞匀浆(含细胞溶胶、线粒体) | 葡萄糖含量 |	回忆旧知,暴露前科学概念和错误概念,为细胞呼吸概念的建构打好基础。

教学环节	课堂实录	专业点评
任务2：探索细胞需氧呼吸的场所和物质变化	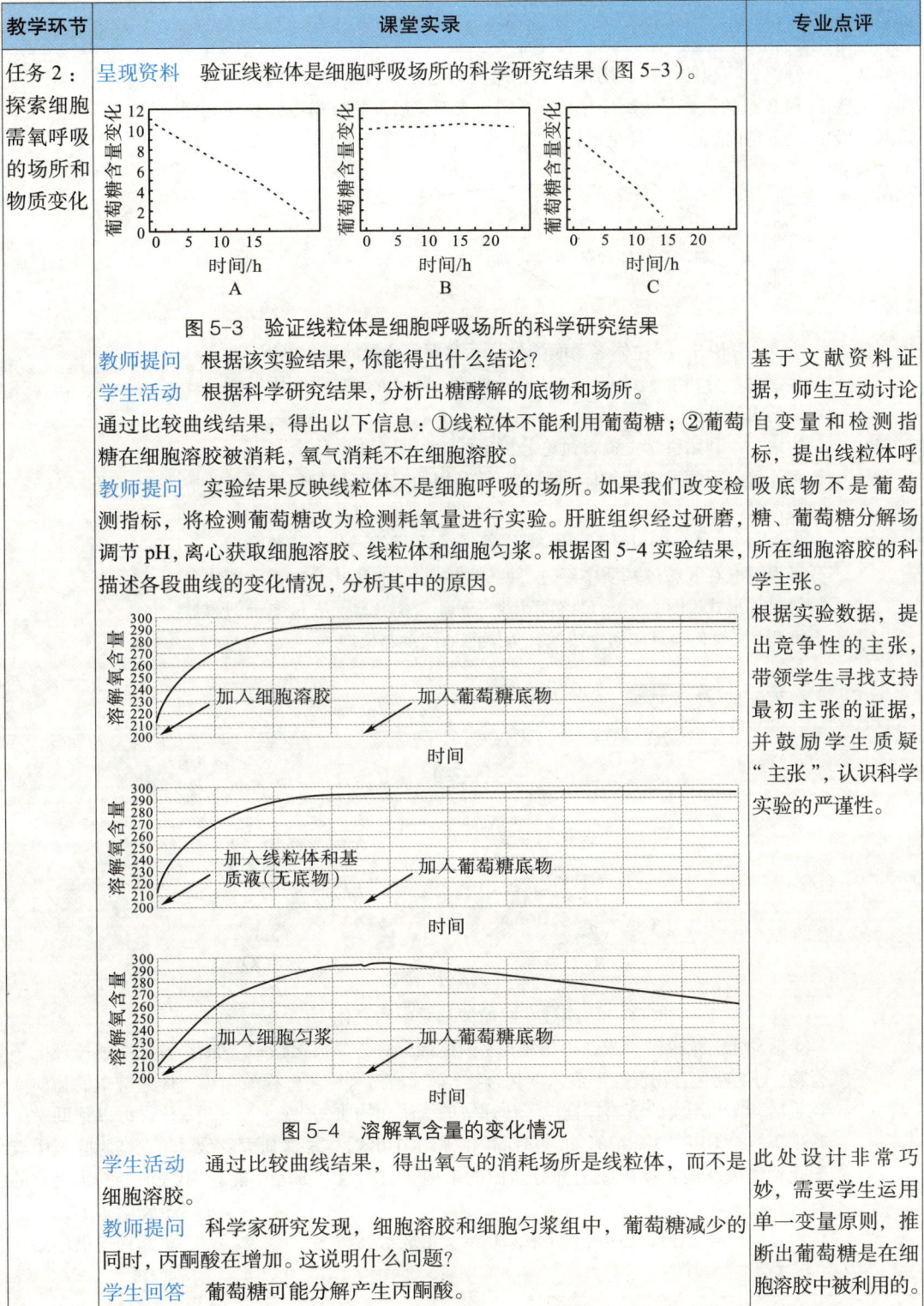 图 5-3　验证线粒体是细胞呼吸场所的科学研究结果 **教师提问**　根据该实验结果，你能得出什么结论？ **学生活动**　根据科学研究结果，分析出糖酵解的底物和场所。 通过比较曲线结果，得出以下信息：①线粒体不能利用葡萄糖；②葡萄糖在细胞溶胶被消耗，氧气消耗不在细胞溶胶。 **教师提问**　实验结果反映线粒体不是细胞呼吸的场所。如果我们改变检测指标，将检测葡萄糖改为检测耗氧量进行实验。肝脏组织经过研磨，调节 pH，离心获取细胞溶胶、线粒体和细胞匀浆。根据图 5-4 实验结果，描述各段曲线的变化情况，分析其中的原因。 图 5-4　溶解氧含量的变化情况 **学生活动**　通过比较曲线结果，得出氧气的消耗场所是线粒体，而不是细胞溶胶。 **教师提问**　科学家研究发现，细胞溶胶和细胞匀浆组中，葡萄糖减少的同时，丙酮酸在增加。这说明什么问题？ **学生回答**　葡萄糖可能分解产生丙酮酸。	基于文献资料证据，师生互动讨论自变量和检测指标，提出线粒体呼吸底物不是葡萄糖、葡萄糖分解场所在细胞溶胶的科学主张。 根据实验数据，提出竞争性的主张，带领学生寻找支持最初主张的证据，并鼓励学生质疑"主张"，认识科学实验的严谨性。 此处设计非常巧妙，需要学生运用单一变量原则，推断出葡萄糖是在细胞溶胶中被利用的。

续表

教学环节	课堂实录	专业点评
任务2：探索细胞需氧呼吸的场所和物质变化	**教师引导** 线粒体不利用葡萄糖，而葡萄糖分解的产物是丙酮酸。以A组和B组的自变量（反应场所）不同为支架，启发学生思考线粒体利用的是不是丙酮酸，并且呈现相关实验结果曲线（图5-5）。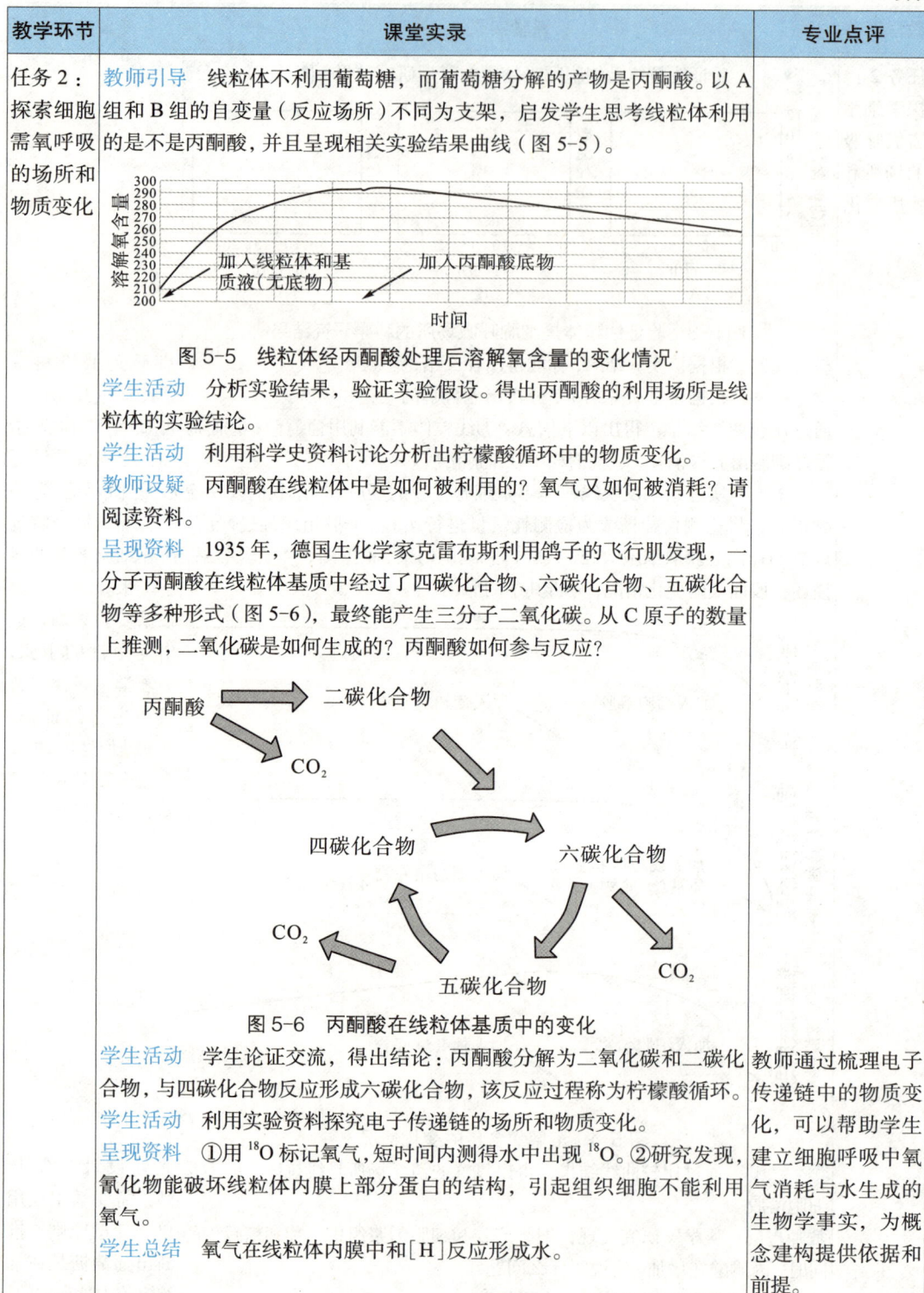图5-5 线粒体经丙酮酸处理后溶解氧含量的变化情况 **学生活动** 分析实验结果，验证实验假设。得出丙酮酸的利用场所是线粒体的实验结论。 **学生活动** 利用科学史资料讨论分析出柠檬酸循环中的物质变化。 **教师设疑** 丙酮酸在线粒体中是如何被利用的？氧气又如何被消耗？请阅读资料。 **呈现资料** 1935年，德国生化学家克雷布斯利用鸽子的飞行肌发现，一分子丙酮酸在线粒体基质中经过了四碳化合物、六碳化合物、五碳化合物等多种形式（图5-6），最终能产生三分子二氧化碳。从C原子的数量上推测，二氧化碳是如何生成的？丙酮酸如何参与反应？ 图5-6 丙酮酸在线粒体基质中的变化 **学生活动** 学生论证交流，得出结论：丙酮酸分解为二氧化碳和二碳化合物，与四碳化合物反应形成六碳化合物，该反应过程称为柠檬酸循环。 **学生活动** 利用实验资料探究电子传递链的场所和物质变化。 **呈现资料** ①用 ^{18}O 标记氧气，短时间内测得水中出现 ^{18}O。②研究发现，氰化物能破坏线粒体内膜上部分蛋白的结构，引起组织细胞不能利用氧气。 **学生总结** 氧气在线粒体内膜中和[H]反应形成水。	教师通过梳理电子传递链中的物质变化，可以帮助学生建立细胞呼吸中氧气消耗与水生成的生物学事实，为概念建构提供依据和前提。

续表

教学环节	课堂实录	专业点评
交流评价	**学生活动** 4人一组,小组合作、建模,建构需氧呼吸的概念模型(以1个葡萄糖分子为例)。概念模型如图5-7。 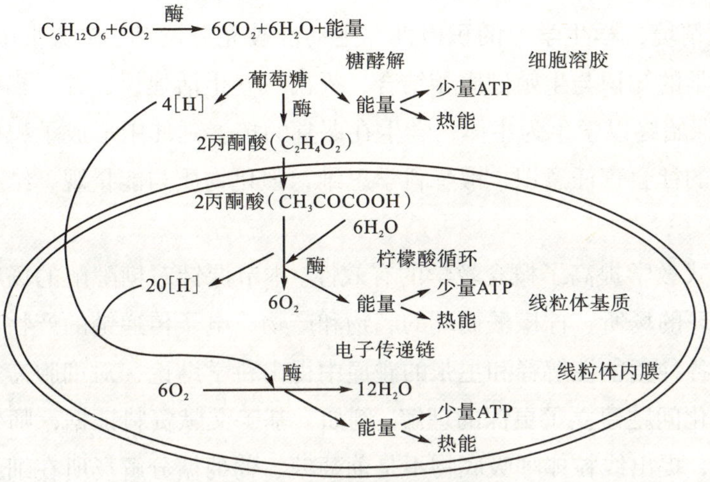 $C_6H_{12}O_6 + 6O_2 \xrightarrow{酶} 6CO_2 + 6H_2O + 能量$ 糖酵解　　　　　细胞溶胶 葡萄糖 →(酶)→ 2丙酮酸($C_3H_4O_3$)，产生 4[H]、少量ATP、热能 2丙酮酸($CH_3COCOOH$) + $6H_2O$ →(酶)→ 20[H]、$6CO_2$、少量ATP、热能（柠檬酸循环，线粒体基质） 电子传递链：$6O_2$ →(酶)→ $12H_2O$、少量ATP、热能（线粒体内膜） 图5-7　需氧呼吸的概念模型 **教师提问** ①联系初中所学的呼吸作用反应式,该反应式能否完全表示需氧呼吸过程中的物质变化?②如何改进?③原子的移动情况如何? **学生活动** 修改需氧呼吸总反应式,并标出原子的移动情况。 **学生总结** 从细胞代谢的场所、原料、产物、能量思考需氧呼吸3个阶段的具体区别(表5-3)。 表5-3　需氧呼吸不同阶段的比较 	项目	第一阶段	第二阶段	第三阶段
---	---	---	---
场所			
原料			
产物			
ATP产量					本活动需要利用丙酮酸分子和葡萄糖分子间原子的平衡问题,引导出还原氢的生成,这对培养学生结构与功能观、物质与能量观有一定的价值。学生在概念图中理解糖氧化时碳骨架的变化。 从初中所学的呼吸作用反应式出发,归纳呼吸作用→细胞呼吸→需氧呼吸概念内涵的变化。通过需氧呼吸3个阶段的比较,教师以概念评价反馈课时目标的达成情况。这体现了"教—学—评"的一致性,落实了"细胞的功能绝大多数基于化学反应,这些反应发生在细胞的特定区域"这一重要概念。
任务3：讨论精子活力的影响因素和精子库建立的意义	**学生活动** 运用细胞呼吸原理,积极参与影响精子活力因素和精子库建立意义的讨论。 **教师提问** 同学们从细胞呼吸的角度分析引起精子活力不够的因素可能有哪些。为什么会影响?如何提高精子活力以维持身体的健康状态? **材料分析** 我国自1981年首次建立将精液置于适宜环境中,于-196℃液氮罐中保存的精子库。在女性排卵期前后,取精子库冷冻精液融化后即可用于人工授精。你们觉得精子库的建立有什么积极意义?你愿意成为一名捐精志愿者吗? **学生活动** 学生从生殖保险、优生和男性不育角度讨论精子库建立的积极意义。讨论对捐精的看法。	教师通过对精子活力影响因素和精子库问题的探讨,引导学生接受科学、健康、文明的生活建议,形成科学实践解决生活中的问题的意识和想法,并认同科学本质上是一种解决问题的活动。

(三)教学反思

本节课的亮点主要体现在 3 个方面:一是利用真实情境激发学生学习的积极性和主动性。以不孕不育这一现实难题为本节课的教学情境,引导学习者探究原因,尝试提出措施降低不孕不育的发生率,针对精子活力与线粒体活性之间的关系的原因,展开思考。由于是真实的问题情境,学生学习的积极性、主动性被充分调动。在课堂拓展延伸中,学生又根据自身所学的知识与生殖健康相结合,提出一些生活建议,并对捐精现象发表自己的看法。本节课始终以学生为主体,学生在课堂的拓展延伸中形成了积极利用科学知识解决社会难题的社会责任意识,锻炼科学思维,强化物质与能量观、结构与功能相适应的生命观念。

二是采用论证式教学提高了概念教学的有效性。本节课针对糖酵解的场所、糖酵解的底物、柠檬酸循环的场所、柠檬酸循环的底物和产物、电子传递链的产物等内容开展充分论证,学生在各种竞争性解释和主张的碰撞中得出科学结论,对细胞需氧呼吸中的物质变化和能量转化问题建立了更深的理解。例如,基于文献资料证据,师生互动讨论自变量和检测指标,提出线粒体呼吸底物不是葡萄糖、葡萄糖分解场所在细胞溶胶的观点。教学中关注学生对"糖类是细胞的主要能源物质""细胞溶胶中含有多种酶,是许多代谢反应的重要场所""线粒体由内、外两层膜构成,内、外膜之间及内部是液态基质,富含多种酶""线粒体外膜平整,内膜向内凹陷,可增大内膜的表面积,有利于生化反应"等原有概念和事实性知识的掌握情况,在此基础上对需氧呼吸的过程展开论证,从而掌握需氧呼吸糖酵解、柠檬酸循环和电子传递链 3 个阶段的相关知识。

三是采用了多种方式、及时的教学评价。教学评价贯穿整节课,这既帮助我了解教学过程,调控教学行为,也有利于学习者获得及时的反馈,建构正确的观念,形成良好的思维和意识。开始教学时,采用学生回忆初中所学的呼吸作用反应式的方式,了解学生原有的知识掌握情况。小组活动中,学生从本组需氧呼吸概念图的内容、绘制的思路,以及与其他小组的区别等方面阐述概念图,我再进行补充和完善。本节课采用自我评价、小组评价和教师评价相结合的形式,通过连续性观察评价,确认学生理解的程度,诊断学习中存在的问题,促进了学生反思。

本节课存在的不足之处:一是以不孕不育问题的解决为情境,从精子活力问题进行需氧呼吸的教学。这虽然有利于学生理解细胞呼吸的含义,但也存在以精子为主线导致拓展有限的问题,难以从精子的细胞呼吸迁移到所有生物的细胞呼吸。作为单元整体教学的第一课时,以精子为情境,第二课时以酵母菌为情境,虽然涵盖了动物细胞和真菌的细胞呼吸,但是缺少植物细胞和多细胞生物的细胞呼吸案例,这影响了学生对细胞呼吸和呼吸关系的辨别。二是由于需氧呼吸仅安排 1 个课时,而任务众多,验证线粒体是细胞呼吸场所等部分活动的实验设计上，仍有进一步深化拓展的空间。如针对葡萄糖作为底物的选择和实验分组的选择，我可以给予学生更大的自主性。

（四）总体评析

本节课是单元整体教学的第一课时，具有搭建整体教学内容框架的作用，是实现细胞呼吸内容整合的关键。教学设计上遵循"科学概念学习过程类似科学家在为了获得对周围世界理解时所使用的科学研究方法和能力"原理，建构了"新的经验或问题—基于已有想法和先前经验提出起始想法—预测—收集数据—将实证和初始想法相关联—交流报告形成概念"思路。以"情境—任务—活动—评价"为主线开展教学，帮助学生在建构概念的同时，发展生物学核心素养。教学设计和课堂实施表现出以下特点。

1. 科学探究方法下的重要概念建构。

本节课根据本单元重要概念"生物通过细胞呼吸将储存在有机分子中的能量转化为生命活动可以利用的能量"的学习目标层级关系，以"假设—预测—解释数据—作出结论"的探究方法，创设了"精子活力低下的原因是什么？"的科学情境，在初中所学的呼吸作用的前概念的基础上，结合材料事实证据和实验探究结论，归纳出糖酵解、柠檬酸循环和电子传递链中的物质、能量转化和场所问题。在事实性知识的基础上建构了"需氧呼吸和厌氧呼吸将光合作用产生的葡萄糖等能源物质转化为二氧化碳等其他物质""葡萄糖等有机物中的化学能转化为生命活动可以利用的能量形式""细胞溶胶和线粒体是需氧呼吸进行的主要场所"等次位概念。

2. 基于SOLO分类理论的论证式学习。

基于SOLO分类理论，教学设计上遵循从化学反应基础到化学反应现象、从生活问题情境到替代概念解释、从物质变化到能量转化，依据探究学习概念的基本原理，通过假设、预测、解释进而形成对细胞呼吸能量转化途径的规律性认识。教师结合论证式教学策略的实施，引导思维，激发学生联系已有知识经验，进行抽丝剥茧式的分析，可以帮助学生提出可能的、合理的猜想。教师将抽象概念"需氧呼吸"的理论教学与实验教学结合起来，使"需氧呼吸"概念变得具体、形象、有说服力，这有助于学生深入理解"生物通过细胞呼吸将储存在有机分子中的能量转化为生命活动可以利用的能量"这一重要概念。学生在各种竞争性解释和主张的碰撞中参与了课堂话语实践，提升了科学思维，同时，学生在概念建构活动中关注概念的内涵、外延，从细胞中的化学变化角度，体会到细胞是完整的、和谐的生命系统。

3. 改进建议。

针对本节课任务多、容量大的特点,教师在借鉴此案例时需要注意合理分配教学时间,把握课堂节奏。建议将本课时拆分为 2 个课时,第一课时侧重探索精子运动、能量供应和细胞呼吸的关系、细胞呼吸中糖酵解和柠檬酸循环阶段物质和能量的变化。第二课时在其基础上,侧重探究电子传递链的过程、需氧呼吸概念模型的建构和需氧呼吸意义的拓展。

课时数的增加,一方面可以使课堂互动更为充分。例如,验证线粒体是细胞呼吸场所的实验设计方案本来由教师提供可以更改为师生充分论证后得出,学生基于单一变量原则,设计出合适的自变量分组和检测指标,从而提高科学探究能力。另一方面,教师对学习目标的评价可以更为及时和充分。在利用实验资料探究电子传递链的场所和物质变化的任务中,除了从科学史角度选择更为充实的探究材料外,还可以设计讨论活动"胰蛋白酶处理对线粒体内膜的影响",并且及时评价学生对电子传递链中生命观念的理解。

(本课时由丽水中学孙宝山老师设计和执教)

课时 2 厌氧呼吸为细胞生活提供能量

(一)课时概念解析

本课时的概念为"厌氧呼吸为细胞生活提供能量",该概念的建构需要以下基本概念或证据的支持。

1. 生物通过细胞呼吸将储存在有机分子中的能量转化为生命活动可以利用的能量。
2. 厌氧呼吸分为 2 个阶段,它们均发生在细胞溶胶中,不同生物的产物不同。
3. 需氧呼吸和厌氧呼吸的区别。

(二)课堂实录

教学环节	课堂实录	专业点评
创设论证情境	**创设情境** 同学们吃过包子和馒头吗?有做过吗?酵母菌是单细胞真菌,被广泛应用于酿酒、馒头制作等食品加工中。今天我们一起体验馒头的制作过程。	发面是制作馒头和包子的重要步骤。从这一真实的生活情境入手,引出科学问题。

续表

教学环节	课堂实录	专业点评
任务1：体验馒头的发酵	**学生活动** 设计并实施"馒头的制作"活动。活动方案如下： 食材：中筋面粉 300 g、酵母 2 g、绵白糖 2 g、水。 操作方法： ①活化酵母菌。向碗中分别加入酵母 2 g、绵白糖 2 g 和温水 150 mL，搅拌均匀，静置 5 min。 ②取 300 g 中筋面粉，分次加入活化的酵母菌溶液，揉成面团。将揉好的面团放置在温暖的地方 1～2 h，加盖或者保鲜膜。 ③待面团体积发酵到原有体积的 2 倍后，将面团反复揉挤排气，切团，放入锅中蒸熟。 **教师提问** ①为什么和面时要加入老面或适量的酵母菌？ ②为什么用放置一段时间的面团做出来的馒头和面包才会松软？ ③发面时为什么需要保鲜膜？ ④发面为什么会感觉温热？ **学生总结** 因为老面中含有丰富的酵母菌，酵母菌代谢会产生二氧化碳；酵母菌厌氧呼吸释放能量。	将生命科学教育与劳动教育相结合，是本节课的亮点。学生通过吃上自己亲手制作的馒头，形成"劳动创造美好生活"的理念。另一方面，情境联系生活实际，易于激发学生的学习兴趣，并导入新课，让学生在体验中思考，生成问题。
提出核心问题	**核心问题** 酵母菌代谢产生的能量除了热能，还有一部分是 ATP 中的化学能。那么，酵母菌如何进行厌氧呼吸？	
任务2：基于实验结果，探讨厌氧呼吸的底物、产物和过程	**学生活动** 基于实验结果，学生探讨酵母菌厌氧呼吸的底物、产物和过程。 **教师提问** ①为什么面团发面后体积涨到原来的 2～3 倍大？ ②为什么酵母要放在温水（不烫手即可）里化开后再和面？冬天发面需要的时间会较长或发不好，放在温暖的地方为什么能克服这个问题？ ③为什么由酵母菌发酵而成的馒头会有淡淡的酒香？ **学生回答** 馒头比较松软是因为含二氧化碳，二氧化碳是酵母菌在有氧条件下产生的。 **教师提问** ①无氧条件下能产生二氧化碳吗？ ②酒精是酵母菌在无氧条件下产生的吗？ ③有氧条件下能产生酒精吗？ **评估** ①学生能够准确判断厌氧呼吸的底物、产物和过程。②课堂回答与观察。	学生通过体验生活情境，将生活问题转化为科学问题。可以从定性角度，认识酵母菌厌氧呼吸的特点。 从厌氧呼吸的底物、产物和过程的角度理解面团放入盆内发面这一现象。
任务3：设计"探究酵母菌的呼吸方式"实验装置	**教师提问** 通过制作馒头的现象以及我们原本的知识储备初步判定酵母菌可以进行细胞呼吸产生二氧化碳，并推测其厌氧呼吸产生酒精和二氧化碳。如何科学地探究酵母菌细胞呼吸的产物呢？ **学生活动** 基于给定的实验条件，设计并实施"探究酵母菌的呼吸方式"实验活动。 **教师提问** 同学们能不能根据以下装置设计实验，探究酵母菌细胞呼吸的方式及其产物？	活动中的交流评价不仅完善了设计方案，更主要的是提高了学生相关的探究技能。

续表

教学环节	课堂实录	专业点评
任务3：设计"探究酵母菌的呼吸方式"实验装置	实验试剂：质量分数为5%的葡萄糖溶液、质量分数为10%的NaOH溶液、澄清石灰水、重铬酸钾溶液、市售酵母粉、植物油。 实验仪器：锥形瓶若干、烧杯、橡胶塞（不同规格，有孔，可以插玻璃管，与锥形瓶配套）、试管、玻璃管（直管、弯管）、胶管、洗耳球（或气泵）等。 **学生活动** 以小组为单位，画出检测需氧呼吸和厌氧呼吸产生的二氧化碳的实验装置图，并附上文字说明（实验步骤和现象）。 **教师提问** 实验装置如何保证有氧条件和无氧条件？ **学生活动** 基于无氧或有氧条件的控制，学生分为两组，即厌氧呼吸探究组和需氧呼吸探究组。组长统领指导设计具体实验方案并实践（图5-8），组员各司其职，设计实验结果记录表，记录实验结果。  图5-8 探究细胞呼吸方式的实验装置 **实验说明** 在利用澄清石灰水定性测定二氧化碳的基础上，利用气相色谱仪定量检测酒精含量，并用pH计测量pH的变化。 **教师提问** 自变量控制：①如何控制有氧条件和无氧条件？ 无关变量控制：②为什么一般不把锥形瓶装满？③为什么混合液表面滴加一薄层液体植物油？ 实验条件：④为什么酵母悬浮液要与葡萄糖溶液充分混合，并将广口瓶置于30℃水浴中？ 实验评价：⑤实验装置设计需要注意什么问题？ **深层次形成性问题** 在上述实验的基础上，引导学生继续思考：①在需氧呼吸实验中，10%的NaOH若不能完全吸收二氧化碳，有可能对实验结果产生干扰，你同意吗？你如何避免这种可能性的发生？②如何保证厌氧呼吸的条件？密封多少时间确定吗？③探究酵母菌厌氧呼吸时溶液pH的变化。④如何定量检测酒精的含量？⑤探究酵母菌厌氧呼吸是否产生酒精，及酒精量随时间的变化。 **评估** ①对学生操作实验装置的观察。②生生或者师生指导时的学生反馈。	本活动是基于设计的实验装置，定性观察二氧化碳的生成情况，定量检测酵母菌需氧呼吸和厌氧呼吸产生的酒精量和溶液pH的变化。将细胞呼吸的定性问题上升为科学的定量问题。教师通过设置层层递进的问题串，引导学生从自变量和无关变量的控制，到实验条件的满足，最后再对整个实验装置进行评价。在探究过程中，学生对探究实验的认识实现了从依据给定实验方案，完成简单实验，到对实验方案的评估，并进一步基于可探究问题，设计、实施探究实验的科学探究能力的跃迁。 教师在该环节中更关注师生之间的对话，而评价的方式与对象应更多元化，如生生间的评价与质疑。探究性实验中需要关注变量的控制、检测的方法、无关变量的干扰等方面，从而使实验过程更加科学严谨。

续表

教学环节	课堂实录	专业点评
任务4：总结酒精发酵和乳酸发酵中物质和能量的变化	**学生活动** 基于从物质组成和能量变化的角度，建构厌氧呼吸中物质和能量的变化情况。 **教师根据实验证据，提出问题** ①酵母菌厌氧呼吸利用底物的原理可能是怎样的？②探究酵母菌厌氧呼吸利用的底物类型和利用效率。③酸奶是如何制作的？乳酸如何代谢？ **学生板书** $$C_6H_{12}O_6 \xrightarrow{酶} 2C_2H_5OH + 2CO_2 + 能量$$ **教师提问** 为什么会觉得酸呢？ **学生总结** 是乳酸菌缺氧条件下进行厌氧呼吸产生了乳酸的缘故，这就是厌氧呼吸的另一种类型。乳酸发酵是指葡萄糖在无氧条件下分解产生乳酸。 **教师提问** 能根据物质和能量守恒原理写出乳酸发酵的反应式吗？ **学生板书** $$C_6H_{12}O_6 + 2ADP + 2P_i \xrightarrow{酶} 2CH_3CHOHCOOH + 2ATP$$	学生运用物质与能量观认识酵母菌和乳酸菌厌氧呼吸的物质变化，这是对厌氧呼吸的补充。教师可以从分子水平进一步引导学生思考不同生物、不同细胞的呼吸方式不同的原因是什么。
任务5：建构厌氧呼吸概念	**教师总结** 厌氧呼吸是指在没有氧气参与的情况下，通过多种酶的催化作用，将糖类等有机物分解成不彻底的氧化产物（乳酸或酒精和二氧化碳），并释放少量能量的过程。 **学生活动** 小组合作，建构厌氧呼吸的概念模型（以1个葡萄糖分子为例）。利用投屏软件呈现小组成果，建构厌氧呼吸的概念模型。 **学生活动** 从细胞代谢的场所、原料、产物、能量思考厌氧呼吸和需氧呼吸的具体区别。 **教师提问** 细胞代谢包括分解代谢和合成代谢，细胞呼吸与细胞代谢有什么样的关系？完成表5-4。 表5-4 需氧呼吸和厌氧呼吸的比较 | 项目 | 厌氧呼吸 | 需氧呼吸 | |---|---|---| | 场所 | | | | 原料 | | | | 产物 | | | | ATP产量 | | | **归纳总结** ①细胞呼吸为合成反应提供能量，另一方面为碳反应提供碳骨架，进而认识细胞呼吸是细胞代谢的中心。 ②与需氧呼吸相比，厌氧呼吸是在无氧条件下进行的，并且只能释放少量的能量；仍有许多微生物只能进行厌氧呼吸。	本环节落实了"细胞的功能绝大多数基于化学反应，这些反应发生在细胞的特定区域"这一重要概念。 教师教学时，可以让学生提出需氧呼吸和厌氧呼吸的区别，并进一步根据学生提出的内容进行比较，完成课时教学任务。 细胞呼吸和细胞代谢关系的分析帮助学生认识到细胞呼吸为合成反应提供能量，另一方面为碳反应提供碳骨架，进而学生认识到细胞呼吸是细胞代谢的中心。

续表

教学环节	课堂实录	专业点评
任务5：建构厌氧呼吸概念	③进行需氧呼吸的生物处于缺氧状态时，厌氧呼吸就是需氧呼吸的有效补充。厌氧呼吸是一种古老的呼吸方式，它的出现早在需氧呼吸之前。 **教师提问** 厌氧呼吸有什么特点？厌氧呼吸的存在对生物来说有什么意义？	
拓展应用	**学生活动** 尝试举例说出厌氧呼吸在生产、生活中的应用。 **教师提问** ①厌氧呼吸可以应用于发面，还有其他应用吗？②葡萄酒、泡菜和酸奶是如何制作的？ **学生总结** ①泡菜、葡萄酒、酸奶、水稻晒田等。②向葡萄汁中加入酵母菌，向蔬菜中加入泡菜汁，向牛奶中加入乳酸菌。 **教师拓展** 诸葛亮首创馒头的故事。 **评估** 识别学生列举的应用实例是否与事实一致。	通过对和面、制作葡萄酒和泡菜的探讨，引导学生接受科学、健康、文明的生活建议，形成运用科学实践解决生活问题的意识和想法。

（三）教学反思

本节课的亮点主要体现在3个方面：一是注重真实情境的体验和实践。本节课从制作馒头这一常见的真实生活情境出发，在制作馒头活动中，尽可能让学生动手操作，体验馒头制作和食用时的快乐。上课时再引导学生思考制作馒头时观察到的各种现象，如：为什么面团发面后体积涨到原来的2～3倍大？为什么酵母要放在温水（不烫手即可）里化开后再和面？学生在制作馒头的生活体验中产生科学问题，思考酵母菌发酵的原理，将生活问题上升到科学问题。学生进一步针对酵母菌在有氧条件和无氧条件下细胞呼吸的产物进行深层次实验探究，思考条件和酵母菌细胞呼吸产物的关系。

二是关注探究实验中的生成性问题。针对科学实践中产生的问题：如何测定酒精的产生量，学生提出了光电比色法、气相色谱法等。为进一步解决酒精的测定问题，学生制作不同浓度酒精的标准曲线，并进行测定。苏霍姆林斯基说过："教育的技巧并不在于能预见到课堂的所有细节，而是在于根据当时的具体情况，巧妙地在学生不知不觉中作出相应的变动。"课堂是动态的课堂，课堂教学中需要预设，但绝不能紧紧依靠预设，预设要根据课堂的变化而变化。本节课学生实验中发生的"意外"，转变成进一步探究的新问题，这是本节课的一个亮点。

三是注重生物科学与现实生活的联系。本节课设计了密切联系生活的问题进行应用和拓展，而这些问题的解释都需要运用细胞呼吸的原理。例如：馒头和面包为什么比较松软？如何酿酒？酸奶是如何制作的？为什么酿酒时要挖一个洞？酿酒过程中如何控制发酵环境中的氧气浓度？这些问题可以引导学生关注生活，让学生在现实生活的背景中学习生物学，并能运用生物学的原理和方法解决实际问题，从而很好地激发了学生的学习兴趣和热情。

本节课存在的不足之处：一是厌氧呼吸场所相关知识的生成度不够。由于本节课在设计时以实践活动为主线，重点落实在二氧化碳和酒精的检测，酵母菌厌氧呼吸场所的结论是由我直接陈述的，学生是以记忆的形式获得知识，因此，学生难以形成深度理解。二是不能追踪酵母菌细胞呼吸的动态变化特征。实验小组的设计只能检测有氧和无氧两种条件下酵母菌细胞呼吸产物的情况，不能很好地测定酵母菌随氧气浓度的变化，其细胞呼吸方式由厌氧呼吸转变为需氧呼吸的过程，所以实验装置有待进一步改进，以便连续测定酵母菌细胞呼吸过程中二氧化碳和酒精的产生量的变化。

（四）总体评析

本单元是以"细胞呼吸为细胞生活提供能量"为核心的主题教学设计，关注"生物通过细胞呼吸将储存在有机分子中的能量转化为生命活动可以利用的能量"重要概念内的知识整合，依据细胞呼吸内容形成一个以能量变化为基础的相互关联的整体。"厌氧呼吸为细胞生活提供能量"是本单元的第二课时，以"情境—任务—活动—评价"为主线展开教学，帮助学生在建构概念的同时，发展生物学学科核心素养。教学设计和课堂实施表现出如下特点。

1. 从生活体验到科学问题的学习。

本节课是本单元整体设计的第二课时，具有完善整体教学内容框架的作用，是整合厌氧呼吸内容和需氧呼吸内容的关键。本节课在设计上遵循从生活经验到科学问题、从科学问题到探究结论、从物质变化到能量转移、从细胞呼吸的细胞水平上升到分子水平。课程标准高度关注学生学习过程中的实践经历，强调学生的学习过程是主动参与的过程，要在生生互动中通过科学实践加深学生对生物学概念的理解。本节课通过"体验馒头制作""探究酵母菌的呼吸方式"2个任务，提出科学问题，从而科学实践，解决科学问题。

2. 在科学探究中完成概念建构。

学生在探究过程中逐渐增强对自然现象的好奇心和求知欲，掌握科学探究的基本思路和方法，提高实践能力。在本节课中，学生依据科学探究方法，针对馒头发酵现象的科学问题，通过假设、预测、实践、解释进而形成厌氧呼吸能量转化途径的规律性认识。本节课将抽象概念"厌氧呼吸"的理论教学与实验教学结合起来，再与需氧呼吸概念进行比较和归纳，使"细胞呼吸"概念变得具体、形象、有说服力，学生从细胞中化学变化的角度，体会细胞是完整的、和谐的生命系统，进而深入理解"生物通过细胞呼吸将储存在有机分子中的能量转化为生命活动可以利用的能量"这一重要概念。

3. 改进建议。

由于酵母菌是兼性厌氧微生物，且不同生物新陈代谢的类型不同，所以酵母菌难以代表不同类型的生物。建议增加进行需氧呼吸或厌氧呼吸的生物类型的比较，讨论两种细胞呼吸方式的关系及进化顺序等活动，这有助于学生形成基于事实性知识的概念建构，提升单元重要概念建构的关联性、递进性、整体性和有效性。另一方面，多元的实验评价手段能有效地提高评价结果的可信度，更好地发挥教学评价的激励作用，因此，建议增加一张实验操作的形成性评价量表，让学生在实验评价反思中改进实验操作。

（本课时由丽水中学孙宝山老师设计和执教）

单元 6

光合作用将光能转化为化学能

专家解读

一、单元教学分析

本单元的教学需要从以下几个方面展开：通过分析叶绿体的结构，开展"光合色素的提取与分离"活动，分析色素的吸收光谱，让学生理解叶绿体的结构与光合作用之间的适应性；通过分析相关的科学史，并进行相关实验，让学生理解光合作用中物质和能量转换的过程，认同光合作用在自然界物质和能量转换中的重要地位和作用；通过探究不同环境因素对光合作用的影响，让学生阐明影响光合速率的内、外因，以及其在生产实践中的应用。

本单元的学习对象为高一学生，学生在初中阶段学习了绿色植物的光合作用，以及人体内的能量来自细胞中有机物的氧化分解等基础知识，对于细胞的生活需要能量也有一定的了解。通过开展实验"观察叶片结构""叶绿体在光下制造有机物"，观察演示实验"光合作用释放氧气"，学生对光合作用的原料、场所、条件、产物已有了清楚的了解，并掌握了一定的科学探究方法，具备了一定的科学思维能力。

初中科学中的能量转化和守恒定律、质量守恒定律、氧化还原反应等知识，都为学生理解光合作用中物质变化和能量转化打下了一定的基础。学生在本模块的学习中已使用光学显微镜观察了叶绿体，学习了细胞的分子组成、细胞的基本结构、物质出入细胞的方式、ATP、酶、细胞呼吸等基础知识，这些知识既是本单元学习的基础，也可以在应用本单元知识解决问题时得到进一步深化。

二、单元概念解构

本单元聚焦课程标准中的次位概念"植物细胞的叶绿体从太阳光中捕获能量，这些能量在二氧化碳和水转变为糖与氧气的过程中，转换并储存为糖分子中的化学能"。该概念支撑的上位概念是"细胞的功能绝大多数基于化学反应，这些反应发生在细胞的特定区域"。本单元的学习需要以"细胞是生物体结构和生命活动的基本单位""细胞内的生化反应依赖酶和 ATP""细胞通过物质交换维持正常的代谢活动"等内容为依托，同时，本单元的内容也是学生学习"生物群落与非生物的环境因素相互作用形成多样化的生态系统，完成物质循环、能量流动和信息传递"这一概念的基础，为学生学习"生物的多样性和适应性是进化的结果"这一概念作了很好的铺垫。为更好地完成本单元的学习，可将本单元所聚焦的概念解构为"叶绿体中的光合色素捕获光能"等4个下位概念。这些概念之间的关系如图6-1所示。

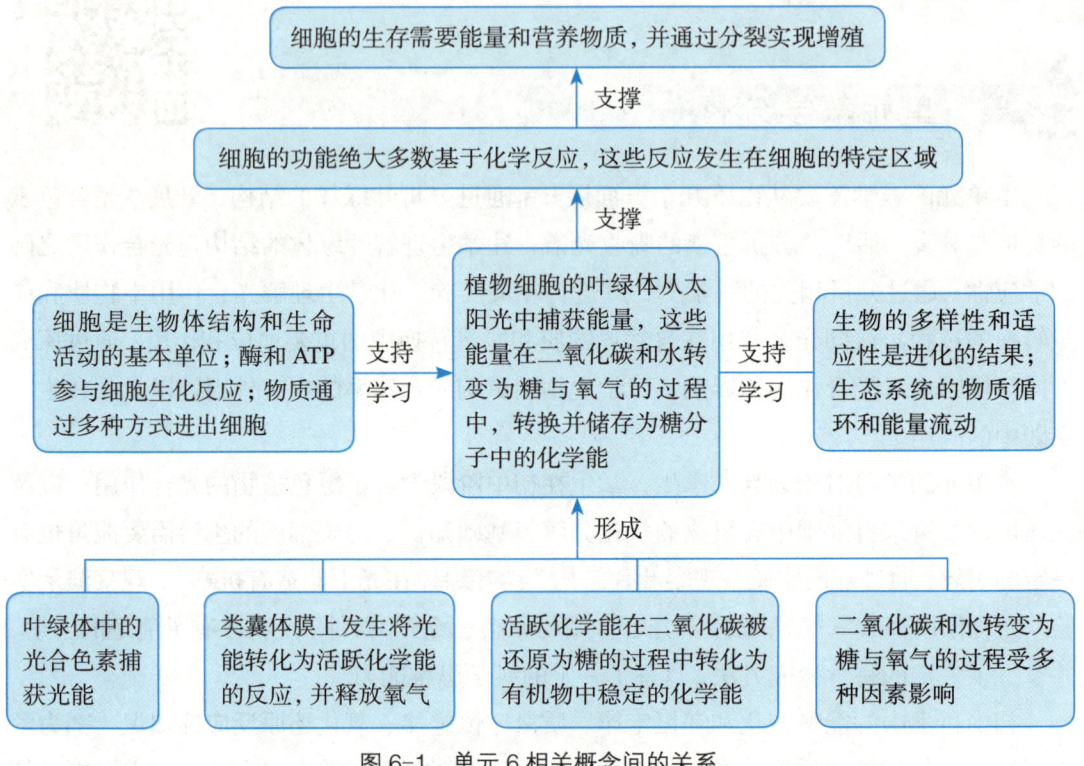

图6-1　单元6相关概念间的关系

三、单元目标

（一）学习目标

1. 通过对光合作用的科学史和经典实验的分析讨论，能用物质与能量观、结构与功能观、稳态与平衡观，说明光合作用的过程及其物质与能量变化。

2. 通过对光合作用过程中物质与能量关系的讨论，能运用归纳、演绎、建模等科学思维方法，阐释叶绿体捕获太阳光将二氧化碳和水转变为糖与氧气并储存能量的规律。

3. 通过"光合色素的提取与分离""探究环境因素对光合作用的影响"等活动，能进一步学会控制变量，观察和检测因变量的变化，提出解决粮食问题和人造细胞结构的方案。

4. 在讨论光合作用发现史的过程中，亲历科学家的科学探究历程，认同科学家严谨认真的科学态度。通过"探究环境因素对光合作用的影响"活动，能提出关于合理运用耕作条件以提高效益和实现可持续发展的有价值建议。

(二)评价目标

1. 在学习光合作用后，能运用结构与功能观简述绿叶中色素的种类及其功能，解释叶绿体适于光合作用的结构特点，并能从物质与能量观的视角，阐明光合作用的过程和原理。需要具备生命观念的二级水平。

2. 通过对光合作用发现史中相关实验的思考和讨论，认同科学技术的重要价值，认同科学工作者既要善于汲取不同的学术见解，又要有创新发展、锲而不舍的精神。能运用归纳、观察、类比等科学思维方法，用图示、模型等形式说明光合作用的过程，以及光反应和碳反应的区别和联系。需要具备科学思维的三级水平。

3. 在完成"光合色素的提取与分离""探究环境因素对光合作用的影响"活动后，能熟练使用常见的实验器具，能提出相关生物学问题，设计实验方案并予以实施，能运用科学术语报告实验结果，与他人交流。需要具备科学探究的三级水平。

4. 在学习光合作用后，能主动关注生产和生活实践，运用光合作用和细胞呼吸的原理，为农业生产增产和健康生活实践提出合理建议。能关注绿色植物对生态系统的重要作用，形成保护生态环境的意识。需要具备社会责任的二级水平。

四、单元教学思路

(一)单元情境

2020年5月，德国马克斯·普朗克陆地微生物研究所和法国波尔多大学的研究人员成功开发了一种自动化人造叶绿体组装平台。这一平台可以根据人们的需求制造出不同的人造叶绿体。人造叶绿体不仅可以吸收空气中的二氧化碳，理论上还可以根据人们的需求合成各种不同的有机物，如药物、燃料等。

(二)核心任务

探究人造叶绿体的结构及其将二氧化碳转变为有机物的过程。

(三)教学流程

以支撑本单元重要概念所需的次位概念为课时学习主题，课时教学以问题、任务、活动与评价为主线展开。本单元分为5个课时，教学流程如图6-2所示。

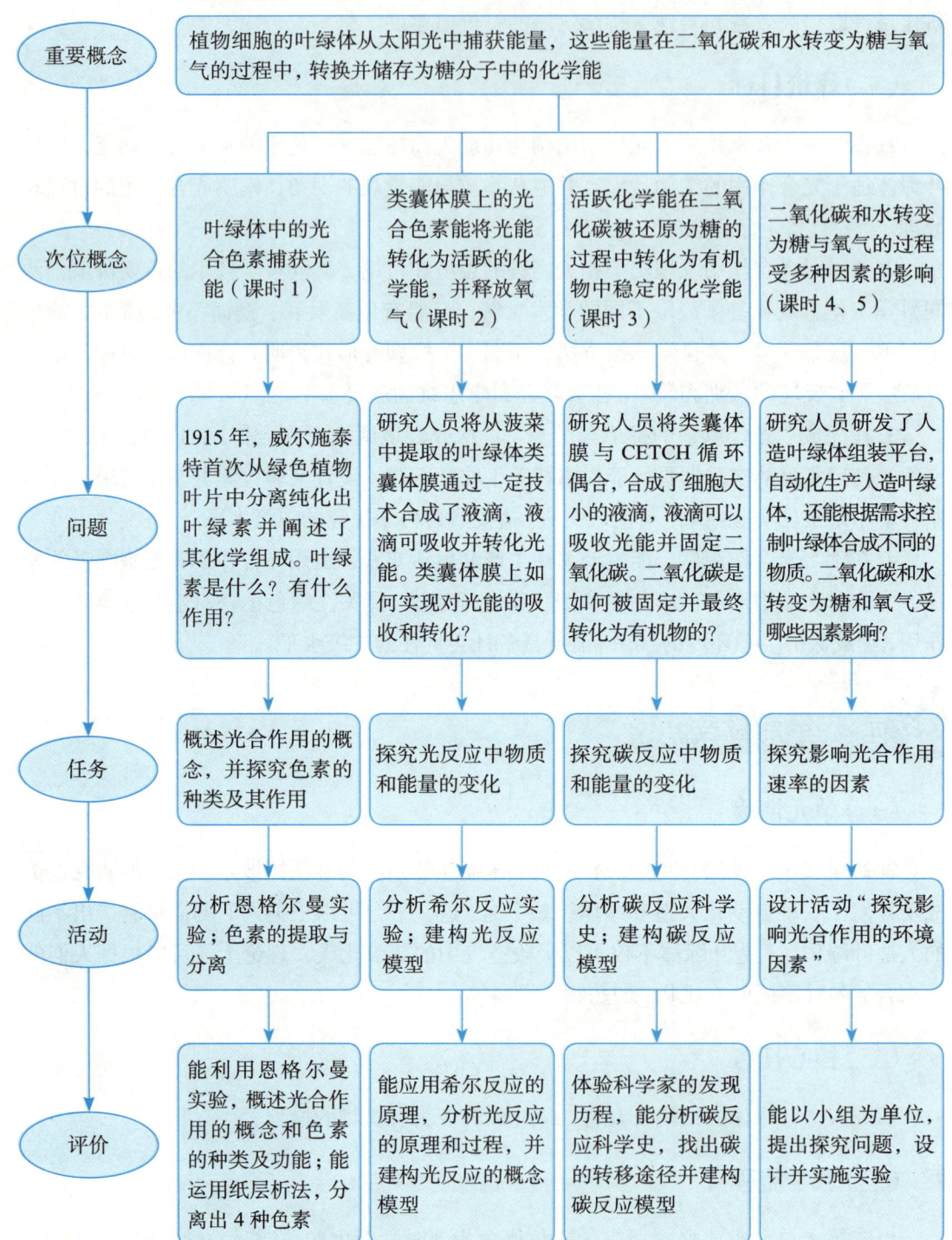

图 6-2 单元 6 教学流程

五、课时教学实例

课时 1 叶绿体中的光合色素捕获光能

（一）课时概念解析

本课时的概念为"叶绿体中的光合色素捕获光能"，该概念的建构需要以下基本概念或证据的支持。

1. 叶绿体是光合作用的场所，有与光合作用相适应的结构。
2. 叶绿体中含有多种色素，能够吸收并转化光能。

（二）课堂实录

教学环节	课堂实录	专业点评
创设情境，导入新课 提出核心问题	创设情境　今天给大家带来一则重磅资料，2020年5月，德国马克斯·普朗克陆地微生物研究所和法国波尔多大学的研究人员在《科学》上发表成果：研究团队开发了自动化人造叶绿体组装平台。这一平台可以根据人们的需求制造出不同的人造叶绿体。人造叶绿体不仅可以吸收空气中的二氧化碳，理论上还可以根据人们的需求合成各种不同的有机物，如药物、燃料等。 解读情境　人造叶绿体能合成各种有机物，被称为现代的"阿波罗计划"。这一计划的实现，不仅能帮助人类解决粮食问题，还能根据人们的需求合成各种不同的有机物。 核心问题　叶绿体的结构是怎么样的？叶绿体是如何捕获光能并将这些能量在二氧化碳和水转变为糖与氧气的过程中，转化并储存为糖分子中的化学能的？	首先，该教学情境具有"两真"的基本特性，即情境的真实性和情境所激发的学习需求的真实性。其次，本节课以生物学的科学前沿为情境，有利于学生认同科学学习的价值，并能激发学生投身于科学研究的热情，从而有利于落实学生参与重要社会议题的讨论的社会责任。再次，初中科学和高中生物学教科书中都有光合作用的相关内容，课程标准要求学生能从微观的分子水平和细胞水平理解光合作用的物质和能量变化。人造叶绿体正是科学家将光合作用在分子水平和细胞水平上的原理应用于生产实践的范例。因此，以人造叶绿体的研究历程为本单元的教学情境具有贴切性。

续表

教学环节	课堂实录	专业点评
任务1：概述光合作用的概念，探究叶绿体是光合作用场所	**创设情境** 为了明白这个问题，先来学习德国科学家恩格尔曼做的一个经典实验：1881年，恩格尔曼把载有水绵（叶绿体呈螺旋带状分布）和好氧细菌的临时装片放在没有空气的小室内，在黑暗中用极细的光束照射水绵，发现细菌只向叶绿体被光照射到的部位集中；如果把装置放在光下，细菌则分布在叶绿体所有部位（图6-3）。 ① ② 图6-3 恩格尔曼的水绵实验结果 **教师提问** 请以小组为单位，结合恩格尔曼实验，分析以下问题： ①好氧细菌聚集的原因是什么？ ②在黑暗环境中或光照条件下，好氧细菌聚集的区域有何特点？ ③依据实验能得出哪些结论？ ④请简要概述光合作用的概念。 **学生活动** 以小组为单位讨论。 小组1代表发言：好氧细菌喜欢氧气，聚集在叶绿体的周围。 小组2补充发言：好氧细菌聚集在叶绿体被光照射到的部位。因为叶绿体是光合作用的场所，而光照是产生氧气的条件。最终各组达成共识： ①好氧细菌聚集是由于相应部位有较多的氧气。 ②好氧细菌聚集在叶绿体被光照射到的部位。 ③光合作用能够产生氧气，光合作用需要光照，叶绿体是光合作用的场所等。 ④光合作用是光照射到叶绿体，叶绿体合成有机物并释放氧气的过程。	利用光合作用发现过程中的恩格尔曼的水绵实验作为探究情境，创设这一情境能发展学生的科学探究素养以及归纳分析的科学思维。同时，课时情境又分解成了多个活动情境，这些活动情境又可作为本节课的活动线索。 任务1是从宏观上探究光合作用的概念和场所。因为学生在初中已对光合作用概念有了一定的了解，所以本节课借助恩格尔曼的实验情境，可以帮助学生梳理前概念，了解前概念，为接下来的探究打下基础。同时，本节课借助科学史实验探究叶绿体是光合作用的场所，可以发展学生分析归纳的科学思维，培养结构与功能观等生命观念。

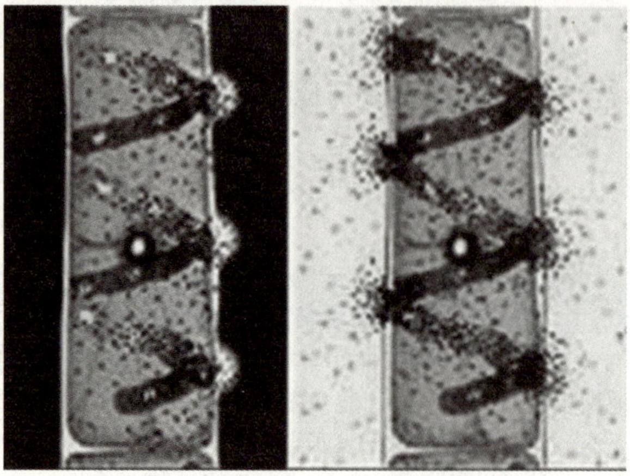

续表

教学环节	课堂实录	专业点评
任务2：探究叶绿体与光合作用相适应的结构	**教师提问** 叶绿体是光合作用的场所，叶绿体适于光合作用的物质基础和结构基础是什么？ **任务驱动** 根据已学内容，画出叶绿体结构的模式图（图6-4），并小组讨论叶绿体中与光合作用相适应的结构特点。 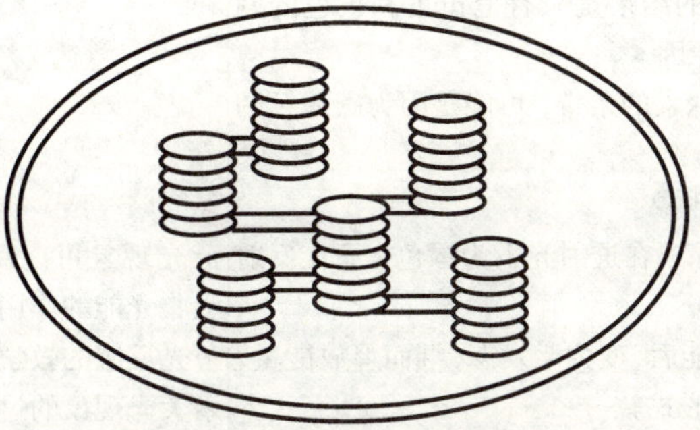 图6-4 叶绿体结构的模式图 **学生活动** 讨论并交流叶绿体中与光合作用相适应的结构特点。 **交流分享** 基粒由多个类囊体堆叠而成，光合膜面积大。 **学生1发言** 光合膜上分布有光合色素和酶。 **学生2发言** 类囊体膜连成一片。 **教师总结** 大家分析得很有道理，叶绿体具有以上这些与光合作用相适应的结构。 **教师提问** 蓝细菌没有叶绿体，为什么也能进行光合作用？ **学生发言** 蓝细菌的细胞膜形成了光合膜，上面分布有酶和光合色素，也可以作为光合作用的场所。 **教师引导** 光合作用的发生需要特定结构的支持，同时也需要有一定的物质基础。	任务2画出叶绿体的结构并讨论得出叶绿体结构中与功能相适应之处，这是为了在发展学生归纳总结等科学思维的同时，引导学生学会更好地运用结构与功能观分析问题、解决问题。完成活动后，将植物叶绿体形态结构与蓝细菌的光合膜进行对比，进一步提炼出光合作用的发生需要特定物质和结构这一概念。 以小组为单位进行叶绿体结构模型的建构，可以凝练形成结构与功能观。学生在单元2中已学过叶绿体相关的知识，并在光学显微镜下观察过叶绿体，通过观察叶绿体的亚显微结构图，分享交流画出叶绿体的模式图，从而对叶绿体结构形成直观、具体的认识，对叶绿体各部分结构的功能形成初步结论。任务2为后续光反应和碳反应作好了铺垫，在提升学生模型与建模思维的同时，也有利于学生思考相应结构蕴含的功能，凝练形成结构与功能观。
任务3：探究光合色素的种类和作用	**过渡情境** 光合色素是完成光合作用十分重要的物质基础。1915年，威尔施泰特首次从绿色植物叶片中分离纯化了叶绿素，并阐述了其化学组成，为从分子水平认识光合作用奠定了基础。 **教师提问** 如何提取和分离叶绿素？除了叶绿素，光合色素还有其他哪些类型呢？ **任务驱动** 以小组为单位，结合任务单中给出的原理、方法等信息，利用菠菜叶、酒精、层析液等材料，尝试提取和分离叶绿体中的光合色素。 **学生活动** 学生分成6组，依据实验任务单，用研磨过滤的方法提取光合色素，用纸层析法分离光合色素。	通过动手提取和分离叶绿体中的色素，学生可以发展分析问题、动手实验、解决问题的科学探究素养。通过对色素的提取，了解光合色素的种类和作用，能使学生进一步运用结构与功能观理解"光合作用的发生需要特定结构的支持，同时也需要一定的物质基础"这一概念，也为本节概念的学习以及单元重要概念的学习奠定了基础。

续表

教学环节	课堂实录	专业点评
任务3：探究光合色素的种类和作用	学生交流活动成果 小组1代表：我们组分离得到了4条色素带，最上面是橙色，第二条颜色有点浅，第三条和第四条都是绿色。 小组2代表评价小组1。 小组3代表：我们组分离的结果是只有橙黄色和黄色的两条较清晰，不知道是什么原因。 小组4代表评价：没有叶绿素的条带，可能是因为碳酸钙的量不够。 各小组都没有观察到荧光现象。 教师讲解　荧光现象是叶绿素在透射光下为绿色，而在反射光下为红色的现象。 分析原因　叶绿素吸收光能后，变为激发态，继而释放能量，释放的能量是红色荧光的形式。 教师提问　从荧光现象可以看出光合色素能吸收光能。色素主要吸收什么波长的光？ 展示活动情境　恩格尔曼又设计了一个实验研究光合作用的光谱。他将棱镜产生的光谱投射到丝状水绵体上，并在水绵悬液中放入好氧细菌，观察到细菌聚集在红光区和蓝光区，如图6-5所示。 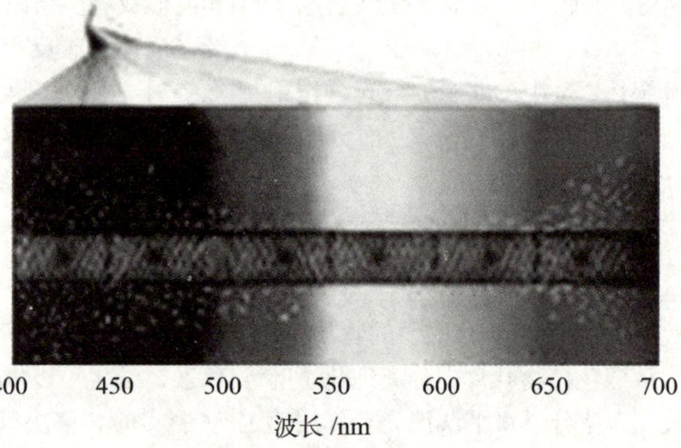 400　450　500　550　600　650　700 波长/nm 图6-5　恩格尔曼的实验结果 教师提问　光合色素有什么功能？ 学生回答　吸收光能。 教师追问　光合色素能吸收什么光？ 学生1回答　可见光。 学生2回答　蓝光和红光。	荧光现象可以反映出色素具有吸收光能的作用，同时也为下一节光反应的教学奠定基础。在探索荧光现象的过程中，学生可以发现问题、提出问题，进而寻找答案解决问题，提高了科学探究能力和学习兴趣。 延续前面的科学史情境，从宏观的叶绿体深入到光合色素这一分子水平的探究。首先借助恩格尔曼实验，引导学生直观分析叶绿体中的色素能吸收光能，并且主要吸收红光和蓝紫光。然后引导学生通过分组活动深入探索色素组成和类别，最后理论联系实践，引导学生运用所学知识解释生活中的问题。

续表

教学环节	课堂实录	专业点评
任务3：探究光合色素的种类和作用	**呈现资料** 4种光合色素的吸收光谱（图6-6）。 图6-6 光合色素的吸收光谱 **学生总结** 光合色素主要吸收蓝紫光。2种叶绿素主要吸收红光和蓝紫光；类胡萝卜素主要吸收蓝紫光。 **教师拓展讲解** 色素还有传递和转化光能的作用。 **评估** 光合色素的分离效果。能准确解释生活实际问题。	宏观到微观、从功能探索到结构，从理论到实践，层层深入开展探究，发展科学思维和科学探究等多种核心素养，进一步落实结构与功能观。本环节的评估主要是从学生的课堂实验效果和活动交流的角度进行，能反映学生知识的掌握情况和课堂的参与度。
拓展应用与评价	**学生解释生活实际问题** ①绿叶中为什么含有多种色素而不是一种色素？ **学生1回答** 可以吸收不同波长的光。 ②为什么深秋树叶会变黄？ **学生2回答** 温度低，叶绿素大量分解。 **学生3回答** 温度低，叶绿素合成减慢。 ③蔬菜大棚的薄膜一般是什么颜色？ **学生回答** 无色的。 **埋下伏笔** 光合色素吸收了光能后是如何在叶绿体中将光能转化为化学能的？我们下一节课再共同探究。	学生尝试分析生活实际中遇到的现象，开阔了学科视野，并为日后探索生命世界的奥秘奠定了基础，为接下来光合作用原理的学习作好了铺垫，培养了科学探究和科学思维素养，同时也在一定程度上强化了劳动素养。
课堂小结	**教师引导** 请一名同学小结本节所学内容。 **学生总结** 本节课学习了光合作用的场所是叶绿体、分离光合色素的方法、色素的种类和作用，还了解了生物具有结构与功能相适应的特点。	本环节帮助学生发展了分析归纳的科学思维核心素养。

（三）教学反思

本节课的亮点主要体现在2个方面：一是以科学史为主线，开展体验式探究学习。本节课在单元情境"人造叶绿体"的基础上，以恩格尔曼的2个经典实验为探究学习的主线展开教学。真实的科学史可为学生的分析提供可靠实验现象的支撑，学生在每个科学史实验现象的基础上，可以根据本课时中的问题或任务展开探究活动。本节课教学思路清晰,探究活动切实开展。二是引导学生主动学习,促进学生深度思维的发展。我将"光合色素的提取与分离"活动与光合色素的种类和作用、光合作用概述等内容融合在了一起,从光合作用现象引出对光合色素的探究,然后引导学生通过小组合作提取与分离色素,再依据实验结果直接归纳总结色素的种类和特点。虽然"光合色素的提取与分离"活动较为耗时,但是学生通过这个活动能主动合作完成科学探究的过程,能依据自己的实验结果进行分析归纳,提高了学习的积极性。我在情境中合理地提出了问题,可以引发学生思考,促进了思维的深度发展。

本节课存在的不足之处:一是课时时间较为紧张。"光合色素的提取与分离"活动进行了20几分钟,导致实验结果的交流和分析不够充分。如果能将一些实验环节安排在课前完成,则课堂展示和分析效果会更好。二是荧光现象不够明显。荧光现象是学习后面内容的基础,但是本节课学生在观察时现象不够明显,学生急于完成后面的实验,对观察的角度等不够全面。三是教学内容对活动的依赖大。本节课学生对色素的种类、颜色、作用等的学习都是基于"光合色素的提取与分离"活动的实验结果,但因有些小组只分离出2～3条色素带,所以对实验结果的分析和学习便有了一定的难度。

(四)总体评析

1. 创设情境,关注社会责任素养。

本节课借助"自动化人造叶绿体组装平台的开发"课时情境,把叶绿体、光合作用、有机物的制造等内容有机地关联在一起。通过叶绿体的成功制造,人们可以根据需求制造出不同的人造叶绿体,吸收空气中的二氧化碳,合成各种不同的有机物,这一情境引发了学生对粮食生产、能源制造等社会热点问题的关注,充分考虑了社会责任素养的融合。

2. 注重实践,发展科学探究思维。

本节课高度关注学生学习过程中的实践经历,强调学习过程是主动参与的过程,让学生积极参与需动手和动脑的活动,通过探究性学习活动,学习新知。例如,本节课设置了一个学生的分组实验活动,学生6人一组,合作完成叶绿体中光合色素的提取与分离,然后在此基础上依据学生的活动成果分析色素的种类和作用。这一学习过程十分注重学生的动手实践,这既能让学生获得基础生物学知识,又能让学生领悟生物科学研究的一般思路和方法,学生在动手实践过程中遇到问题、解决问题,发展了分析归纳、演绎推理等科学思维,提升了分析问题、解决问题的科学探究素养。

3. 凝练素养,渗透结构与功能观。

学科核心素养是学科育人价值的集中体现,是学生通过学科学习而逐步形成的正确价值观、必备品格和关键能力,其中,结构与功能观的形成是十分重要的。本节课探究了叶绿体与光合作用相适应的结构基础和物质基础。通过学习,学生明确了叶绿体中有利于光合作用的结构，明确了光合色素在光合作用中的功能，最后运用结构与功能观解释生活生产中的现象，在较好地理解生物学概念的基础上形成了结构与功能观等生命观念。

4. 改进建议

一是光合作用的概述被淡化。本节课还有一个重要的内容就是让学生理解光合作用的本质即一系列的氧化还原反应，这一点在课程标准的概念表述中就有所体现，本节课显然对这一内容的着墨不够。二是课堂容量过多。本节课包含实验、科学史、光合作用概述等，从教学来看，各个环节均比较仓促，影响了学生思维的沉淀和深入。三是恩格尔曼实验在本节课中的意义值得探讨。学生在初中已学习了光合作用的场所及红光水平的物质及能量变化，也已学习了较多发现光合作用的科学史，大多数学生在初中阶段都已探讨了恩格尔曼实验，因此，本节课花较多时间在这一内容上，其意义值得深思。

（本课时由江山中学谭檬檬老师设计和执教）

课时 2 光反应将光能转化为化学能，并产生氧气

课堂实录

（一）课时概念解析

本课时的概念为"叶绿体将捕获的光能在类囊体膜上转化为活跃的化学能"，该概念的建构需要以下基本概念或证据的支持。

1. 类囊体膜的特殊结构适合光能的吸收和转化。

2. 光能在类囊体膜上被捕获并被转化为 ATP 和 NADPH 中的化学能，在此过程中有氧气的生成。

（二）课堂实录

教学环节	课堂实录	专业点评
创设情境	创设情境　科学家将从菠菜中提取的叶绿体类囊体膜通过一定技术合成液滴，发现该液滴可吸收并转化光能。在上一堂课中我们对提取的色素进行了吸光率的测定，根据 200～800 nm 全波扫描的结果显示，色素确实可以吸收光能。同时，我们还了解了色素的荧光现象，认识到色素离开叶绿体不能转化光能。 核心问题　以上材料说明色素转化光能需要依赖类囊体等结构，那叶绿体离开细胞还能进行光合作用吗？	该情境由 2 个部分组成，一是上一堂课的实验结果，二是科学研究的新进展。这 2 个部分说明了离体的色素不能转化光能而类囊体可以，这 2 种不同的现象激起了学生的认知冲突，直接引发学生产生问题：离体的叶绿体能否进行光合作用？这一问题为希尔反应的提出，作了很好的铺设。

续表

教学环节	课堂实录	专业点评
任务1：希尔反应实验	学生讨论　针对核心问题展开讨论。 学生1回答　我觉得可以，因为叶绿体是相对独立的细胞器，光合作用这个反应是发生在叶绿体中的，所以如果给叶绿体提供合适的环境，比如适宜的渗透压、pH等，那应该可以进行光合作用。 教师点拨　这个想法很好，英国科学家希尔也有这样的疑惑，所以他将菠菜中的叶绿体用合适的培养液提取出来，进行了非常著名的希尔反应实验。PPT呈现希尔反应实验。 教师引导　生物学实验兴趣小组的同学对这个疑问很好奇，通过课前查阅资料，已做了希尔反应的预实验，并提取了叶绿体，准备了希尔反应实验包，供大家在课堂上探究。为了让实验更安全、简便、易操作，本次实验用的氢受体是DCPIP（PPT呈现实验原理）。 下面请同学们以此为材料开展探究，先阅读希尔反应的实验原理和步骤，核对器材然后进行实验操作，并记录操作过程中存在的疑问。 学生活动　按照活动要求进行希尔反应的实验操作。 任务驱动　学生通过观看微课，了解叶绿体的提取过程，并认同提取液中的叶绿体结构是完整的。 关键环节如下 教师引导　同学们在实验过程中有什么疑问吗？ 学生提问　老师，怎么确定试管中的叶绿体是完整的还是破碎的？ 兴趣小组学生回答　可以用显微镜观察。我们兴趣小组有同学做过这个实验，并录制了实验现象。 教师活动　播放实验微视频。 教师引导　还有疑问吗？ 学生提问　叶绿体是怎么提取的？ 教师活动　为了便于大家理解，我将实验小组的叶绿体提取过程做了一个微课，大家一起看一下。教师播放视频。	希尔反应实验能让学生更好地理解生命的本质，帮助学生从微观的视角建构光反应概念。同时，希尔反应是光合作用研究历程中非常重要的一环，以实验的形式重现科学史，为科学史的教学提供了新思路。 因此，在课堂中让学生亲历希尔反应实验是本节课的一大亮点。更难能可贵的是，教师对实验进行了优化处理，使实验更简便、安全，更好地融合光反应概念的建构。 学生刚刚完成细胞结构的学习，认同细胞结构完整的重要性，在此之前的实验都是以完整的细胞为实验对象，从未进行过以细胞器为对象的实验，因此，学生对离体的叶绿体能否进行光合作用持怀疑态度。通过此环节，学生在观察提取液完整叶绿体的同时，感知完整叶绿体是可以被提取的，从而有利于学生内化"光合作用发生在叶绿体中"这一概念。另外，以微课的形式展开教学，极大地提高了学习效率。
任务2：建构光反应模型	创设情境　希尔反应的实验现象。 任务驱动　建构"叶绿体在有光条件下，将水分解产生H^+、电子和氧气"这一概念。 活动　学生观察实验现象，讨论、记录实验结果，并分析、推测可能的实验结论。教师及时引导。	从实验角度看，本环节中的实验打破了以往重视实验操作过程而忽视实验结果分析的通病，同时，将对实验结果的分析与概念的建构统一起来，为以实验为抓手的概念教学提供了良好的范例。

续表

教学环节	课堂实录	专业点评
任务2：建构光反应模型	关键环节如下 学生分组汇报　1号和3号试管没有颜色变化，2号变绿色，4号还是绿色。其原因是1号没有光照，所以没有颜色变化；2号有光照，颜色发生了变化，说明反应需要光照；3号叶绿体失活，所以没有反应，说明反应场所在叶绿体。 教师引导　其他组是否认同，是否有质疑，或者有更好的解析？ 学生补充汇报　实验结果与他们一样。有两个补充，一是2号颜色发生了变化，说明水分解产生了H^+和电子。另一个是反应场所叶绿体要保持完整才能进行反应。 教师引导　为什么2号颜色发生了变化就说明水分解产生了H^+和电子？ 学生补充回答　因为DCPIP是氢受体，接受了H^+和电子才会发生颜色变化。 教师引导　水分解产生了H^+和电子的同时还有其他物质产生吗？ 学生补充回答　我们组观察到有气泡产生，这说明有氧气产生。 教师引导　兴趣小组的同学有补充吗？ 兴趣小组补充回答　我们小组因为想先了解希尔反应的反应速率，本来想通过观察不同时间的颜色变化来确定，但是发现这个很难定量。通过查阅资料，我们进行了吸光率的测定。下面向大家介绍实验原理和主要探究过程（PPT展示部分数据测量的视频）。 教师引导　这个实验可以定量反映希尔反应的活力，也就是可以反映叶绿体的活性。综上讨论，可以得出什么结论？ 建构概念　光照下，叶绿体中的水分解产生氧气、H^+和电子。 创设情境　希尔反应实验现象、阿尔农实验和NADPH的发现简介。 任务驱动　建构"光反应将光能转化为ATP和NADPH中活跃的化学能"这一概念。 活动　学生基于希尔反应实验现象提出问题，并结合阿尔农实验和NADPH的发现简介等资料尝试解答问题，在此过程中逐步建构概念。教师及时引导。 关键环节如下 教师提问　光照下，色素吸收了光能，光能到哪里去了？氧气、H^+和电子能储存能量吗？ 师生讨论　氧气、H^+不行，电子可以，有电能。但是生命活动所需能量的直接来源应该是ATP，推测光合作用中的光能转变成ATP中的化学能。	从概念建构的角度看，本环节体现了基于证据的概念建构。概念的建构需要基于实证，学生只有在亲历实证后的辩证基础上才能形成概念。一方面，教师通过模拟希尔反应帮助学生建构光反应的概念；另一方面，本节课以学生为中心，围绕学生现场生成的问题，通过"学生疑问—学生讨论—教师引导—学生推测—证据支撑—得出结论"的基本教学形式，引导学生用科学的思维方法分析讨论，深入理解光反应的概念。这有利于学生形成结构与功能观、物质与能量观等观念，同时激发了学生在探究活动中的好奇心和探究欲，逐步学会了问题的探究策略。 本环节的教学紧紧围绕结构与功能观、物质与能量观这两个观念展开。

续表

教学环节	课堂实录	专业点评
任务2：建构光反应模型	呈现资料　阿尔农的实验。1954年，阿尔农发现叶绿体在光照下可合成ATP，即发现了光合磷酸化的过程。1957年，他发现光合磷酸化与希尔反应相偶联。这可以给大家什么启示呢？ 学生讨论　叶绿体在光照下合成ATP可能与水光解产生的H^+、电子有关。因为在细胞呼吸的电子传递链中，还原氢和氧结合会产生大量ATP。这个还原氢是NADH，是$NAD^+ + H^+ + 2e^-$形成的。所以，叶绿体内应该有类似NAD^+的氢受体。 呈现资料　NADPH的发现和简介。 学生总结　相互讨论，得出结论：水光解产生的H^+和电子会和$NADP^+$结合生成NADPH。 学生提问　ATP是怎么生成的？ 教师引导　回顾电子传递链中ATP的形成。生成ATP的直接驱动力是线粒体内膜两侧的H^+浓度差。 师生总结　水光解产生的H^+和e^-会和$NADP^+$结合生成NADPH，同时有ATP产生。 学生提问　叶绿体中的什么结构适合进行水的光解并制造H^+的浓度差？ 学生讨论　叶绿体内、外膜不合适，没有色素，不能吸收光能。类囊体膜上有光合色素和酶，这样水光解产生H^+，形成H^+浓度差。同时类囊体是一个封闭的小囊，这样的结构也利于制造H^+浓度差。 教师引导　从物质与结构的视角推测，类囊体确实适合。请大家结合以上知识描述一下叶绿体中ATP的合成过程。 学生汇报　类囊体膜上的色素吸收光能，促进水发生光解产生H^+和电子，并释放氧气，这导致膜内H^+多，H^+顺浓度梯度出去的时候促进了ATP的合成。这样，H^+的势能就转变成ATP中的化学能。 呈现资料　贾格道夫的实验。这一资料说明同学们的推测是对的。 呈现资料　呈现光反应的过程模式图。 学生活动　根据该图，结合前面的讨论总结光反应的物质变化和能量变化。	
应用概念，作好铺设	创设情境　希尔反应实验中2号试管的颜色比4号试管的浅，且2号试管有气泡产生，4号试管没有气泡产生。 任务驱动　ATP和NADPH在光合作用中的功能。 活动　学生尝试提出2号和4号试管实验现象不同的原因，并提出解决方案。教师引导。 关键环节如下 学生推测　NADPH积累，导致水光解不能进行。	应用所学的光反应知识解答实验疑惑，学以致用，并尝试在原实验的基础上进一步用实验来验证猜想。本环节的学习可为碳反应的教学提供良好的铺设，很好地体现了单元教学的思想。

续表

教学环节	课堂实录				专业点评
应用概念，作好铺设	解决方案　往试管中吹气，再观察实验现象。 呈现资料　阿尔农的另一部分实验（表6-1）。 表6-1　阿尔农的部分实验				
	实验	条件	过程	现象	
	1	黑暗	提供CO_2和ATP、[H]	有糖类生成	
	2	黑暗	提供CO_2，不提供ATP、[H]	无糖类生成	
	3	光照	提供CO_2，不提供ATP、[H]	有糖类生成	
	学生总结　讨论得出结论：ATP、NADPH是将二氧化碳还原为糖的能源物质，NADPH还是还原剂。				

（三）教学反思

本节课的亮点主要体现在2个方面：一是建构方式实现了从"讲授概念"走向"建构概念"的转变。本节课以问题解决为主线，通过实验来建构光反应概念的过程框架图，教学方式是"创设情境，提出问题—提供资料，作出假说—设计实验，获得证据—分析证据，建构概念"。该教学方式克服了以往教学过分注重重现光反应过程的问题，实现了概念的意义建构，并在此过程中培养了学生的思维和想象，可以帮助学生形成生命观念，发展生物学核心素养。希尔反应实验的拓展可以让学生更好地理解生命的本质，帮助学生从微观视角理解生命现象，建构光反应概念，所以本节课以希尔反应实验为载体，运用科学思维方法讨论和思考实验现象，引导学生理解光反应是一个复杂的氧化还原反应，这个反应发生在特定的场所，需要一些条件的支持，水光解过程中伴随着物质变化和能量的变化，从而帮助学生更好地认识结构与功能观、物质与能量观。二是教学过程实现了从"重实验操作"走向"重信息分析"的转变。根据希尔反应在生物学教学中的地位和意义，该内容的教学从重实验操作走向重信息分析，即侧重于实验结果的分析和实验现场生成问题的探讨。三是评价方式实现了从"目标缺失"走向"目标前置"的转变。教学目标是一节课的导航，它能让学生明确学习目标，以及核心素养的培育方向。基于这一点，教师首先要制订出精确的教学目标，当有了正确的教学目标后，才能制订出相应的教学活动和评价设计，才能达到"目标—教学—评价"的一致性。本节课采用逆向设计的方法，以期望学生掌握内容之后能做什么为起点，思考教师应该教什么以及怎么教才能发展学生的生物学核心素养。基于这样的思考，本节课非常注重评价，一方面注重理解核心问题的评价，主要由教师完成；另一方面注重教与学行为的评价，由学生自评、他评和师评共同完成。

本节课存在的不足之处：本节课引入了希尔反应和叶绿体的显微镜观察，这既是教学设计的亮点，同时也是教学的不足。这2个实验对条件的要求均超出了大多数学校的实验条件，具体实施的难度很大。此外，课堂评价量表的设计也有待提升。

（四）总体评析

1. 以学生为中心，将学生课堂中生成的问题作为课堂教学资源。

本节课通过"学生疑问—学生讨论—教师引导—学生推测—证据支撑—得出结论"的基本教学形式，引导学生用科学的思维方法进行分析讨论，深入理解光反应的概念。这有利于学生形成结构与功能观、物质与能量观等观念，同时激发了学生在探究活动中的好奇心和探究欲，逐步学会探究问题的策略。这一系列活动都体现了生物学核心素养在课堂教学中的落地。

2. 基于实验建构概念，发展生物学学科核心素养。

在基于重要概念的单元整体教学中，教师要充分重视学生对概念的建构，而概念的建构需要基于实证，学生只有在亲历实证之后的辩证基础上才能形成概念。生命观念的形成需要众多概念支撑，生物学实验是学生建构概念的有效手段之一。本节课以希尔反应实验为载体，运用科学思维方法讨论和思考实验现象，引导学生理解光反应是一个复杂的氧化还原反应，这个反应发生在特定的场所，需要一定条件的支持，水光解过程中伴随着物质与能量的变化，从而帮助学生更好地认识结构与功能观、物质与能量观。希尔反应实验融合光反应概念的教学，具有非实验教学无法替代的作用，对学生整体生物学核心素养的提高、光反应概念的建构起到了重要支撑作用。

3. 改进建议。

一是本节课的课堂实验难度大、成本高。教师将希尔反应进行还原，将其以实际的动手实验方式呈现给学生，这无疑是一大亮点，但同时需要指出的是：本实验需要大量的前期准备，时间成本和财力成本都较高，而且该实验能否成功也是课堂教学能否顺利达成的一个关键因素，这也导致了课堂教学对实验依赖过大的问题。二是课堂思维量大，易增加学生学习负担。从情境所引发的问题开始，各个教学环节环环相扣，思维逐渐递进，而且有较多的高阶思维，但这同样带来了一个问题，就是学生的课堂学习强度过大，学生必须保证每一个环节均能及时地理解和领会，否则会影响下一个阶段的学习，这样可能会增加学生学习的疲惫感。③课堂教学的普适性值得思考，如上所述，本节课的教学能否顺利达成学习目标，依赖学生的前备知识、实验的条件、学生思维的深度和广度。因此，本节课的教学可能更适用生源层次相对较好的学校，以及准备将生物学科作为选考科目的学生。

（本课时由金华市第一中学顾彩燕老师设计和执教）

课时 3　碳反应将二氧化碳还原为糖

(一)课时概念解析

本课时的概念为"叶绿体将活跃化学能转化为稳定化学能是通过将二氧化碳还原为糖的过程来实现的",该概念的建构需要以下基本概念或证据的支持。

1. 二氧化碳还原为糖的一系列反应称为卡尔文循环。
2. ATP 和 NADPH 是活跃化学能转化为稳定化学能的纽带。

(二)课堂实录

教学环节	课堂实录	专业点评
情境导课	**创设情境**　粮食生产是全世界关心的问题之一。科学家将类囊体膜与 CETCH 循环耦合,合成了细胞大小的液滴,液滴可以吸收光能并固定二氧化碳。这是首次在人造叶绿体内将二氧化碳转化为多碳化合物,也揭示了利用人造叶绿体生产粮食的可能。	此情境的创设培养了学生的社会责任意识,提高了学生主动学习的内驱力。
任务 1:分析碳反应科学史	**创设情境**　德国科学家瓦尔堡用藻类进行闪光试验,在光能量相同的前提下,一组用连续照光,另一组用闪光照射,中间隔一定暗期。结果发现,后者光合效率是连续光下的 200%～400%。 **教师提问**　在光能量都相同的前提下,为什么闪光照射的效率更高? **学生活动**　分析导致两组实验结果不同的原因,得出相关结论。 **学生发言**　我觉得两组实验的光照量是相同的,差别在于光照方式。间隔光照组的光合效率更高,应该是因为暗期也合成了光合产物。 **教师点拨**　这个分析很好,当时的科学家也是这样分析的。他们推测在暗期发生了一个不需要光参与的过程,称为碳反应。	通过跟随科学家发现的脚步,还原科学发现的真实过程,创设情境。学生分析给定的实验数据,在证实碳反应过程存在的同时,发展了推理思维能力。
任务 2:探究碳反应是否需二氧化碳	**创设情境**　光合作用以二氧化碳和水为原料合成有机物,我们能否设计实验探究碳反应是否需要二氧化碳?材料用具:形态、大小、生长发育状况相同的同一植物的叶片(烧杯中的液体可以保证叶片所需的水和矿质元素的正常供应)、氢氧化钠溶液、二氧化碳缓冲液(维持密闭容器内的二氧化碳浓度)、玻璃罩、烧杯、光源、碘液、酒精等。 **学生活动**　以小组为单位,完成实验方案设计。 **教师提问**　①实验的可变因素是什么?如何控制?②实验检测指标是什么?如何检测?	通过教学培养学生的科学探究能力是本节课的一大亮点。本环节通过创设一个解决问题的实验情境,借助给定的实验材料,以模拟实验活动为载体,激发了学生的探究兴趣,可以培养学生自变量处理、因变量检测以及无关变量控制等科学探究的实验技能。教学效果达到了预期。

续表

教学环节	课堂实录	专业点评
任务2：探究碳反应是否需二氧化碳	**学生分组汇报** 实验中的可变因素为二氧化碳的有无，可以通过二氧化碳缓冲液提供二氧化碳，通过密闭容器内放置氢氧化钠溶液吸收原有的二氧化碳。根据实验所给的材料，在光照一段时间后，用碘液检测有无淀粉产生。 **教师引导** 其他组对该实验方案是否认同，该实验有其他需要注意的问题吗？ **学生组内补充** 叶片原有淀粉对实验结果会产生影响，可将叶片在黑暗中处理一段时间，消耗叶片原有的淀粉，避免产生影响。 **教师引导** 通过组内同学补充，实验方案变得更加完善，那么叶片原有颜色对实验结果有无影响呢？如何解决？ **其他组学生补充** 我觉得有影响，绿色叶片中的淀粉遇碘变蓝色，颜色会产生干扰。可在检测前用酒精对叶片脱色。 **教师引导** 哪一组能观察到蓝色？我们能得到什么结论？ **学生发言** 含二氧化碳缓冲液可观察到叶片出现蓝色，另一组观察不到蓝色，由此可以得出碳反应需要二氧化碳，可以产生淀粉。	由于受到教学课时的限制，学生没能动手体验实验操作，这是本节课的一个缺憾。
任务3：探究二氧化碳还原成糖的途径	**创设情境** 二氧化碳如何转化成糖，科学家展开了大量的研究。1946年，美国科学家卡尔文等将培养的小球藻放置在含有未标记二氧化碳的密闭容器中，然后将 ^{14}C 标记的二氧化碳注入容器，培养相当短的时间后，将小球藻浸入热的酒精中杀死，细胞中的酶变性失活，提取溶液里的分子，然后用双向纸层析法分离提取物中的各种化合物。 **教师提问** 采用什么技术追踪二氧化碳中的碳的转移途径？ **学生发言** 用同位素标记的方法标记二氧化碳中的碳，在短时间光合作用后提取溶液里的分子，然后用双向纸层析法分离其中的各种化合物。 **提供证据** 科学家卡尔文当时让小球藻利用 $^{14}CO_2$ 同化 30 s 的实验数据（图6-7）。 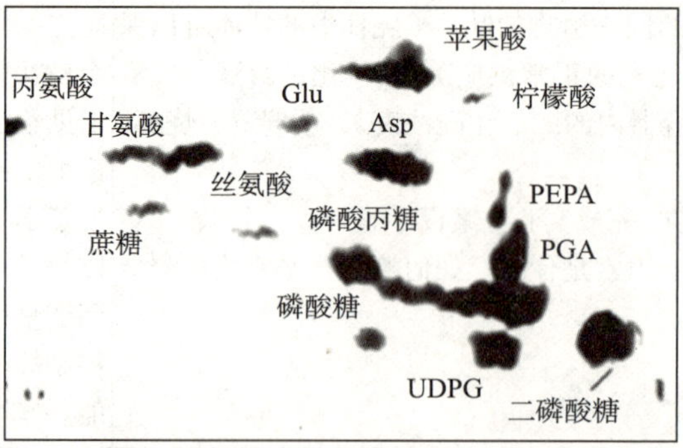 图6-7 卡尔文实验中 $^{14}CO_2$ 同化 30 s 的实验数据	从概念建构的角度看，本情境体现了基于证据的概念建构。本环节采用了"情境—问题—活动—评价"的组织形式，同时运用了论证式教学法，引导学生层层深入，不断发现问题、提出问题、作出假设、尝试运用教师给出的证据进行论证。在发现问题和解决问题的过程中，学生逐渐提高了演绎推理能力和基于一系列事实、概念建构模型的能力。

续表

教学环节	课堂实录	专业点评
任务3：探究二氧化碳还原成糖的途径	**学生活动** 怎样才能按反应顺序找到生成的各种化合物？ **学生发言** 停止光照、停止供应 $^{14}CO_2$，再用分析带标记化合物的含量变化等方法来确认产物。 **教师引导** 停止光照、停止供应 $^{14}CO_2$ 后，带同位素标记的化合物还能否产生？若没有了相关产物，还能否发现哪一种物质是最初产物？ **学生发言** 上述方法不可行，无法确定最初产物。通过缩短光照时间，再用分析带标记化合物的含量变化的方法来确定最初产物。 **提供证据** 科学家卡尔文当时让小球藻利用 $^{14}CO_2$ 同化 5 s 的实验数据（图6-8）。 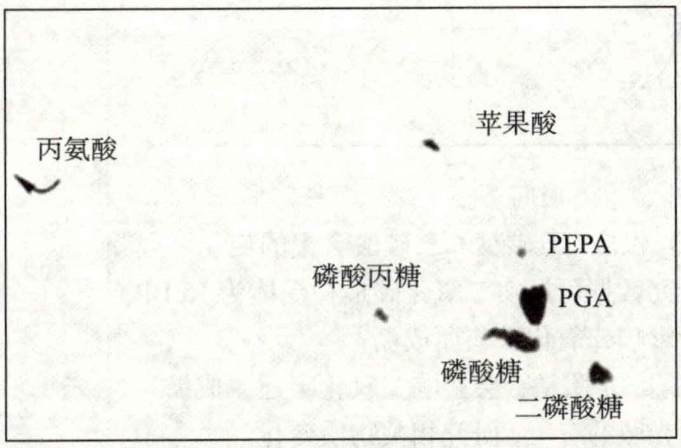 图6-8 卡尔文实验中 $^{14}CO_2$ 同化 5 s 的实验数据 **教师引导** 通过对同化不同时间后的产物含量的比较，同学们发现了什么？ **学生发言** 根据以上两幅图的数据对比，可见PGA（3-磷酸甘油酸）含量变化不大，其他物质含量减少或消失，由此可知，碳反应最初产物为三碳酸。 **教师提问** 二氧化碳的最初受体是什么？ **学生活动** 提出主张①：三碳酸是由3分子二氧化碳聚合而成的。 **教师补充证据** 3-磷酸甘油酸只有羧基碳带有放射性。 **学生活动** 在否认主张①的基础上，提出主张②：三碳酸由二氧化碳与体内某种二碳化合物结合而成。 **教师补充证据** 大量实验研究都无法找到相应的二碳化合物。 **学生活动** 否认主张②。 **教师提供证据** 卡尔文在实验研究过程中发现，光照下 3-磷酸甘油酸和 1,5-核酮糖二磷酸（五碳糖）很快达到饱和并保持稳定。 **学生活动** 通过推理分析，在光合作用中，二氧化碳受体源源不断地消耗和产生，受体含量应保持稳定。提出主张③：二氧化碳最初受体为 1,5-核酮糖二磷酸。 **教师引导** 同学们能否像科学家一样设计实验进一步验证？	碳反应过程的发现实验在高中课堂不易开展，而且学生抽象思维能力和推理能力尚且不够，所以教学中对该部分有关科学史进行了处理，跟真实实验发现过程并非完全一致。本环节内容对思维分析能力要求较高，仍有少部分学生对某些推理分析过程的学习感到困难。

续表

教学环节	课堂实录	专业点评
任务3：探究二氧化碳还原成糖的途径	**学生活动** 实验方案：可将光照下正常进行光合作用的植物，突然降低或停止供应二氧化碳，然后检测3-磷酸甘油酸和1,5-核酮糖二磷酸的含量是否发生变化。若1,5-核酮糖二磷酸含量上升，3-磷酸甘油酸含量下降，则可证实主张③。 **教师提供证据** 光照不变，突然中断二氧化碳的供应，则叶绿体基质中的一种五碳糖（核酮糖二磷酸，RuBP）积累起来，而三碳酸含量急速降低（图6-9）。 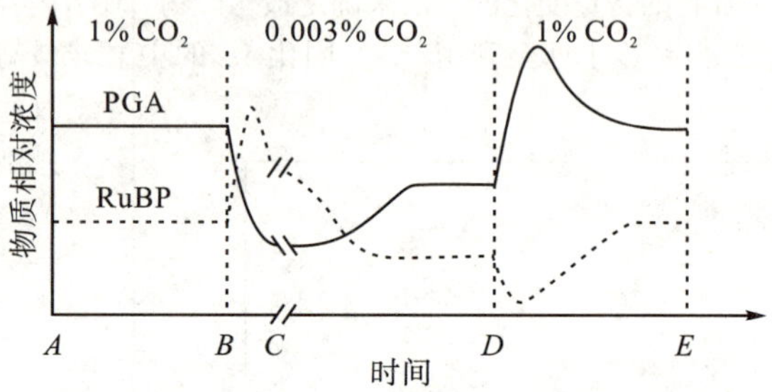 图6-9 中断 CO_2 供应，五碳糖和三碳酸含量的变化 **学生活动** 图6-9的研究数据可证实二氧化碳最初受体为RuBP。 **教师提问** 光照是否会影响二氧化碳还原成糖？ **学生活动** 设计实验，探究光照是否会影响二氧化碳还原成糖？ **学生设想** 可通过控制光照的有无，研究相关物质变化。 **教师补充证据** 停止光照后，三碳酸的浓度急速升高，同时五碳糖的浓度急速降低。 **教师引导** 这影响到还原过程中的哪一环节？根据实验结果能得到什么结论？ **学生活动** 从实验结果得出，光照不影响二氧化碳固定生成三碳酸，而是影响三碳酸进一步还原为糖的过程。 **教师提问** 结合上一节课所学内容，光反应为还原反应提供哪些物质？碳反应过程中，能量的转化途径是什么？ **学生活动** 光反应为还原反应提供ATP、NADPH，碳反应将ATP、NADPH中活跃的化学能转化成有机物中的化学能。 **教师引导** 在最初产物、最初受体等概念的基础上，能否建立相关概念间的联系？ **学生活动** 尝试基于一系列事实证据得出的最初产物、最初受体等概念建构碳反应模型（卡尔文循环模型）。建构碳反应模型，并在黑板上展示，全体同学一起完成模型建构。 **评价** 利用卡尔文的相关实验数据，教师设置多个"假说—演绎—实证"环节。在发现问题和解决问题的过程中，学生逐渐提高了演绎推理能力，培养了基于一系列事实、概念建构模型的能力。	

续表

教学环节	课堂实录	专业点评
任务4：建构碳反应产物的利用模型	**创设情境** 分析榴莲干营养成分表（表6-2），对比卡尔文循环产物（三碳糖），产生认知冲突。 **教师提问** 三碳糖如何转化成脂肪、蛋白质、碳水化合物（淀粉）等有机物？ 表6-2 榴莲干营养成分表 | 项目 | 每100 g中的含量 | 营养素参考值/% | |---|---|---| | 能量 | 2547 kJ | 30% | | 蛋白质 | 5.3 g | 9% | | 脂肪 | 44.7 g | 74% | | 反式脂肪酸 | 0 g | — | | 碳水化合物 | 47.4 g | 16% | | 钠 | 222 mg | 11% | **教师提问** ①叶绿体内能否合成淀粉？②生物体内储存淀粉的结构有哪些？③叶绿体内能否合成蛋白质？合成的场所是哪里？ **学生活动** 叶绿体内可以合成淀粉，也可以合成蛋白质。营养器官也含有淀粉、蛋白质等营养物质。光合产物也可以运输到营养器官，建构碳反应产物在细胞内的利用模型。 **教师追问** 通过模型分析，我们共同展望提高蛋白质产物含量的可能措施有哪些。 **学生活动** 课后查阅资料进一步研究。	本环节通过展望高品质农作物的培育和生产，激发了学生学习兴趣和探究欲望，促进了学生自主学习的发生，培养了学生将生物学理论知识应用于生产实践的社会责任意识。
总结与课后探究	**师生总结** 总结碳反应的发现、卡尔文循环、产物利用过程等内容。 **课后探究** 设计探究环境因素如光照、温度、二氧化碳浓度对光合作用的影响的实验方案。	课后探究可以进一步培养学生的科学探究、科学思维能力，促进本单元重要概念的建构。

（三）教学反思

本节课的亮点主要体现在3个方面：一是利用科学史实，揭示科学研究的关键步子。本节课将教学主线设置在卡尔文循环的发现历程上，引导学生重走了布莱克曼、瓦尔堡、卡尔文等多位科学家在研究碳反应过程中的"关键步子"，取得了良好的成效。二是利用论证式教学，注重培养科学思维。卡尔文循环中的物质变化较为复杂，且缺乏直观的、可视化的物质变化历程，因此，学生对此理解较为困难。如果简单地讲授其循环过程，学生无法真正地理解，故本节课的教学以论证的方式展开，引导学生在"作出假说—寻找证据—相互质疑—修正观点—寻找新证据—得出结论"的过程中建构概念，发展科学思维。三是建构模型，促成概念内化。模型建构是对知识体系的进一步完善，也是对所学知识的提升。实现对已有的、相对零散知识的系统化，和加深对新旧知识整体理解就需要建立模型。学生在前面一些环节中所理解的诸如光合作用以二氧化碳作为原料，RuBP 是二氧化碳最初受体，碳反应的最初产物是 3-磷酸甘油酸，终产物是糖类等知识，显得零碎化，不利于对知识深层次地消化和运用。因此，我在课堂中需要引导学生根据物质与能量观、稳定与平衡观等观念建构卡尔文循环的物质及能量变化模型。

本节课存在的不足之处：在本节课的教学中，学生获得知识的方式显得比较单一，呈现的资料也以科学史为主，这容易使学生出现思维疲劳。本节课虽然设置了实验环节，但也仅仅是纸上的实验设计。同时，科学史资料过多，学生前备经验不足，导致学生在部分教学环节上显得有些困难。

（四）总体评析

1. 开展论证式教学，发展逻辑思维。

教科书中关于卡尔文循环的表述是众多科学家思维活动的结晶，是静态知识，它掩盖了知识形成与发展的生动过程，使学生难以体验探索和发现的喜悦，尤其是科学家独特的逻辑推理和论证思路。重新体验科学家研究问题的方法和思维过程，是培养科学思维教育的极好题材。因此，以"情境—任务—活动—评价"为主线，在教学中提供科学发现过程中的科学史情境，学生通过对科学家研究"碳反应将二氧化碳还原为糖"相关实验探究的学习，像科学家一样探索，大胆猜想，设计实验并进行相关分析，学会寻找证据，利用实验来验证自己的假说。在设计实验的基础上，有依据地表达和交流，接受其他小组的提问和质疑，提升了科学思维和表达能力。

同时，学生学习了科学家严谨的科学研究态度和推理过程，通过对生产、生活实践材料的分析，培养了社会责任意识。如在论证二氧化碳的最初受体时，就经历了 2 次假说，第一次作出假说认为，二氧化碳分子在酶的作用下相互固定，3 分子二氧化碳聚合生成 1 分子 3-磷酸甘油酸。该假说被推翻后又提出新的假说，认为在光合作用中，二氧化碳的受体源源不断地被消耗和产生，受体含量应保持稳定，二氧化碳最初受体为 1，5-核酮糖二磷酸。学生的思维和素养在不断地假设、寻找证据、论证过程中得以成长。

2. 进阶式任务引导，推动思维深度发展。

在课堂教学中，学生的思维需要在合作学习过程中不断深入。而在合作过程中，任务的引导尤为重要。进阶性的引导性任务不仅可以引导学生合作互动，推理论证，更能通过不断的进阶过程,使学生的思维得以提升。本节课在建构碳反应概念模型的过程中,设计了如下几个进阶任务:采用什么技术追踪二氧化碳中碳的转移途径?→怎样才能按反应顺序找到生成的各种化合物?→怎么确定二氧化碳的最初受体?→能否像科学家一样设计实验以进一步验证?→光照是否会影响二氧化碳还原成糖?→结合上一节课所学内容,光反应为还原提供了哪些物质?碳反应过程能量的转化途径是什么?这些进阶性任务层层递进,不断深入,符合学生科学认知规律以及最近发展区理论,同时也以事实性知识为基础,层层完成概念的建构,这样不仅落实了生物学核心素养,更推动了学生深度思维的发展。

3. 改进建议。

本节课的内容微观抽象,相关的科学史资料大多研究较为高深,对学生分析推理、模型与建模等科学思维能力要求非常高,建构碳反应过程模型难度也较大。虽然本节课对该部分有关科学史进行了处理,在真实实验发现过程的基础上进行了简化,但是对于高一学生而言,学生缺乏有机化学相关的知识储备,而且学生的抽象思维能力和推理能力尚且不够,碳反应过程的发现实验在课堂中不易开展,从而导致有部分学生对某些推理分析过程的学习感到有些困难。

（本课时由永康市第一中学程永老师设计和执教）

课时 4　光合作用受多种环境因素的影响（一）

课堂实录

(一)课时概念解析

本课时的概念为"二氧化碳和水转变为糖与氧气的过程受多种因素的影响",该概念的建构需要以下基本概念或证据的支持。

1. 光合速率随光强度的增强而增大,但达到光饱和点的光强度后,光合速率不再随光强度的增强而增大。

2. 在一定范围内,光合速率随温度的升高而升高,温度过高则光合速率下降或者停止。

3. 在一定范围内,空气中二氧化碳浓度的增加会使光合速率加快。

4. 光强度、温度和二氧化碳浓度对光合作用的影响是综合性的。

(二)课堂实录

教学环节	课堂实录	专业点评
创设情境,导入新课	创设情境　由于连续阴雨天气,某大棚草莓的产量明显下降。如何提高大棚里草莓的产量?	
任务1:设计探究环境因素影响光合作用的实验方案	学生活动　结合光合作用总反应式,初步归纳光合速率的概念及检测指标,明确影响光合作用的环境因素。各小组选择其中一个影响因素作为研究对象,设计、讨论实验方案。下面以光强度对光合速率的影响(表6-3)为例,介绍本实验设计方案。 表6-3　课前任务单中的项目和内容 | 项目	内容
---	---
实验材料	绿萝
实验器材	①反应箱　②双层水槽　③氧气和光强度传感器　④ 3% $NaHCO_3$ 溶液　⑤台灯　⑥电脑　⑦遮光布　⑧橡皮泥等
自变量	①自变量是什么?②如何控制?
因变量	①因变量是什么?②观测指标是什么?
实验思路	
无关变量	①无关变量有哪些?②如何排除无关变量的影响?		本环节借助希尔反应实验情境,以"提出问题—分析自变量、因变量—排除无关变量—因变量呈现—依据变量得出实验结论"的实验设计为教学主线,体现了事物之间的普遍联系,物质和能量的生命观念。系列问题的思考和解决也是层层深入的科学思维过程,实验方案的严密设计与否,不仅关系到结果的准确,而且也充分体现了小组的团队合作精神。
任务2:开展环境因素影响光合作用的实验	学生讨论　一位学生汇报"课前任务单",其他学生可质疑和补充。在讨论结果的基础上介绍本次实验的实验步骤。 学生活动　每组取大小相同的绿萝叶片1片,搭建实验器材,设置软件参数,设置相应的光强度,分别为0 lx、2000 lx、4000 lx、5000 lx、6000 lx、7000 lx,保证其他条件相同且适宜。 教师活动　在学生实验的过程中,教师仔细观察各组的实验情况,巡回辅导,答疑解惑。 教师提问　将传感器测量数据的时间设定为 10 min,需充分利用这段时间。当每组电脑均开始记录实验数据时,教师提问:电脑中的曲线能代表氧气释放速率吗?如何得到某光强度下的净光合速率呢? 学生活动　学生先理解曲线的含义(图6-10),再思考氧气释放速率如何转换成净光合速率。在此过程中,学生提高了获取和处理信息的能力,及理解和表达的能力。	本环节可充分解放学生的双手,先动起来,用实验去验证自己的观点,并在操作中发现新问题,思考新问题,试图解决新问题,因此,课堂上既有静态设计,更有动态生成。同时,学生也能更好地领悟科学探究的过程和方法,提升了提出问题、分析问题和解决问题等科学探究能力。

教学环节	课堂实录	专业点评
任务2：开展环境因素影响光合作用的实验	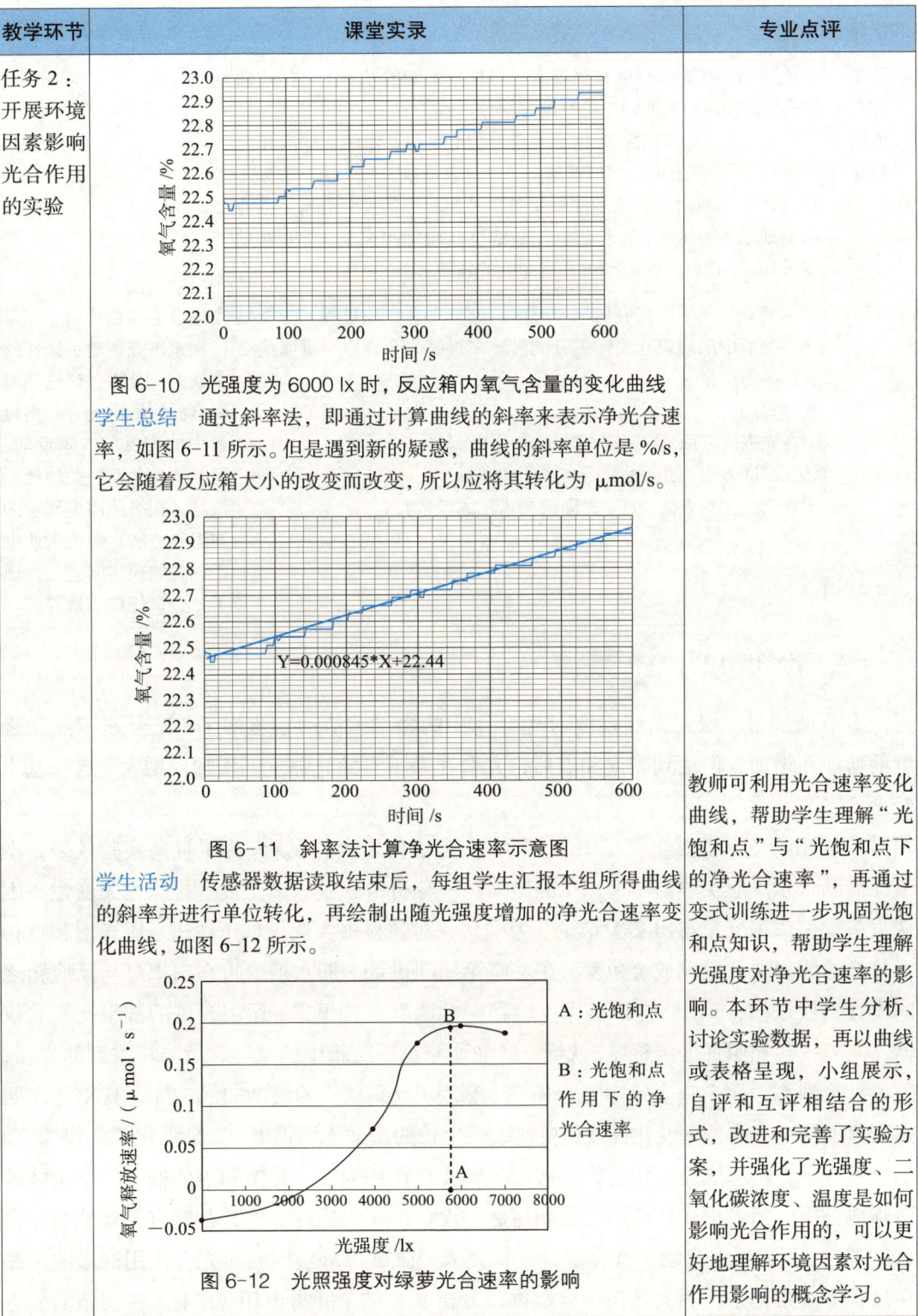图 6-10 光强度为 6000 lx 时，反应箱内氧气含量的变化曲线 **学生总结** 通过斜率法，即通过计算曲线的斜率来表示净光合速率，如图 6-11 所示。但是遇到新的疑惑，曲线的斜率单位是 %/s，它会随着反应箱大小的改变而改变，所以应将其转化为 μmol/s。 图 6-11 斜率法计算净光合速率示意图 **学生活动** 传感器数据读取结束后，每组学生汇报本组所得曲线的斜率并进行单位转化，再绘制出随光强度增加的净光合速率变化曲线，如图 6-12 所示。 图 6-12 光照强度对绿萝光合速率的影响	教师可利用光合速率变化曲线，帮助学生理解"光饱和点"与"光饱和点下的净光合速率"，再通过变式训练进一步巩固光饱和点知识，帮助学生理解光强度对净光合速率的影响。本环节中学生分析、讨论实验数据，再以曲线或表格呈现，小组展示，自评和互评相结合的形式，改进和完善了实验方案，并强化了光强度、二氧化碳浓度、温度是如何影响光合作用的，可以更好地理解环境因素对光合作用影响的概念学习。

续表

教学环节	课堂实录	专业点评
任务2：小组实验：环境因素影响光合作用	**学生活动** 在充分理解光强度对光合作用影响的基础上，描述曲线含义，并帮助其他同学更好地理解该曲线。 **教师引导** 引出概念"光饱和点"与"光饱和点作用下的净光合速率"，帮助学生更好地理解这2个概念及区别。 **拓展延伸** 判断当环境条件改变时，光饱和点的变化趋势：①若绿萝缺乏Mg元素；②若二氧化碳浓度从较低提高至适宜。通过变式训练，帮助学生加深对光饱和点的理解。	
交流评价	**学生活动** 基于所探究的环境因素，结合光合作用过程，分析生产、生活中的现象和实际可行的措施来提高光合速率，进而提高农作物的产量。 **教师提问** ①在光强度方面，如何提高杂交水稻的产量？ ②在温度方面，如何提高杂交水稻的产量？ ③在二氧化碳方面，如何提高杂交水稻的产量？	本环节主要是让学生在自己探索研究、动手操作的基础上，分析、讨论环境因素如何影响光合作用过程中的光反应、碳反应，及其相互关系，关注社会议题，积极运用生物学的知识和方法，解决农业生产相关的现实问题，体现了社会责任核心素养。

（三）教学反思

本节课通过"探究光照强度对光合作用的影响"活动，建构了"光合速率随光强度的增加而增加，但达到光饱和点后，光合速率不再随光强度的增加而增大"这一基本概念。

本节课的亮点主要体现在2个方面：一是优化了实验设计。为了提高实验效果，本节课借助希尔反应实验情境，以"提出问题—分析自变量、因变量—排除无关变量—因变量呈现—依据变量得出实验结论"为框架，对教科书实验做如下改进：用光饱和点相对较低的绿萝取代黑藻或金鱼藻；在反应箱周围设计一圈水槽，再在白炽灯与反应箱之间设计双层水槽，3层防护以确保反应箱中的温度保持恒定；运用先进的数字化实验仪器——氧气与光照强度传感器，快捷、准确地测量反应箱中的氧气含量与接收到的光强；通过计算斜率，用斜率表示净光合速率；利用Excel软件的绘制曲线功能，获得随光照强度增加的净光合速率变化曲线，找到绿萝生长的最适光照强度。二是强化了合作探究。活动过程中，小组成员互相合作，通过了解光合作用强度、光饱和点的概念，学生能较清晰地分析、归纳出光合作用的检测指标，设计出相关探究实验，并能有条理地表达自己的观点。再通过亲自动手操作实验，探究光照强度等环境因素对光合作用的影响，并在过程中观察记录、图文转换所得数据，分析实验结果并得出相应结论。在实施实验方案的过程中,通过发现新问题,尝试解决新问题,进一步改进、完善实验方案,从而再度提升了学生的科学探究的能力。同时,课堂上既有静态设计,更有动态生成,学生也能更好地领悟科学探究的过程和方法,提升提出问题、分析问题和解决问题等科学探究能力。

  本节课存在的不足之处:本节课的教学对实验室仪器设备的配置要求较高,需配置若干台传感器。如果学校条件不具备,也可以采用叶圆片上浮法来开展探究实验。同时这节课的课堂容量略显不足,整节课主要探究了光照强度对光合作用的影响,而对于二氧化碳、温度对光合作用的影响却没有涉及,从而使这节课教学内容的完整性存在瑕疵。

(四)总体评析

  本节课以提高大棚果蔬的产量为背景,开展了"探究光照强度对光合作用的影响"实验探究活动。设计上具有以下创新之处。

  1. 活动的设计指向素养。

  在探究影响光合作用的环境因素活动的设计中,首先精心设置了几种不同影响因素的课前活动任务单,然后通过任务驱动,各小组选择其中一个影响因素作为研究对象,设计讨论实验方案,并在课堂中实施实验方案。学生在探究过程中逐步增强了对自然现象的好奇心和求知欲,有助于掌握科学探究的基本思路和方法,提高了实践能力;同时,在小组合作探究中,也提升了积极配合、团队合作、勇于创新的社会责任素养。

  2. 实验的设计富有新意。

  本节课的活动在教科书实验的基础上做了很多改进,例如:用光饱和点相对较低的绿萝取代黑藻或金鱼藻;在反应箱与白炽灯之间设计了3层防护,以确保反应箱中的温度保持恒定;运用数字化实验仪器,快捷、准确地测量反应箱中的氧气含量与接收到的光强;利用Excel软件获得随光照强度增加的净光合速率变化曲线,找到绿萝生长的最适光照强度。实验的调整既富有新意,又可以使实验结果快速准确地呈现,大大激发了学生的探究热情。

  3. 概念的建构有层次。

  本节课的概念"光合速率随光强度的增强而增大,但达到光饱和点的光强度后,光合速率不再随光强度的增强而增大",是次位概念"二氧化碳和水转变为糖与氧气的过程受多种因素影响"下的一个基本概念。为了建构这一概念,教学中先是别出心裁地驱动学生分组选择其中一个影响因素作为研究对象,设计、讨论实验方案,再实施实验,通过传感器绘制净光合速率曲线。然后引导学生在充分理解光照强度对光合作用的影响下描述曲线含义,并帮助其他学生更好地理解该曲线。在此基础上,又利用曲线突破"光饱和点"与"光饱和点作用下的净光合速率"的区别,最后学以致用,尝试拓展概念的外延。

4. 改进建议。

本节课的探究情境与单元情境的联系不够紧密，如果能将探究情境与单元情境有机地融合，则单元的整体性会更突出。同时，整个设计与生活实践的联系也相对较弱，在分析光饱和点变化的时候，如果能够利用生产实践中的一些实例进行分析，学生的理解会更深入，也更能激发热爱生活的共鸣。

（本课时由金华市第一中学邵昂老师设计和执教）

课时 5　光合作用受多种环境因素的影响（二）

（一）课时概念解析

课时 5 的课时概念解析同课时 4。

（二）课堂实录

教学环节	课堂实录	专业点评
延续上一课时	创设情境　回顾光强度对光合作用的影响的相关知识，得出光强度对光合作用的影响曲线（图 6-13）。 图 6-13　光强度对光合作用的影响 教师提问　光强度对光合作用的影响呈现这样的规律，其他环境因素（如二氧化碳浓度、温度）对光合速率的影响又是怎么样的？	延续上一课时，直入主题，为本课时第二部分内容知识体系的建构预留了充分的时间。
任务 1：光合作用受环境因素的影响	二氧化碳浓度对光合速率影响的曲线模型建构 创设情境　观看实验视频：二氧化碳浓度对光合速率的影响。 任务驱动　利用实验器材（图 6-14）推测二氧化碳浓度与光合速率的关系曲线。 教师提问　①该实验的自变量是什么？如何控制？②该实验的因变量是什么？检测指标是什么？③根据实验，能得出什么结论？	

教学环节	课堂实录	专业点评
任务1：光合作用受环境因素的影响	 图 6-14　探究二氧化碳浓度对光合速率的影响 **小组讨论**　实验的自变量是二氧化碳浓度，通过 $NaHCO_3$ 的浓度来控制自变量。因变量是光合速率，通过红色液滴的移动距离来体现。结合原有的知识结构及实验中的数据推测出二氧化碳浓度与光合速率的关系。 **呈现资料**　CO_2 浓度对光合速率的影响（图 6-15）。 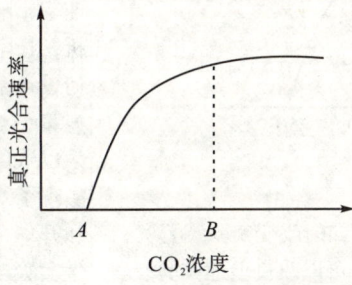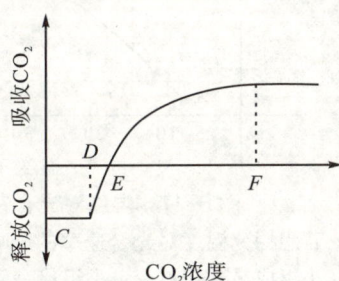 图 6-15　CO_2 浓度对光合速率的影响 **教师引导**　为什么从 A 点开始，才有真正光合速率？两幅图有什么区别？A、B、C、D、E、F 点的含义又是什么？ **学生回答**　小组讨论，部分学生回答，总结如下：①二氧化碳浓度很低时，绿色植物不能进行光合作用，达到一定含量（A、D）时才开始进行光合作用。②在一定范围内，光合速率随二氧化碳浓度增大而加快，当二氧化碳达到一定浓度（B、F）时，再增加二氧化碳浓度，光合速率也不再增加。 **教师引导**　二氧化碳饱和点之前和之后，光合速率的限制因素分别是什么？ **学生回答**　限制因素分别是二氧化碳浓度、光强度和温度等。 **温度对光合速率影响的曲线模型建构** **创设情境**　光合作用的一系列反应离不开酶的催化，而温度直接影响了酶活性，因此，温度对于光合作用的影响也很大。 **任务驱动**　结合学案，自主学习温度对光合速率的影响。 **活动**　学生根据酶的相关知识，推测温度与光合速率之间的关系，尝试在图 6-16 坐标系中绘制相关曲线。	本环节通过生物兴趣小组实验视频的展示和分析，为学生探究知识的产生和发展提供了最原始的精神激励，可以培养学生获取和处理信息的能力，体会实验在生物学研究中的作用，从而进一步培养了学生的科学研究能力。 由酶的相关知识，推测温度与光合速率的关系，可以培养学生分析问题和知识迁移应用的能力。

续表

教学环节	课堂实录	专业点评
任务1：光合作用受环境因素的影响	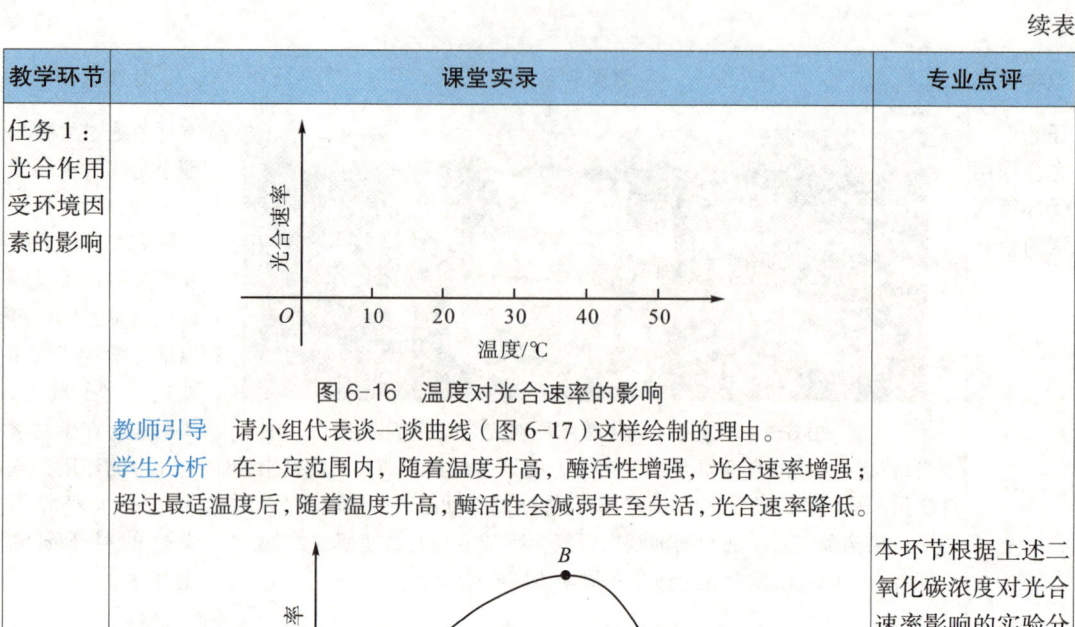 图6-16 温度对光合速率的影响 **教师引导** 请小组代表谈一谈曲线（图6-17）这样绘制的理由。 **学生分析** 在一定范围内，随着温度升高，酶活性增强，光合速率增强；超过最适温度后，随着温度升高，酶活性会减弱甚至失活，光合速率降低。 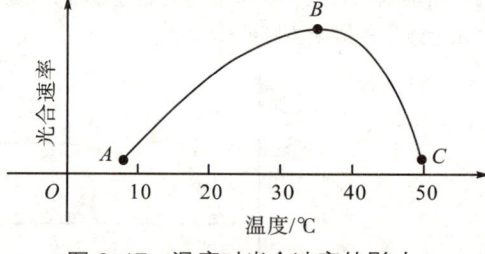 图6-17 温度对光合速率的影响 **教师引导** 若想探究温度对光合速率的影响，该如何改变实验装置？ **小组讨论** 小组成员互相讨论，小组代表回答，可以改良上述实验装置，换成相同浓度的$NaHCO_3$溶液，再将各个瓶子置于不同的温度中。 师生共同总结，因时间关系，具体实验设计可以在课后完成。	本环节根据上述二氧化碳浓度对光合速率影响的实验分析，让学生思考如何设计温度对光合速率影响的实验，学以致用，很好地实现了知识的迁移和升华，提高了学生实验设计、资料分析及解决问题的能力。
	光合作用在生产实践中的应用 **创设情境** 光强度、温度和二氧化碳浓度对光合作用的影响是综合性的。当我们走进一座现代化的温室时，会发现用于补充光照的LED灯发出的光并非白光，还可能注意到田间散布着一台台二氧化碳发生器。 **呈现资料** 现代化温室图片（图6-18）。    图6-18 现代化温室 **学生活动** 小组成员探讨现代化温室中这些措施的意义。 **小组代表回答** 叶绿素主要吸收蓝紫光和红光，补充蓝紫光更能提高光合速率；提高二氧化碳浓度、温度等也能提高光合速率，提高农作物产量。	本环节展示了现代化温室图片，从光强度和光质、二氧化碳浓度、温度这3个角度引导学生分析问题，解决问题，可以培养学生自主分析、解决问题的能力。学生在解决问题的过程中可以掌握环境因素对光合作用的影响，同时关注"光合作用的原理"在生产实践中的应用。

续表

教学环节	课堂实录	专业点评
任务2：单元概念知识体系建构	**创设情境** 2020年5月8日，德国马克斯·普朗克陆地微生物研究所和法国波尔多大学的研究人员在《科学》上发表成果：研究团队开发的自动化人造叶绿体组装平台，可以根据人们的需求制造出不同的人造叶绿体，人造叶绿体不仅可以吸收空气中的二氧化碳，理论上还可以根据人们的需求合成各种不同的有机物，如药物、燃料等。 **任务驱动** 如何重现植物叶绿体的复杂性和光合效率？如何才能实现叶绿体根据人们的需求合成各种不同的有机物？ **建构人造叶绿体** **创设情境** 假如你是研究人员，你如何建构人造叶绿体？ **任务一** 6人为一小组，以小组为单位讨论，尝试在学案上建构人造叶绿体，同时思考、讨论以下问题：①人造叶绿体的结构是怎样的？②各结构在光合作用中分别承担什么功能？③各结构采取了怎样的策略来充分利用光能？ **活动** 学生针对以上问题展开讨论，部分发言摘录如下。 **学生发言** 我觉得为了提高光合速率。人造叶绿体中应该尽可能铺满类囊体，甚至在人造叶绿体膜的内侧都贴满类囊体，以提高光的吸收率。 **小组模型展示** 请小组代表上台展示活动成果，并阐述模型建构的依据。（注：选有代表性的2个小组，让代表同学分别阐述模型建构依据。） **其中一组代表发言如下** 为了让人造叶绿体顺利发生"光合作用"，应该给人造叶绿体配备类囊体，且数量要尽量多，以提高光合速率；同时配备"叶绿体基质"以让碳反应顺利进行，在基质中添加反应必需的物质。 **小组评价** 另外小组的同学对上台展示的2个小组的模型进行评价。比较2个小组建构的人造叶绿体的异同点。 **师生共同总结** 讨论得出人造叶绿体必需的结构：类囊体膜、反应体系（类似叶绿体基质）、人造叶绿体膜。 **教师绘制模型** 人造叶绿体模型（图6-19）。 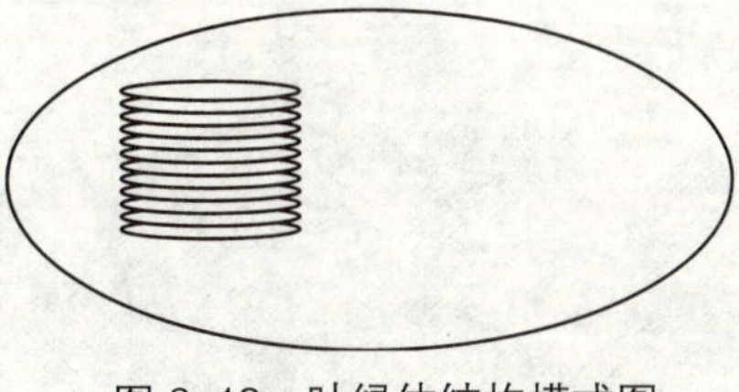 图6-19 叶绿体结构模式图 **呈现资料** 人造叶绿体（图6-20）。 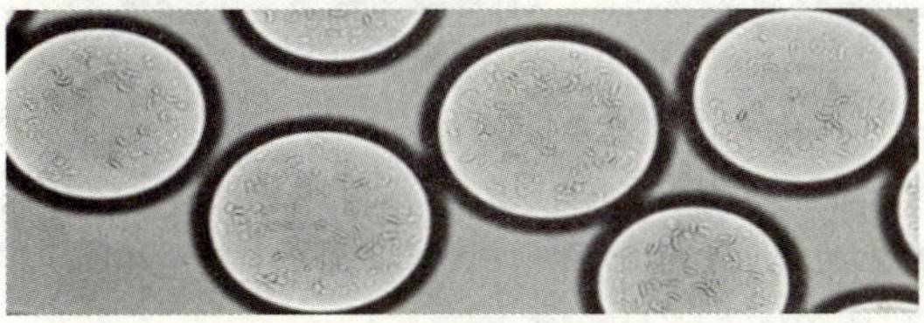 图6-20 人造叶绿体	本环节联系最新科学研究成果，创设了单元概念知识体系建构的情境，渗透了科学、技术、社会相关联的思想，激发并培养了学生对生物学的兴趣，增强学生的使命感和社会责任感。在单元概念知识体系建构中，以"情境—问题—活动—评价"的组织形式，引导学生层层深入，不断发现问题、提出问题、作出假设，尝试利用教师所给的资料和已学知识进行逐层分析，发展了学生分析、推理、论证的科学思维能力。本环节通过学生自己画图建构人造叶绿体，培养了学生建构模型的能力，并强化了学生对叶绿体结构的认识。学生以结构与功能观等生命观念为指导，基于生物学事实和已有知识，采用归纳与概括等方法，建构人造叶绿体模型，强化了结构与功能相适应的生命观念。

续表

教学环节	课堂实录	专业点评
任务2：单元概念知识体系建构	**教师引导** 引导学生观察人造叶绿体中的具体结构，并作出大胆猜想。 **教师介绍** 正如同学们建构的一样，马克斯·普朗克陆地微生物研究所的研究人员利用了最近的2项新技术将菠菜中提取的类囊体和18种酶一起封装在直径约为 90 μm 的液滴中，实现了将二氧化碳固定系统组装在一个确定的空间内。 **探究人造叶绿体系统的运行** **创设情境** 如何让建构好的人造叶绿体运行起来？ **任务二** 在建构好人造叶绿体的基础上，分组讨论、探究如何让人造叶绿体运行起来？ **教师提问** ①人造叶绿体的运行需要哪些物质？分别执行什么功能？在系统中如何分布？②系统吸收的光能怎样转变成有机物中的化学能？ **学生活动** 学生针对以上问题展开讨论。 **小组代表发言** 参照天然叶绿体，人造叶绿体要进行"光合作用"，需要光照、水、五碳糖、二氧化碳、$NADP^+$、ADP、Pi 等。 **小组发言** 小组代表联系已学的光合作用相关知识，回答问题，其他小组补充、评价。 **师生总结归纳** 人造叶绿体系统的运行需要的物质（以植物中天然叶绿体的运行过程作依据）。 **任务驱动** 根据上述讨论结果，小组成员尝试建构人造叶绿体的具体运行过程。 **教师点拨** 根据上述分析结果，把光合作用中的相关反应物、产物、中间产物及反应所需要的条件写在建构好的人造叶绿体的相应部位上，并用箭头连接起来。 **学生板画建构** 请小组代表在黑板上建构人造叶绿体的具体运行过程（图6-21），并阐述建构依据。 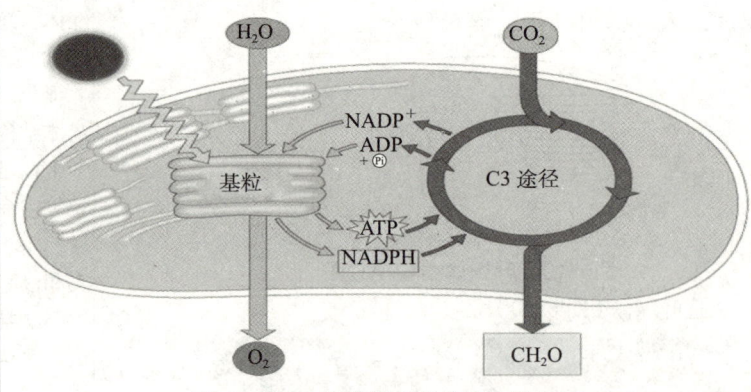 图6-21 人造叶绿体的运行过程图 **小组代表发言** 参照天然叶绿体的生理过程，人造叶绿体的"光合作用"需要进行光反应和碳反应。进行光反应时，有水的光解、NADPH、ATP 的合成；再发生碳反应……	教师引导学生积极交流，科学评价，培养了学生基于一系列事实、概念建构模型的能力。 通过对上述问题的思考，引导学生从系统的物质基础、结构基础、功能的角度整体归纳总结，形成叶绿体是一个有机物合成系统这一认知，从而深化了生命的物质观、结构与功能观、物质与能量观等生命观念。 上台板画和阐述过程培养了学生的语言表达能力、小组合作意识，明确了合作学习的重要性，学生在活动中学会了参与、合作与交流。 以活动"人造叶绿体具体运行过程的建构"为载体，通过板画和交流，进一步帮助学生理解了光合作用的过程。用归纳、类比等科学思维方法，用图示、模型等方式，比较光反应和碳反应的区别和联系，完成了单元概念知识体系的建构。

续表

教学环节	课堂实录	专业点评
任务2：单元概念知识体系建构	其他小组代表评价　对光合作用的光反应和碳反应过程进行总结，完成对"光合作用"重要概念的建构。 控制人造叶绿体系统的运行 创设情境　如何控制人造叶绿体系统的运行？ 呈现资料 【资料1】研究人员说：人造叶绿体的建构首先需要一个能源模块，使我们能够以可持续的方式为化学反应提供动力。在光合作用中，类囊体膜为固碳提供能量，我们计划利用这种能力。从菠菜中分离的光合作用"装置"被证明是足够强大的，它可以利用光来驱动单一反应和更复杂的反应网络。针对碳反应，研究人员使用了人工代谢模块，即CETCH循环。它由18个生物催化剂组成，这些催化剂对二氧化碳的转化比植物中自然发生的碳代谢更有效。经过几轮优化，团队成功实现了在体外控制温室气体二氧化碳的固定。 【资料2】在人造叶绿体上配备新型的酶和反应，可以使二氧化碳的结合速度比以前的合成方法快100倍。 学生活动　阅读资料，思考、讨论。结合资料1、2，思考人造叶绿体系统运行过程中如何提高"光合速率"。 学生发言　可以增加类囊体数量，增强光强度，适当提高温度，增加酶的数量…… 教师点拨　重点从提高光能捕获效率和提高酶活性、优化催化剂组合的角度分析。 呈现资料 【资料3】由此建构的微流体平台能够产生数千个标准液滴，这些液滴可以根据所需的代谢能力实现独立配置。"我们可以制造出成千上万个装备相同的水滴，也可以赋予单个水滴特定的属性。"研究人员说，"可以利用光在时间和空间上控制它们。" 学生活动　阅读资料，思考、讨论： ①结合资料1、2、3，如何控制人造叶绿体系统的运行？ ②"理论上可以根据人们的需求合成各种不同的有机物，如药物、燃料等。"如何实现？ 小组讨论　小组成员讨论研究控制人造叶绿体运行的具体可行方法；探讨如何利用人造叶绿体系统合成人们需要的不同有机物。 学生发言　如果想停止"光合作用"，只需要对人造叶绿体系统停止光照，或者停止输送二氧化碳等原料；如果想根据人们的需求，合成不同的有机物，可以改变酶的种类或者改变反应物的种类，这都将改变产物的类型。 师生共同探讨　人造叶绿体系统运行的控制问题、未来的应用前景。	通过一系列情境的创设，展示资料，提出问题。在梳理生命观念对应的概念和事实锚定点的基础上，教师注重概念的整合和融合，使学生深入理解了光合作用的本质。这既是对光合作用概念体系的梳理，也是对概念的应用，学生在学习过程中提高了生物学核心素养，有利于今后更好地参与社会实践活动，并创造相应的价值。回到最初提出的问题，在解决问题的过程中，学生整理光合作用相关概念，建构概念知识体系；掌握环境因素对光合作用影响的同时，关注"光合作用的原理"与现代科技、人们未来生活之间的关系，培养了生命观念，提升了社会责任素养。

续表

教学环节	课堂实录	专业点评
课堂小结	**师生共同总结** 如果人造叶绿体这项突破性成果被广泛应用，那么在生产实践中重现植物叶绿体的复杂性和光合效率，将不再是难事，甚至远远高于天然植物的光合速率，同时，这也是解决"温室效应"问题的另一途径。 从长远来看，类似的生命系统可以应用到几乎所有的技术领域，包括材料科学、生物技术和医学。	以探讨人造叶绿体系统的建构、运行、控制为载体，运用所学的生物学概念和生命观念，解释和探讨生物学议题，渗透了"科学、技术、社会"思想，培养了学生的社会责任感。

（三）教学反思

本节课的亮点主要体现在 2 个方面：一是在实验探究中发展了多种素养。通过二氧化碳浓度对光合作用影响的实验分析，培养学生获取和处理信息的能力，体会实验在生物学研究中的作用，突出基于生物学事实和证据运用归纳与概括、模型与建模、创造性思维等方法探讨生命现象及规律的科学思维；通过温度对光合速率影响的实验分析，思考如何设计温度对光合速率影响的实验，让学生学以致用，突出了观察、提问、实验设计、方案实施以及对结果的交流与讨论的科学探究方法，提高了学生实验设计、资料分析及解决问题的能力。在探究的过程中，我帮助学生进一步理解光合作用的原理和过程，阐明影响光合速率的环境因素及其在生产实践中的应用，关注这些原理的广泛应用，认同科学技术的价值。二是在单元情境下建构核心概念。以基于单元情境的最新科学研究成果——人造叶绿体研究获突破性进展为背景，创设单元概念知识体系建构情境，渗透了"科学、技术、社会"相关联的思想，培养了学生对生物学的兴趣，增强了学生的使命感与社会责任感，提高了学生主动学习的内驱力。"人造叶绿体的建构""探究人造叶绿体系统的运行""如何控制人造叶绿体的运行"3 个活动引导学生提出基于情境的概念问题，然后围绕问题设计学习任务或活动，完成了单元知识概念体系的建构。

本节课存在的不足之处：由于课堂时间的限制，在探究二氧化碳浓度和温度对光合作用的影响时，采用了播放实验视频结合学生分析的方式，缺少真实体验，忽视了学生的主体地位。如果能让学生亲自参与这个实验，用自己的实验数据来绘制二氧化碳浓度与光合速率的关系，相信会让学生的实验设计能力、动手能力、分析问题、解决问题的能力将会有更大的提高，也更符合学生的认知规律。

(四)总体评析

1. 承接单元情境，完成概念建构。

本节课是整个单元的最后一个课时，也是本单元重要概念建构的关键环节，承接了前面4个课时的次位概念，建构概念体系的完成，是概念体系建成的点睛之笔。本节课的设计承接了整个单元的大情境，以最新科学研究成果——人造叶绿体研究获突破性进展为背景，设计了"人造叶绿体的建构""探究人造叶绿体系统的运行""如何控制人造叶绿体的运行"3个活动，将本节的探究学习串联成一条主线。3个活动层层深入，为课时以及单元概念的建构搭建起学习支架，引导学生在模型建构的基础上，建成了光合作用单元的重要概念。

2. 突出生命观念，促进思维发展。

本节课在叶绿体模型建构和控制叶绿体运行活动的探究中，重视学生物质与能量观、结构与功能观、稳态与平衡观等生命观念的培养；突出了基于生物学事实和证据运用归纳与概括、模型与建模、创造性思维等方法探讨生命现象及规律的科学思维；突出运用生物学的知识和方法探讨生物学议题，提出合理建议，使学生认同科学技术的价值，渗透"科学、技术、社会"思想，培养了社会责任感。

3. 跟紧科技发展，提高社会责任素养。

本节课还有一大亮点，就是在最后设计了"小组讨论、研究控制人造叶绿体运行的具体可行方法；探讨如何利用人造叶绿体系统合成人们需求的不同有机物"的环节，在引导学生掌握环境因素对光合作用影响的同时，关注"光合作用的原理"与现代科技、人们未来生活之间的关系，培养了生命观念，提升了社会责任素养。

4. 改进建议。

本节课在总体设计上，由于二氧化碳和温度对光合作用的影响放在课时内分析，加上后面的3个活动，时间比较紧张，对人造叶绿体运行及影响因素的分析略显仓促。教师可以将一部分内容移到前一课时或者课前完成，则概念的整体建构和素养的达成度会更高。同时，教学中主要应用视频结合学生分析的方式开展，学生缺少真实的生活体验，主体地位不够突出。

(本课时由定海第一中学黄敏老师设计和执教)

单元 7

细胞会经历生长、增殖、分化、衰老和死亡等生命进程

专家解读

一、单元教学分析

　　细胞、个体、种群、群落、生态系统等各种层次的生命都是有规律的，细胞作为生物体结构与生命活动的基本单位，其生命历程是各层次生命活动规律的基础。

　　由于受营养物质的扩散、DNA 的控制、体积与表面积之比等多方面的限制，细胞需要通过分裂来实现个体发育和组织修复，以适应外界环境。细胞有丝分裂的实质是染色体复制后的精确均分，以此确保遗传信息在亲代和子代的一致性。细胞通过各部分的分工合作，形成相互协调的有机整体，实现细胞水平的各项生命活动。而对于多细胞生物而言，则需要通过分化形成各种类型的细胞，进而形成有机整体，更好地适应多变的环境。细胞的生命活动基于化学反应，当受到某些因素的制约时，化学反应无法正常进行，细胞也就面临衰老与死亡，这是一种自然的生理过程。学生通过探究生命活动规律，解决实际问题，才能形成科学的自然观和世界观。

　　经过前面的学习，学生已经建构了"细胞是生物体结构与生命活动的基本单位"和"细胞的生存需要能量和营养物质"这 2 个概念，并初步形成了结构与功能观、物质与能量观等生命观念，同时初步形成了模型与建模的科学思维，但在科学探究素养方面，依旧较为薄弱。

二、单元概念解构

　　本单元聚焦课程标准中的重要概念"细胞会经历生长、增殖、分化、衰老和死亡等生命进程"。该重要概念是在"物质通过被动运输、主动运输等方式进出细胞，以维持细胞的正常代谢活动""细胞的功能绝大多数基于化学反应，这些反应发生在细胞的特定区域"这 2 个重要概念的基础上形成的，并共同支撑大概念"细胞的生存需要能量和营养物质，并通过分裂实现增殖"。本单元的教学分别对应次位概念"细胞通过不同的方式进行分裂，其中有丝分裂保证了遗传信息在亲代和子代细胞中的一致性""在个体发育过程中，细胞在形态、结构和功能方面发生特异性的变化，形成了复杂的多细胞生物体""在正常情况下，细胞衰老和死亡是一种自然的生理过程"这 3 个次位概念，这

3个次位概念共同聚焦本单元的重要概念。本单元支持"生命个体的结构与功能相适应，各结构协调统一共同完成复杂的生命活动"等重要概念的学习。这些概念之间的关系如图 7-1 所示。

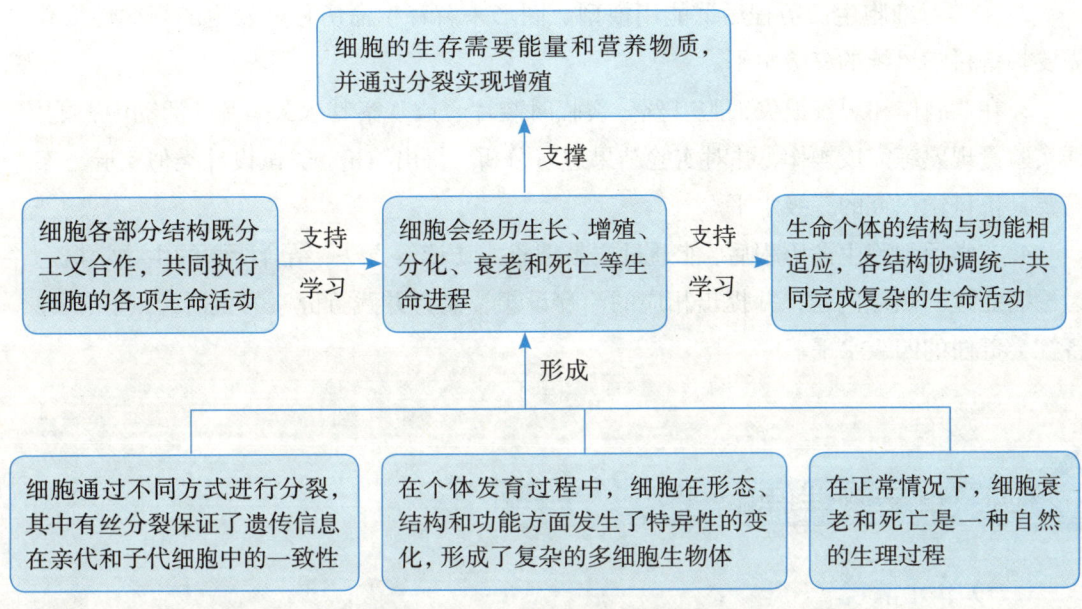

图 7-1　单元 7 相关概念间的关系

三、单元目标

（一）学习目标

1.通过分析细胞生命历程中发生的各种变化，建构细胞生命历程的概念，领悟结构与功能相适应的生命观念。

2.通过活动"模拟探究细胞的大小与扩散作用的关系"、细胞增殖过程中染色体变化模型的建构，初步掌握模型与原型的关系，发展模型与建模、归纳与概括、科学论证等科学思维。

3.通过活动"有丝分裂模型的制作""制作和观察根尖细胞有丝分裂临时装片，或观察其永久装片"，描述有丝分裂的主要特征，认同量规使用对实验方案实施的重要性，发展问题与假设、实验设计、方案实施以及对结果的交流与讨论的科学素养。

4.运用所学的生物学知识探讨癌症、老龄化等社会热点问题，并提出设想，养成并宣传健康文明的生活方式，关注技术的进步对生物科学发展的重要作用。

（二）评价目标

1. 在学习细胞生命历程后，能运用结构与功能观解释有关生命现象，比较不同生命现象之间的特征差异。需要具备生命观念的二级水平。

2. 在学习细胞生命历程后，能用模型、图形来解释生命历程中发生的规律性变化。需要具备科学思维的三级水平。

3. 在"制作和观察根尖细胞有丝分裂临时装片，或观察其永久装片"活动中，能依据实验量规熟练完成操作，并对实验结果进行分析，得出结论，尝试设计类似实验方案。需要具备科学探究的三级水平。

4. 在学习细胞生命历程后，能通过文献搜索、访谈等方法，结合所学的生物学概念，讨论癌症这一热点问题，并提出相应的治疗设想，制订并践行健康的生活计划。需要具备社会责任的四级水平。

四、单元教学思路

（一）单元情境

白血病是一类恶性肿瘤。2012 年，全球白血病患者高达 35.2 万，我国是白血病高发国家，每 10 万人中就有 4~6 人患白血病，其中 40% 是儿童。据了解，尽管目前被 FDA 批准上市的可治疗慢性粒细胞白血病的药物多达 20 余种，这些药物可以较好地控制慢性髓细胞白血病患者，但仍不能根治。电影《我不是药神》中的格列宁（格列卫）就是一种治疗慢性粒细胞白血病的药物。

（二）核心任务

利用细胞生命历程的生物学原理，提出白血病的治疗方案。

（三）教学流程

以支撑本单元重要概念所需的次位概念为课时学习主题，课时教学以问题、任务、活动与评价为主线展开。本单元分为 5 个课时，教学流程如图 7-2 所示。

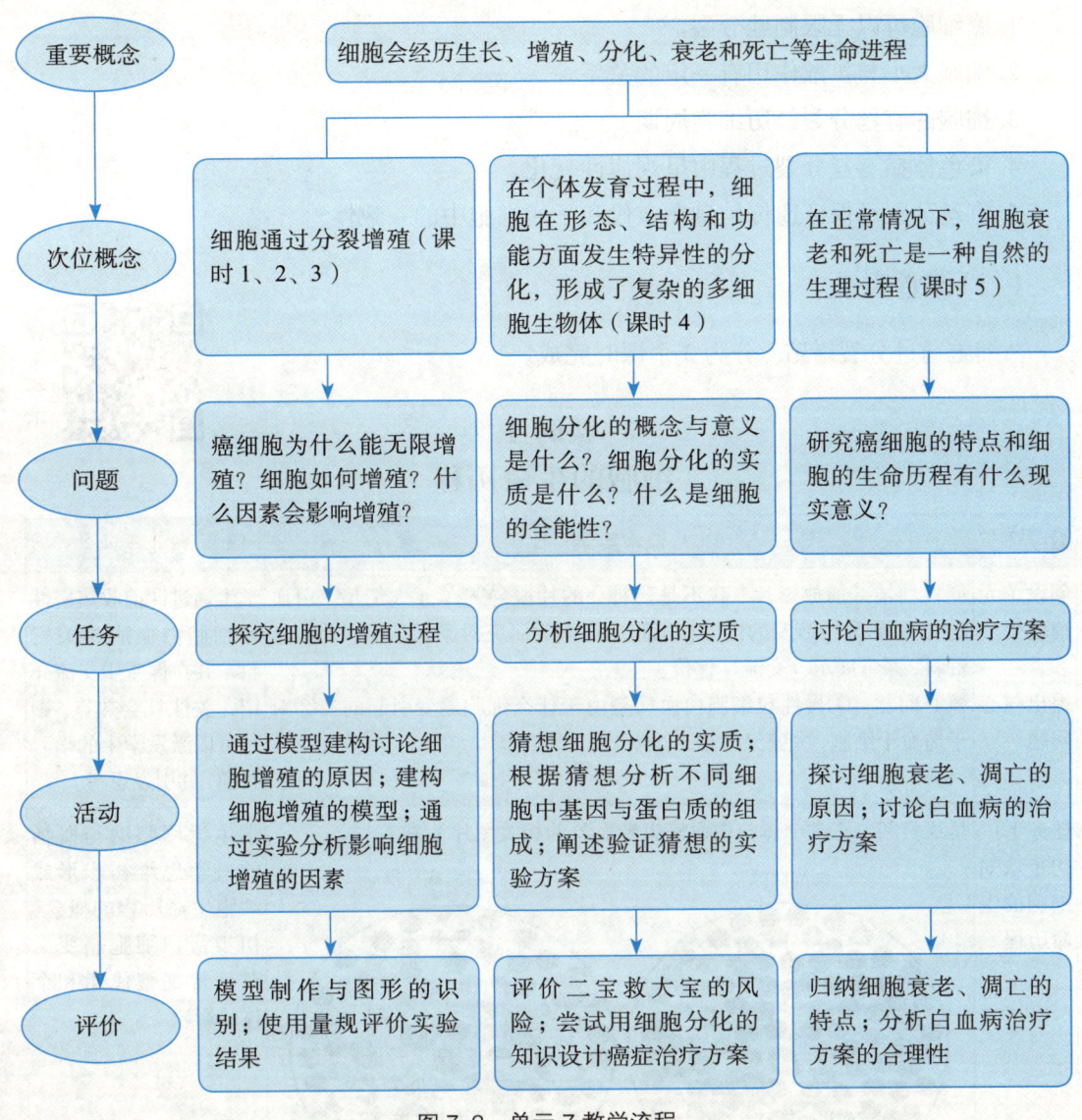

图 7-2　单元 7 教学流程

五、课时教学实例

课时 1、2、3　细胞通过分裂增殖

（一）课时概念解析

课时 1、2、3 的概念为"细胞通过不同的方式进行分裂，其中有丝分裂保证了遗传信息在亲代和子代细胞中的一致性"，该概念的建构需要以下基本概念或证据的支持。

1. 癌细胞可以无限制地分裂。
2. 细胞大小与扩散作用有一定的关系。
3. 细胞的有丝分裂经历细胞周期。
4. 染色体在有丝分裂过程中呈规律性变化。
5. 有丝分裂可保证遗传信息在亲代和子代细胞中的一致性。

(二)课堂实录

"细胞通过分裂增殖"分为3个课时完成。

课堂实录

✳ 课时 1 ✳
细胞的生命历程

教学环节	课堂实录	专业点评
创设单元情境 提出核心问题	**创设情境** 播放影片《我不是药神》的片段导入单元大情境"白血病"。以影片中涉及的慢性粒细胞白血病为研究对象,学生课前收集资料,课堂展示、交流、评价。 **核心问题** ①慢性粒细胞白血病是由于什么细胞癌变引起的?②对于造血干细胞,大家又知道多少?	学生通过课前收集慢性粒细胞白血病相关资料,并在课堂中交流介绍,关注社会热点。影片可以激发学生的学习兴趣,并引发思考。
任务1:初步认知细胞的生命历程	**呈现资料** 正常个体与白血病患者血象的相关图片(图7-3)。 正常血液　　　　　白血病 白细胞 红细胞　中性粒细胞　淋巴细胞　单核细胞　血小板 图 7-3 正常个体与白血病患者血象 **学生活动** 通过观察比较,学生概括图中涉及的细胞生命历程。并解决下列几个问题:①造血干细胞有哪些变化?②正常血液中的细胞能否伴随人的一生?③癌变后的造血干细胞的生命历程有什么不同?④异常分化形成不正常的白细胞对正常细胞的生命活动有什么影响?	学生运用归纳与概括的科学思维初步形成细胞生命历程的概念,初步认识细胞癌变后对正常细胞代谢和个体的影响。

续表

教学环节	课堂实录	专业点评
任务2：探究癌细胞的形成原因、特点，提出预防措施	呈现资料　慢性粒细胞白血病（CML），又称慢性髓系白血病，简称慢粒，是发生在多能造血干细胞的恶性骨髓增生性肿瘤。它的特点是体内产生大量不成熟的白细胞，这些白细胞在骨髓内聚集，抑制骨髓的正常造血，并且能够通过血液在全身扩散。慢性粒细胞白血病大约占成人白血病的20%；一般人群中，大约每10万有1至2人患有该病。慢性粒细胞白血病可以发生于任何年龄的人群，但以50岁以上的人群最常见，平均发病年龄为65岁，男性比女性更常见。临床上分为慢性期、加速期和急变期，多发生于中老年人群，儿童患病罕见。患者的9号和22号染色体长臂平衡易位导致Ph染色体形成，形成 BCR-ABL 融合基因，编码P210、P230和P190融合蛋白，干扰细胞的正常生理功能，导致细胞过度增殖，细胞凋亡受抑制。慢性粒细胞白血病的病因比较复杂，目前较为公认的诱因是电离辐射、频繁接触染发剂等化学制品。治疗方式主要是急性的干细胞移植和药物治疗两类，通过骨髓移植慢性期的患者治愈率在80%左右，药物治疗如干扰素能激活免疫细胞，抑制肿瘤细胞增殖，提高抗癌能力。 教师提问　①结合生活中的例子说一说癌细胞形成的原因。②癌细胞具有哪些特点？③癌细胞的出现一定会引发癌症吗？ 学生活动　基于对资料的推理分析，联系生活实际列举诱发癌症的外界环境因素，建立概念：细胞癌变的原因是各种致癌因子（物理因子、化学因子、生物因子）提高了原癌基因和抑癌基因的突变率，从而导致原癌基因的激活和抑癌基因功能的丧失。 呈现资料　从癌细胞到癌症的演变历程的视频。 学生活动　概括癌症发生的原因，并从致癌因子、健康生活方式、提高免疫力等角度提出癌症的预防措施。对比分析正常细胞与癌细胞在形态结构与生命历程上的差异；运用结构与功能观分析癌细胞的结构变化，引出细胞体积大小与扩散作用关系的探究活动。	教师通过资料的呈现，引导学生归纳癌细胞的形成原因、特点，并结合日常生活实例，分析癌症的发生原因，提出癌症的预防措施，从而形成健康的生活方式，可以培养学生关注社会热点，解决"真"问题的观念。 学生通过活动中所学的知识，运用结构与功能观分析结构变化对癌细胞的意义。
任务3：探究细胞不会无限生长，进而分裂	学生活动　分析活动：模拟探究细胞的大小与扩散作用关系，结合实验步骤分析实验的基本要素：自变量、因变量、观测指标等。 教师提问　细胞的体积一般以微米计，无法直接进行肉眼观察，所以不能直接作为实验材料。这时我们该怎么做？如何直观呈现物质的扩散情况？ 学生活动　思考、讨论，提出利用模型代替原型来研究。为了便于观测，将含有NaOH和酚酞的红色琼脂块浸泡在HCl溶液中，观测琼脂块的颜色变化。 呈现资料　学生课前模拟探究细胞大小与扩散作用的关系的实验视频和所测的数据。 学生活动　处理数据，分析得出实验结论：细胞体积小，表面积与体积比值大，则变色区域的体积与总体积的比值大，最终有利于提高物质运输效率。	教师引导学生运用科学探究的基本方法分析实验的自变量、因变量。因无法直接观察实验材料，所以借助模型与建模的方法来探讨、阐释生命现象和规律，运用科学探究的基本方法分析实验结果，得出实验结论。

续表

教学环节	课堂实录	专业点评
任务3：探究细胞不会无限生长，进而分裂	**教师总结** 细胞癌变后体积变小的原因：提高营养物质和代谢废物的运输效率，为癌细胞代谢活动的增强提供保障。正常细胞体积如此之小的原因亦是如此。 当一些细胞的体积达到一定大小时，就会开始一系列的变化，从1个细胞分裂成2个细胞。 **呈现资料** 染色体被荧光标记后的动物细胞分裂过程的视频。 **教师提问** 一次分裂结束的细胞，接下去会进行哪些生命活动？ **教师总结** 我们把连续分裂的细胞从上一次分裂结束到下一次分裂结束所经历的整个过程，称为细胞周期。 **呈现资料** 细胞周期的动态变化过程视频。 **学生活动** 叙述细胞周期的划分。	本环节呼应了本节课开头建构的单元框架：细胞的生命历程。学生利用视频初步感知细胞分裂过程，建构了细胞周期的概念。
课堂总结，设置疑问	**教师总结** 细胞是生物体基本结构和功能单位，会经历生长、增殖、分化、衰老、凋亡的过程。在某些致癌因素的作用下，有些正常细胞会转化成癌细胞。 **教师提问** 细胞增殖中的各时期具体需要发生哪些物质、结构的变化来完成细胞分裂，且听下回分解。	通过总结细胞的生命历程，并提出疑问，为下一课时的学习作铺垫，激发了学生的探知欲望。

（三）教学反思

本节课的亮点主要体现在3个方面：一是创设真实情境，解决真实问题。以《我不是药神》导入，影片中涉及的慢性粒细胞白血病是本单元的研究对象，运用这一真实情境，设置真实问题：结合生活实例说一说癌症发生的原因？如何防治癌症？这不仅激发了学生的学习兴趣，还能引发学生对癌细胞结构变化与功能相关性的思考，为结构与功能观的达成作铺垫。二是运用模型，建构概念。学生通过对比分析正常造血干细胞和癌变的造血干细胞的生命活动，建构正常细胞的生命历程，初步认知单元整体框架。三是有效实施小组合作学习。无论是课前任务还是课堂任务，都以小组为单位共同完成并做交流、评价。这既能训练学生信息提取、图文转化的能力，又能提升学生自主学习和合作、交流的能力。在活动"模拟探究细胞的大小与扩散作用的关系"中，对因细胞体积太小不便观察，需要借助模型探究的讨论，提升了学生的建模能力。通过探讨如何实现物质运输的直观化，学生明确了模型与原型的关系，领悟模型建构在学习过程中的重要作用，同时为有丝分裂概念的建构奠定了基础。

本节课存在的不足之处：一是课前、课中任务设置合理性不足。学生课前收集的资料较多，资料分析对思维要求较高，所以课堂上学生花费了大量的时间建构癌细胞的生命历程。建议将癌细胞概念的建构改成课前任务完成，课堂展示交流后生成，或者是教师对学生收集的资料进行整合,降低难度,这样就可以留出更多的时间开展探究活动。二是活动"探究细胞的大小与扩散作用的关系"动态生成不足。本节课预设通过该探究活动,学生初步掌握模型与原型的关系,发展模型与建模的科学思维。但实际教学中给予学生思考分析的时间不够,略显仓促。如果能给予充分的探究、思考时间,就能大大提升学生的课堂参与感,有利于学生形成模型与建模的科学思维。三是课堂评价形式单一。小组活动需要多种评价形式促进学生学习,课堂中师生互动居多,缺乏生生互动。如果能增加生生互评或是采用评价量表评价,则可以引导学生进行科学的评价。

(四)总体评析

1. 真实情境,激发学习动机。

脑神经科学实验表明,只有在确认某件事情值得学习后,大脑的某一区域才能被激活。这告诉我们必须挖掘知识的"实用价值",才能让学生的学习真正发生。因此,选择合适的单元情境是让学习真正发生的前提。这节课是本单元的开篇课,《我不是药神》片段的导入、课前资料的收集与介绍都引发了学生的共鸣,激发了学生的学习兴趣,为单元任务的引入埋下了伏笔。教师通过比较不同细胞的图片,引导学生分析细胞的生命历程,并与细胞癌变相关联,也为建构本单元的重要概念奠定了基础。

2. 模拟活动,彰显建模思想。

模拟实验是指在难以直接对研究对象进行实验时,根据相似性原理,模仿实验对象制作模型,或者模仿实验的某些条件进行实验,然后将模型实验的结果类推到原型上,从而揭示研究对象的本质和规律。模拟实验教学通过师生、生生交流,满足了学生在学习过程中主动、亲身体验的需要,是培育学生科学思维的良好载体。本节内容教科书中有一个简单的活动——模拟探究细胞的大小与扩散作用的关系,因该活动操作简单且比较费时,教师在常规教学中常忽略此活动,或通过讲述、简单计算的形式来完成。值得注意的是,在本节课教学中,教师很好地设计了这个活动。在视频演示此活动后,抛出了以下几个问题:这个活动要模拟什么?这里的原型是什么?模型是什么?通过师生一起讨论分析,学生清楚了该模拟活动的目的,并明晰模型是对现实世界的一种简化再现,是一种表达科学知识、概念的工具,而建模过程中一定要分析清楚原型的本质,寻找适合的模型进行匹配,这样的研究才是有意义且是科学的。但教师在问题的梯度和提问的时机上还略有欠缺,没有很好地激发学生的思考,略有遗憾。

3. 分析"真"问题,落实社会责任。

关注热点问题,落实社会责任是课程标准的要求,也是教师"落在"教学目标上的要求。本节课通过资料的呈现,引导学生归纳癌细胞的形成原因、特点,并结合日常生活实例,分析癌症发生的原因,提出癌症的预防措施。并且让学生关注社会热点问题,通过对"真"问题的分析与讨论,逐渐形成健康的生活方式,同时,为后面课时活动的开展作好了铺垫。

4.改进建议。

在学生活动的过程中,教师对学生生成性问题的关注和把握略显不足,尤其在模拟活动的进行过程中,问题链的设置略有缺陷,学生活动不够充分。在学习评价上,多维度、多元化的评价略显不足,教师注重对学生学习的评价与肯定,而对小组同伴互助式评价和组间生生评价的运用较少,对学生如何开展评价活动(即从哪些方面进行评价)的指导也较少,而这些恰恰是学生发展批判性思维的关键环节之一。

(本课时由杭州师范大学附属中学欧益枝老师设计和执教)

课堂实录

* 课时 2 *
探究细胞通过分裂增殖

教学环节	课堂实录	专业点评
创设情境,提出核心问题	**创设情境** 白血病患者体内的癌细胞如何增殖? **核心问题** 动物体内分裂的细胞与不分裂的细胞相比,哪些结构的形态或数目会发生变化? **学生回答** 学生1:染色体的数量会加倍,然后分成两半;分裂之前是染色质,分裂的时候是染色体。 学生2:核膜消失,纺锤体出现,动物细胞还有中心体的变化。 学生3:线粒体会增加。 学生4:核糖体会增加,因为细胞分裂所需要的蛋白质可能不够,需要合成更多的蛋白质。	以"癌细胞如何增殖"这一情境引入新课,引导学生从结构与功能相适应的角度分析细胞结构所发生的变化,从而发展了学生的结构与功能观、进化与适应观等生命观念。
任务1:讨论染色质与染色体在分裂过程中的变化	**学生活动** 说出染色质、染色体与核DNA之间的关系,并介绍它们的物质组成。 **学生回答** 染色质和染色体是两种不同的形态,有时候是染色质,有时候是染色体。它是由蛋白质、DNA和少量RNA组成的。 **教师引导** 教师用扭扭棒(毛根)表示染色质,模拟染色质高度螺旋化形成染色体的过程,并在黑板上画出含1个DNA分子的染色质和染色体。 **教师提问** 染色质(或染色体)除了这2种形态,还有其他什么形态? **学生回答** 还有具有染色单体的形态。 **教师引导** 教师用扭扭棒模拟含2个染色单体的染色质和染色体,并在黑板上画出。 **学生活动** 分析4种形态的染色质(染色体)上的染色体数、核DNA数和染色单体数。	这一活动可以让学生理解为什么在有丝分裂过程中要发生染色质与染色体的相互转化,染色质复制的实质是什么,染色体平均分配的实质又是什么,从而发展了学生的论证能力。

136

续表

教学环节	课堂实录	专业点评
任务2：建构有丝分裂过程中典型的细胞模型	**教师提问** 癌细胞分裂前后染色质（体）的形态、数目会发生变化吗？能否从表7-1中得到证据？ 表7-1 常见动物的染色体数目 | 生物	体细胞（2n）	生物	体细胞（2n）
---	---	---	---
人	46（23对）	猕猴	42（21对）
狗	78（39对）	马	64（32对）
果蝇	8（4对）	兔	44（22对） | **学生回答** 应该不变。并且细胞中的染色体是成对的。 **呈现资料** 含2对染色体的细胞模式图。 **学生活动** 思考、猜测这个细胞分裂产生的2个子细胞中的染色体组成，并提出相应的证据。 **学生回答** 子细胞中的染色体数和亲代细胞的一样。因为染色体承担了重要的使命，要将遗传信息传递下去。 **教师提问** 如何分裂？分裂过程中染色体如何变化才能保证每个子细胞中的染色体数目和亲代细胞一样？ **学生回答** 染色体必须先复制，然后平均分配。 **教师提问** 染色体如何复制？如何平均分配？哪种状态更有利于染色体的复制？ **学生活动** 利用扭扭棒建构在分裂过程中可能会出现的3个染色体行为变化最具特点的静态模型。 **教师提醒** 小组成员分工，先讨论再进行模型搭建。 **学生1提问** 染色体平均分配的时候是染色质状态还是染色体状态？ **教师引导** 哪种状态更有利于染色体的平均分配？ **学生2提问** 我们现在要怎么做？ **教师引导** 有丝分裂是一个连续的过程，把过程中你认为最具特色的细胞模型展示出来。 **学生3提问** 1个染色体的2个染色单体应该用同1种颜色还是2种不同的颜色？ **教师引导** 2种颜色是什么含义？颜色不同代表来源不同，因此，1个染色体上的2个染色单体颜色应该相同，因为这2个染色单体是复制来的。 **活动分析与评价** 第一组同学上台介绍，主要展示了染色体的复制过程。 教师结合第一组同学的介绍，以箭头的形式板书染色体的复制过程。 第二组同学上台介绍，重点展示染色体排列在中央赤道面上的状态，并演示染色体一分为二的过程。 **学生评价** 学生1：体现出了分裂时期的动态过程。	教师围绕"分裂如何才能保证亲代和子代细胞染色质（体）数目的恒定？"这一核心问题，通过递进式的提问，抽丝剥茧，层层深入，让学生在思考中得出要保证亲代和子代细胞染色质（体）数目的恒定，需先进行染色质的复制，再进行染色体的平均分配。 学生通过模型的建构与修正，进一步发展了模型与建模等科学思维。

续表

教学环节	课堂实录	专业点评
任务2：建构有丝分裂过程中典型的细胞模型	学生2：模拟了3个非常重要的时期。第一个是分裂前的染色质状态；第二个是分裂中期，分裂中期其实是细胞要将染色体平均分配的时期；最后是分裂结束每个细胞内的染色体又跟最初的是一样的。 教师引导　教师征求其他同学意见，与其他同学一起为展示和评价的同学鼓掌，再将板书补充完整。并引导：为什么有丝分裂要经历染色体排列在中央这样一个阶段呢？为什么这个阶段很重要呢？ 学生回答　为了实现染色体的平均分配。 教师总结　教师演示动态的分裂过程，并对分裂过程进行总结。	
交流评价	评价任务　偶然发现白血病患者中的个别白细胞的染色体数目比正常白细胞的多1条，请从有丝分裂过程分析可能的原因。 学生回答 学生1：可能是复制的时候出现了差错。 学生2：可能是染色体由纺锤丝牵引移向两极的时候出现了差错，两条相同的染色体移向了同一极。 教师总结　因此，我们在日常生活中要健康饮食、积极运动，从而保证细胞分裂的正常进行，使细胞染色体数目保持恒定。	此问题的探讨让学生将所学知识应用于真实问题的解决，并关注有丝分裂过程中染色体结构或数目若发生变异，一般对生物体是有害的，从而关注健康、关注生命，提升了社会责任素养。

（三）教学反思

本节课的亮点主要体现在3个方面：一是教学设计有利于学生理解。有丝分裂是学生学习生物学过程中的一个难点。在教学设计的过程中，我常思考一个问题：如何让学生真正理解有丝分裂过程中染色体的规律性变化？因此，本节课的教学设计中特别关注如何帮助学生理解本节难点，如：染色质与染色体为什么要相互转化？如何实现染色体的平均分配？没有理解"理解具有可迁移性"就不能获得任何知识的迁移，更不能对新体验产生更好的理解。二是将课堂的主动权交给学生。课堂是学生学习的主阵地，学生是课堂的主人。在建构有丝分裂过程中典型的细胞模型等教学活动中，本节课充分发挥了学生的主体性，通过自主学习，激发了学生的学习兴趣，发挥了学生的主观能动性，让学生在自主学习建构的过程中创设轻松愉快的学习氛围。教师成为学生学习的组织者和引导者，并积极参与到学生的学习过程中，在观察、倾听、交往中成为学生学习的合作者，与学生一起学习，与学生共同成长。三是注重发展学生的生物学核心素养。本节课的重心是建构有丝分裂过程中典型的细胞模型，这个活动有利于发展学生的模型与建模思想；同时，在提出观点时，特别关注学生是否提出相应的证据，并且进行合理地推理，这些都有利于提高学生的科学论证能力。本节课也特别注重结构与功能观、进化与适应观等生命观念的养成；关注白血病的机理与防治也有利于发展学生的社会责任。

本节课存在的不足之处：一是学生展示环节和生生评价环节还不够充分，模型的修正还不够到位，课堂小结时，我讲的过多，学生讲的较少。二是未关注到全体学生。由于组数较多，建构模型活动时，有些小组的问题没有及时发现，未充分暴露学生的问题。总之，教学的主要任务是"为了学生的学"，教学是不断反思、不断完善的过程。

（四）总体评析

本节课始终围绕"癌细胞如何进行增殖？"这一情境，指向"描述细胞通过不同的方式进行分裂，其中有丝分裂保证了遗传信息在亲代和子代细胞中的一致性"这一次位概念，重点解决了"染色体如何复制和平均分配，才能保证亲代和子代细胞染色体数目的恒定？"这一核心问题，教师引领学生一起探究有丝分裂的过程，一起解决癌细胞分裂过程中出现的异常情况，充分发展了学生的生物学核心素养。

1. 基于真实情境的学习，培养学生解决关键问题的能力。

建构主义学习理论认为，知识是学习者在一定的情境中，主动建构而获得的。其中，"情境"是建构的基础，良好教学情境的创设，能有效地引起学生有意的注意、引发认知心理平衡，激发学习动机，启迪思维，培养学习能力。本节课围绕"癌细胞如何增殖？"这一情境展开，从癌细胞如何增殖？→分裂的细胞与不分裂的细胞相比，哪些结构的形态和数目会发生变化？→分裂过程中染色质与染色体会如何变化？→如何保证子代细胞与亲代细胞染色体数目的恒定？→染色体如何复制和平均分配？→有些癌细胞分裂过程中为什么会出现异常？层层递进，挖掘了有丝分裂过程中染色体的变化实质，从而培养了学生解决关键问题的能力。

2. 基于建模活动的学习，发展学生的科学思维与科学探究。

模型是人们为了某种特定目的而对认识对象所做的一种简化性的描述。模型的建构是一个思维与行为相统一的过程。学生要想建立模型，必然要经过一个观察、思考、推理、总结的过程，即先在自己头脑中形成一个抽象的概念，再通过动手将抽象的概念具体化、形象化，以具体的模型展示出来。本节课的核心内容是建构有丝分裂的模型，在研究细胞结构的变化、分析染色质与染色体的关系、猜测分裂前后染色体的数量不变的基础上，学生分小组讨论，建构有丝分裂的模型。建构过程中教师及时发现、解决学生的问题，建构后分小组上台展示、介绍本组的模型，其他小组评价、教师评价等。通过模型建构活动，提高了教学的有效性，发展了学生的科学思维，提升了学生的科学探究能力。

3. 基于理解的学习，有利于学生知识的迁移。

什么是理解？理解是指可转移的大概念，这些概念有超越具体主题的持久价值；理解涉及抽象的、反直觉的，以及容易理解错误的概念。获得理解的最佳方式是"发现"学科内容和"活用"学科技能。在本节课的教学中，教师将大量抽象的概念转变成可推理、易于理解的概念，如：染色质与染色体为什么要相互转化？如何实现染色体的平均分配？这样的教学方式，有利于学生的知识迁移，从而使学生真正地进行深度学习。

4.改进建议。

虽然"建构有丝分裂模型"的活动时间比较充足，但是学生展示、生生评价、师生评价等还不够充分，教师可将模型改进、课堂小结、课堂评价等环节的主动权交给学生。要发展学生的生物学核心素养，必须真正落实"学生为主体，教师为主导"的生本课堂。

（本课时由德清县高级中学周忠芬老师设计和执教）

课堂实录

✳ 课时3 ✳
制作和观察根尖细胞有丝分裂临时装片
或观察其永久装片——实验结果分析及其处理

教学环节	课堂实录	专业点评
创设情境	创设情境 今天我们将对"制作和观察洋葱根尖有丝分裂临时装片以及观察根尖永久装片"活动的实验结果进行分析和处理。	明确学习任务，有助于后续活动的完成。
任务1：利用量规评价实验行为	教师引导 我挑选了同学做的4张临时装片的显微图。大家看看，这些图片是否存在问题？有什么问题？我们该如何评价？活动中我们用量规来规范实验操作，那我们是否也可以借助量规，评价这些实验结果？下面就让我们以小组为单位，完成活动。教师观察学生活动的进度，并回答学生提出的疑问。 学生活动 利用量规评价临时装片，以6人一小组为单位，开展活动。 教师引导 请小组代表汇报分析结果。 学生回答 学生1：图1染色过深；图2染色时间不足；图3压片异常；图4取材位置异常。 学生2：图1取材位置异常。 教师点评 2位同学分析得都有道理，染色异常和重叠均可以造成图1的异常。同理类推，2位同学利用了量规对异常图片进行了分析。因此，利用量规规范操作是获得有效实验结果的常用方法。当我们获得有效实验结果后，下一步应该怎么操作？ 学生回答 对实验结果进行分析和处理。	任务1让学生学会用量规去分析实验结果，了解根据量规规范操作是获得有效实验结果的常用方法。 学生讲述、生生点评的方式有助于挖掘学生回答中的亮点和不足，能让其他学生更积极地参与课堂的学习，这有助于相关知识的落实和提升。
任务2：实验结果的分析和处理	教师引导 我们将对相关结果进行进一步的分析和处理。下面是同学通过量规规范操作而制作的2张永久装片的显微图。请同学们从中找出分裂期细胞，前期、中期、后期和末期各一个，并说出判断依据。教师观察学生活动的进度，并回答学生提出的疑问。 学生活动 辨析永久装片显微照片的有丝分裂期，并说出理由，以6人一小组为单位，开展活动。 教师引导 请小组代表汇报分析结果。 学生回答 找出了图片中4个分裂时期。	让学生学会用所学的生物学知识和简单的生物统计学方法对实验结果进行处理，从而获得有效的实验结果，提升了学生的科学思维和科学探究能力。

续表

教学环节	课堂实录	专业点评
任务2：实验结果的分析和处理	教师点评　这位同学利用不同时期染色体特点与植物细胞分裂末期细胞板的存在对相关时期进行了正确的分析。从中不难发现他是利用生物学原理对实验结果进行分析，将会使数据更有效。在光学显微镜下，染色体行为是分析各分裂期图像的关键。下面，我们利用大家刚刚一致达成的方法，继续完成活动，并将数据汇总给大组长。以12人为一大组，开展活动。大组长将数据汇总在黑板的表格中。 学生活动　学生在黑板上填写数据。 教师引导　4组数据之间是否存在差异？存在何种差异？如何通过数据进行分析？教师基于学生的分析，在表格中补充了新的检测指标：分裂期细胞数与总细胞数的比值。 学生回答　利用这个数据进行分析，并回答了不单独看其中一组数据的原因。因为每组数据的总数是不一样的，只有通过比值，才能排除上述干扰，得出各组之间的差异。 教师引导　请各大组长计算本组的这一比值。 学生活动　在黑板上补充数据。 教师引导　4组数据的确存在差异，那么它们存在差异的根本原因是什么？不知道同学在操作的时候是否注意到，我给大家提供的实验材料其实是有差异的。不同组洋葱的培养溶液不同，分别是用水、50 mmol/L、125 mmol/L 和 250 mmol/L NaCl 进行处理。那么这个实验的自变量、因变量、检测指标和实验目的分别是什么？ 学生回答　自变量是不同浓度的 NaCl，因变量是细胞有丝分裂的情况。检测指标是分裂期细胞数占总细胞数的比值。实验目的是不同浓度氯化钠溶液对洋葱根尖细胞有丝分裂的影响。 教师引导　依据学生的回答，在黑板的实验记录表中补充 NaCl 浓度这个指标，以及将实验结果记录表的表头修改为：不同浓度 NaCl 溶液对洋葱根尖细胞有丝分裂的影响的实验结果记录表。教师进一步引导学生思考是否有其他方法让实验数据的呈现更直观。 学生活动　学生总结曲线图可以让数据呈现更直观。学生在黑板上完成相关曲线图的绘制。 学生活动　大家评价和补充同学的曲线图像。 学生回答 学生1　横坐标的单位未添加。 学生2　可以把数据的间隔调大一点，使结果更直观。 教师点评　刚刚2位同学的补充都很好，点出了这个曲线图的瑕疵。同学们有没有发现，这个曲线图没有标题。我们把它补充起来，更直观地反映该曲线图的内涵。那么本实验的结论是什么？利用生物统计学方法分析实验数据，将会揭示出数据背后的生命内涵。 学生回答　不同浓度 NaCl 均能抑制细胞的有丝分裂，且浓度升高，其抑制作用在减弱。	

续表

教学环节	课堂实录	专业点评
任务3：实验方案的设计	**教师引导** 有丝分裂是否异常是评价癌症治疗效果和预防效果的关键指标。根据实验结果分析，我们发现不同浓度的NaCl对洋葱根尖有丝分裂有一定的影响。那么，我们能否利用这个实验的设计思路来治疗白血病？ **学生活动** 完成实验方案的设计并汇报实验分析结果。 **师生互评** 学生1 在对照组中加入生理盐水，保持无关变量一致。 学生2 加入正常细胞作为实验组，将能更好地评估该药物的治疗效果。 **教师总结** 刚刚几位同学依据自己所学的知识对这个问题进行了解决，并提出了自己的补充意见。我认为都是合理的。学生利用知识解决实际问题，是一种能力，也是一种责任。	白血病治疗方案的设计提升了学生利用知识解决实际问题的能力。 学生讲述、生生点评的方式有助于挖掘学生回答中的亮点和不足，能让其他学生更积极地参与课堂的学习中，这有助于相关知识的落实和提升。
知识提升，课后探究	**教师总结** 我们在思考如何治疗白血病时，更应思考如何对它进行预防。预防是公共卫生的基石，是健康的新理念。那么预防白血病的发生，你有什么新的设想？	通过总结，引导学生利用所学知识在课后继续探究实际问题，这有助于他们相关核心素养的进一步提升。

（三）教学反思

本节课的亮点主要体现在4个方面：一是基于单元整体情境，适当补充学生学习任务。本节课的学习目标是学生制作和观察洋葱根尖有丝分裂的临时装片以及观察其永久装片，并进行分裂期细胞的识图。但仅仅完成这个学习目标并不能很好地完成本单元情境"对白血病治疗的探究"。因此，如何利用实验课，引导学生通过实验探究去解决现实问题，是本节课基于单元情境设计的新的学习任务。这个任务并没有加重学生的负担，而是更好地将本节课的知识与本单元其他课时进行了融合。因此设计了活动来落实新的学习任务。学生对实验结果的分析和处理，将有助于其对本单元情境所提问题的解决，同时也有利于其科学思维的提升。二是通过问题链的设计，培养学生深度思维。本节课以学生活动为主，重视学生的回答和生生点评。通过生生点评，学生会提出新的问题。针对这些新问题，我再加以引导，将有助于学生深度思维的培养。例如，学生在回答有丝分裂检测指标时，认为应该是结合分裂期细胞数和细胞总数2个数据进行分析，我随即提出疑问：为什么要2个一起分析？如何进行结合？我的追问有助于学生提升数据分析能力。而这些深度思维的培养，将有助于提升学生的科学思维素养。三是建构模型，提升科学思维和科学探究能力。学生在实验过程中运用量规来规范行为，基于量规提升学生分析实验的能力。在实验结果分析和处理中，运用表格和曲线图来呈现实验结果，并依据相应实验结果得出实验结论。相关模型的运用和建构,提升了学生的科学思维和科学探究能力。四是重视课堂活动的开展,强调学生的主体地位。本节课以3个学生活动为主线,活动中我重视学生的回答,以及生生点评等环节,强调学生在课堂的主体地位。教师活动以引导为主,基于学生的回答进行点评,不断追问,进而挖掘学生的闪光点,鼓励学生参与到课堂活动中。

本节课存在的不足之处:一是我的引导需更紧凑精练。我没有很好地对学生的回答进行总结和提升。例如,4张临时装片显微图的识图环节中,2位学生的回答并不是很完善,但我没有很好地指出其中的问题,也没有很好地对学生的回答进行总结和提升。师生之间失去了一次深入交流和讨论的机会。我的语言也不够精练,在布置活动时,没有很好地描述活动的指令要求。学生在活动时,我需进行补充相关指令,课堂显得不够紧凑。二是小组合作效度有待加强。小组活动没有很好地执行。部分学生在小组合作中,并没有很好地进行小组之间的交流。个人的思考较多,组内讨论交流少,甚至部分学生无所事事。因此,在后续的活动设计中,我应该思考哪种类型的活动规则才能够真正将小组的交流和讨论落在实处。例如,本节课的总结部分可以让学生描述本组各成员在活动中所做的事情。我若把这点写在活动设计中,也许能激发更多学生参与到小组讨论中,并有可能将小组交流和讨论落到实处。

(四)总体评析

学生通过前2个课时的学习已了解了有丝分裂各个时期的特征,以及癌细胞的特点,为本节课的实验探究提供了理论基础。本节课侧重发展学生的科学思维和科学探究素养,并对如何通过实验探究检验白血病治疗方案提供了知识储备。

1. 拓展课本实验,发展科学探究素养。

科学探究是指能够发现现实世界中的生物学问题,针对特定的生物学现象,进行观察、提问、实验设计、方案实施以及对结果的交流与讨论的能力。科学探究素养是生物学知识、科学探究技能与情感态度价值观的综合,它包括问题与假设、方案设计、方案实施、结果交流4个要素。实验课教学是提升学生科学探究素养的重要途径。课程标准对本节课内容的要求是制作和观察洋葱根尖有丝分裂的临时装片以及观察其永久装片。常态实验课教学教师往往关注实验操作技能和实验过程,侧重对学生实验操作技能的训练,强调实验操作细节,忽略了实验背后隐藏的学科思想和方法。本节课教师引导学生利用量规分析实验结果,让学生自主发现实验操作过程与实验结果的关联,思考实验操作步骤背后的原理,科学解释出现不同实验结果的原因;引导学生对实验结果进行处理,并根据结果分析实验中的变量关系;引导学生模仿已有的实验方案设计新的实验方案⋯⋯这一系列的教学环节都是围绕科学探究素养展开,根据学生已有水平,有梯度地设计学生活动,让学生在活动中逐渐发展了科学探究素养。

2. 巧用实验量规,发展学生批判性思维

从认知过程的维度来看,批判性思维处于运用水平,属于高阶思维。评判是批判性思维的核心,即根据一定的标准对一个产品或过程作出判断。在常规实验课教学后,教师通常会很模糊地处理学生的实验结果,很少让学生对实验结果进行评判。在本节课中,教师设计了实验结果分析环节,并巧妙地使用了实验量规。实验量规不仅是学生实验操作的依据,也成为了实验结果的评价依据。学生根据量规来分析实验结果差异的原因,在进行分析时有据可依,在感悟规范实验操作的重要性的同时能领悟评判的方法,发展了学生的批判性思维。

3. 尝试建构数学模型,发展学生的建模思想。

数学模型是用数学关系、图表等来表示事物之间的关系。如种群增长曲线模型、光合速率与影响因素关系的模型等。数学模型的建构过程一般包括:选择模型表达方式→用实验数据对事物性质进行表达→抽提表达式中的共性特征,建构数学模型→模型的修正与验证。在本节课中,为了让实验结果更外显,帮助学生分析变量之间的关系,教师引导学生对实验结果进行了处理。学生自主完成数学模型表达方式的选择、实验数学对事物性质的表达,并根据数学模型归纳实验结果。对于高一学生而言,这样的尝试很重要,有利于学生领悟建模思想。

4. 改进建议。

不同组别建构的模型可能略有区别,如何更好地引导学生抽提、表达模型中的共性特征,对模型进行修正,并将模型更好地用于真实情境,这一点在课堂教学中没有体现。教师如果能在课堂教学中对此进行引导和点拨,使学生更好地领悟模型与建模这一科学思想,这对学生可能会更加有利。

(本课时由杭州师范大学附属中学倪小伟老师设计和执教)

课时 4　细胞通过分化产生不同类型的细胞

(一)课时概念解析

本课时的概念为"细胞通过分化,在形态、结构和功能等方面发生持久性和差异性的变化,形成一个复杂的多细胞生物体",该概念的建构需要以下基本概念或证据的支持。

1. 细胞分化的实质是遗传物质有选择性地发挥作用。

2. 植物细胞仍保持原有的遗传物质，具有细胞全能性。

3. 动物细胞核仍保持原有的遗传物质，具有全能性。

（二）课堂实录

教学环节	课堂实录	专业点评
创设情境	**创设情境**　白血病，俗称血癌，是一类由骨髓造血干细胞恶性增殖引起的疾病。2018 年，19 岁的嘉嘉（化名）被确诊为急性淋巴细胞白血病。在众多的治疗方案中，医生建议在可能的情况下，父母再生一个宝宝，获取脐带血造血干细胞以备哥哥移植使用。嘉嘉 41 岁的妈妈决定怀孕再生一个宝宝，医生用二宝脐带血中的干细胞挽救了哥哥的生命。"二宝救大宝"成功了！	学生讨论、思考用骨髓移植和脐带血干细胞移植能治疗白血病的原因，从而激发学习兴趣。
任务 1：明确细胞分化的概念和意义	**教师提问**　①骨髓和脐带血干细胞能治疗白血病，你知道为什么吗？②二宝的发育过程中又经历了哪些过程？请同学们先来看一段视频。 **学生活动**　观看人体发育过程及发育过程中干细胞种类变化的视频。观看视频后，观看受精卵发育成完整个体的图片（图 7-4）。 图 7-4　干细胞分化产生不同类型细胞示意图 **教师提问**　①为什么用骨髓造血干细胞和脐带血干细胞能治疗白血病？什么是干细胞？②列举人体红细胞、胰岛 β 细胞、肌细胞的形态、结构，以及这些细胞各有什么功能？这些细胞最初都来自受精卵，正常情况下，这些细胞还能恢复到受精卵状态吗？③这些细胞之间可以相互转变吗？④什么是细胞分化？⑤多细胞生物为什么要进行细胞分化？	通过观看视频和图片，学生可以直观感受成人体内不同细胞的来源，分化过程中细胞的形态、结构和功能等发生变化，各种细胞共同构成一个复杂的多细胞生物。递进式的追问，可以引导学生进行深层次的思考和分析，从结构与功能观、系统与系统观角度认同细胞分化的概念和意义。
任务 2：分析讨论细胞分化的实质	**过渡**　为什么相同的细胞经过分化后形态、结构和功能会产生差异性变化？我们一起进行头脑风暴，猜想一下细胞分化的原因。 **教师总结**　教师介绍蛋白质是生命活动的主要承担者。基因是一段具有遗传效应的 DNA。特定的基因控制特定蛋白质的合成过程称为基因的表达。并展示相应的示例。	学生从基因和蛋白质功能出发，从分子水平上认同结构与功能相适应的观点，再通过小组讨论大胆猜想，以培养合作意识。

续表

教学环节	课堂实录	专业点评
猜想环节	**头脑风暴** **猜想** 细胞分化的原因是？ **呈现资料** ①蛋白质是生命活动的主要承担者。 ②基因是一段具有遗传效应的 DNA。 ③特定的基因控制特定的蛋白质合成（图7-5）。 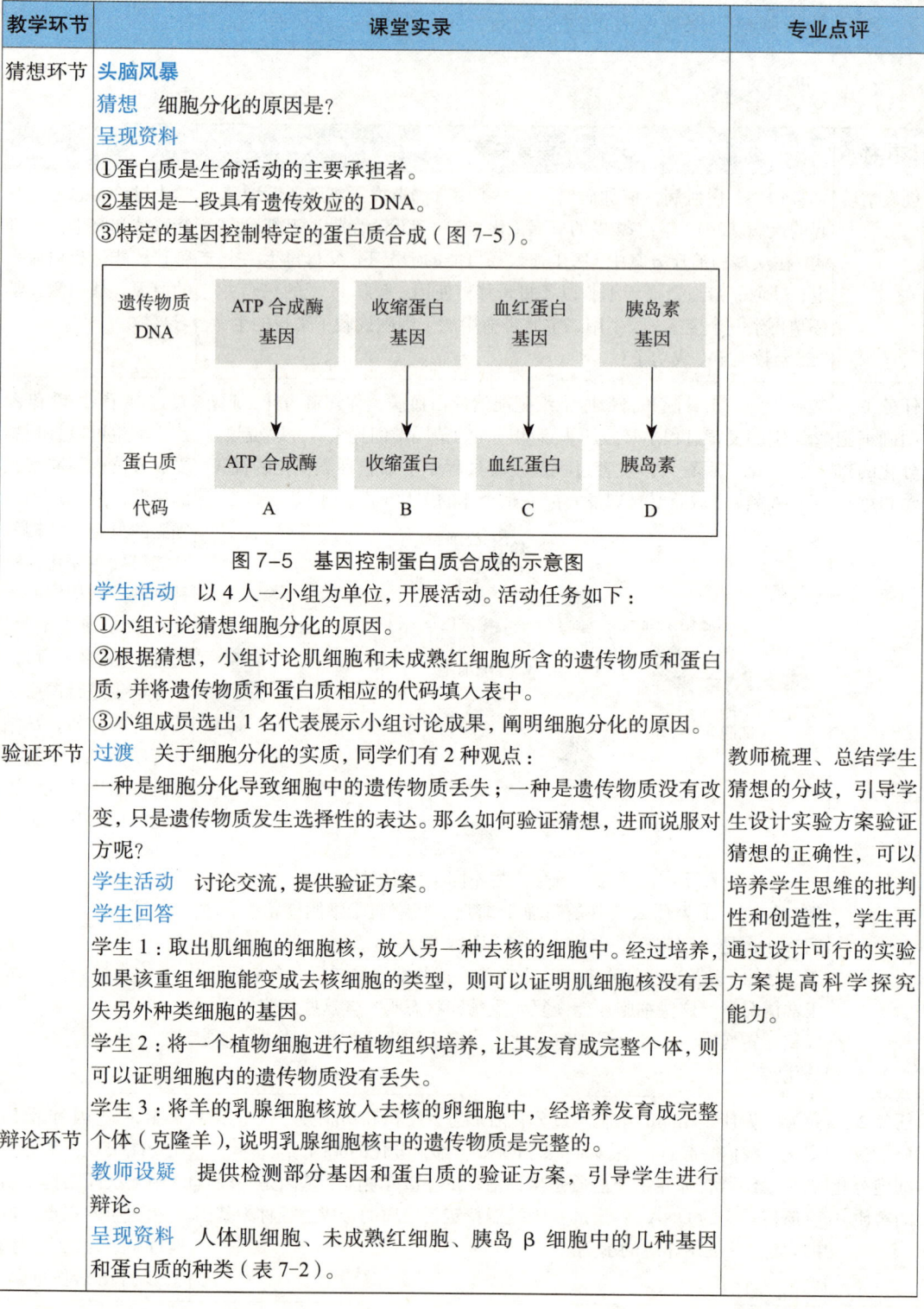 图7-5 基因控制蛋白质合成的示意图 **学生活动** 以4人一小组为单位，开展活动。活动任务如下： ①小组讨论猜想细胞分化的原因。 ②根据猜想，小组讨论肌细胞和未成熟红细胞所含的遗传物质和蛋白质，并将遗传物质和蛋白质相应的代码填入表中。 ③小组成员选出1名代表展示小组讨论成果，阐明细胞分化的原因。	
验证环节	**过渡** 关于细胞分化的实质，同学们有2种观点： 一种是细胞分化导致细胞中的遗传物质丢失；一种是遗传物质没有改变，只是遗传物质发生选择性的表达。那么如何验证猜想，进而说服对方呢？ **学生活动** 讨论交流，提供验证方案。 **学生回答** 学生1：取出肌细胞的细胞核，放入另一种去核的细胞中。经过培养，如果该重组细胞能变成去核细胞的类型，则可以证明肌细胞核没有丢失另外种类细胞的基因。 学生2：将一个植物细胞进行植物组织培养，让其发育成完整个体，则可以证明细胞内的遗传物质没有丢失。 学生3：将羊的乳腺细胞核放入去核的卵细胞中，经培养发育成完整个体（克隆羊），说明乳腺细胞核中的遗传物质是完整的。	教师梳理、总结学生猜想的分歧，引导学生设计实验方案验证猜想的正确性，可以培养学生思维的批判性和创造性，学生再通过设计可行的实验方案提高科学探究能力。
辩论环节	**教师设疑** 提供检测部分基因和蛋白质的验证方案，引导学生进行辩论。 **呈现资料** 人体肌细胞、未成熟红细胞、胰岛β细胞中的几种基因和蛋白质的种类（表7-2）。	

教学环节	课堂实录	专业点评
辩论环节	表 7-2　人体 3 种细胞中的几种基因和蛋白质的种类 	细胞种类	基因				蛋白质			
	ATP合成酶基因	收缩蛋白基因	血红蛋白基因	胰岛素基因	ATP合成酶	收缩蛋白	血红蛋白	胰岛素
---	---	---	---	---	---	---	---	---
肌细胞	+	+	+	+	+	+	−	−
未成熟红细胞	+	+	+	+	+	−	+	−
胰岛β细胞	+	+	+	+	+	−	−	+ | 注："+"表示含有，"−"表示无。 **学生活动**　学生思考，班内辩论，阐明自己的观点。 **学生回答** 学生1：检测部分基因和蛋白质的方案好。因为只要检测几种细胞的部分基因和蛋白质，实验操作方便，而克隆动物成功率低且耗时长、成本高。 学生2：我认为还是克隆动物更科学，因为只测了3种细胞的4种基因和蛋白质，并不能证明其他遗传物质是否丢失；而克隆动物虽然时间长，但能发育成完整个体，则可证明细胞中的全部遗传物质都没有发生变化。 **教师总结**　确认最佳验证方案，同时在验证方案中引出细胞全能性和细胞核全能性的概念。	根据教师提供的实验方案，学生比较2种方案的科学性和严谨性，从而反复训练批判性思维。 任务2采用论证式的教学方法开展教学活动，即从细胞分化形成形态、结构和功能不同的细胞引出对细胞分化实质的猜想，从而形成关于细胞分化实质的观点，进而提供实验证据验证猜想的正确性，可以培养学生科学思维的严谨性和科学探究的完整性。
任务3：运用细胞分化实质，解决现实问题	**情创设景**　新生儿脐带血与父母配型成功概率是50%，与兄弟姐妹配型成功概率是25%，自体保存的脐带血完全不存在排斥反应，无血缘关系供体间配型，配型成功的概率仅在十五万分之一至三十万分之一。 **教师设疑**　"二宝救大宝"的方案是否存在风险？根据所学知识，我们还能找到哪些治疗方案？ **学生活动**　小组讨论，班内交流存在的风险以及可行的治疗方案。 **学生回答** 学生1："二宝救大宝"的方案有风险，会发生排异反应。可在婴儿出生阶段保存自体脐带血中的干细胞，用于之后的疾病治疗。 学生2：选择大宝的自身细胞，将其细胞核植入去核的卵细胞中进行器官克隆。 **教师总结**　教师提供诱导多能干细胞的治疗方案，说明诱导多能干细胞可消除致病细胞的缺陷，无免疫排斥，无细胞数目的限制及伦理限制。再次重温干细胞的概念，提出干细胞的种类。 **教师引导**　这个治疗方案的机理是诱导已分化细胞中关闭的基因重新开放。细胞中的基因可以重新打开，是否也可以关闭？展示最新研究成果的科研论文，引导学生想出关闭原癌基因的方案。	本环节是课堂教学评价的重要环节，学生运用即学知识进行演绎和推理，通过对细胞分化实质的活学活用提出治疗方案，最后用科学实验和科学研究的最新进展论证方案的可行性，培养了学生的学科核心素养。

续表

教学环节	课堂实录	专业点评
任务4：分析细胞分化和细胞全能性的关系	**过渡** 在验证细胞分化实质的环节，动物细胞核具有全能性，植物细胞也具有全能性。那么，细胞全能性的表达与哪些因素有关呢？ **教师引导** 用关灯的多少表示细胞分化的程度。在恢复细胞全能性时，分化程度越高的细胞，需要重新打开的灯也越多。最后引导学生总结细胞分化与细胞全能性的关系。 **学生活动** 总结归纳，形成概念：细胞分化程度越高，细胞全能性越难恢复。	本环节活动的开展以科学史的生物学实验作为情境，可以帮助学生基于事实和证据的科学思维方法获得和理解生物学概念。通过对动、植物全能性实验的比较分析，学生能够用生命观念认识生物的多样性和复杂性，形成科学的自然观和世界观。

（三）教学反思

本节课的亮点主要体现在2个方面：一是利用解决真实情景的问题，培养学生的社会责任感。细胞分化这一知识点应该是一个培养学生社会责任很好的素材，因此，在引入细胞分化的概念时，以二宝的脐带血救治患白血病19岁大宝的新闻素材作为情景导入，可以让学生产生情感的共鸣，产生想解决生活中生物学问题的担当，进而促进对概念的理解和应用。在课堂的最后，即教学评价环节，我引导学生运用即学的知识进行了演绎和推理，创造性应用细胞分化实质提出治疗白血病的其他方案，最后用最新的科学研究进展和科研论文论证方案的可行性，倡导学生利用正确的生物学知识对他人宣传关爱生命的观念和方法，可以引导学生崇尚健康文明的生活方式，激励学生成为健康中国的促进者和实践者。二是启动学生的深度学习，落实科学素养。在"探究细胞分化实质"的教学活动中，我将"讲授式"变为"论证式"的教学模式，让学生真正变成课堂学习的主人，主动性、投入性地进行分组探究，大胆猜想提出小组的主张，结合猜想讨论不同细胞中的基因和蛋白质种类，最后提供论证方案验证猜想的正确性，并解释实验现象为什么能支持小组的主张。在这些活动过程中，学生经历了由表及里，自主性建构生物学知识体系，并逐步凝练出生物学思想，达成了生物课堂的深度学习。另一方面，以"现象—猜想—验证"的教学方法开展教学活动，有利于培养学生科学思维的严谨性和科学探究的完整性，最后通过辩论比较两种方案的科学性和严谨性，也能反复训练学生的批判性思维。

本节课存在的不足之处：一是因为借班上课，我与学生相互不熟悉，学生进入预设的课堂进程相对较慢，考虑到课堂的完整性，我在课前就预设要弱化细胞分化的意义，没有从生命观念的结构和功能观的角度去深入分析细胞分化的意义。二是让学生讨论并提供治疗方案环节，给予学生思考的时间略显仓促。课堂讨论环节更多注重"学生说，教师评"的师生对话的手段，没有很好地让学生互相质疑，互相评价，创设更多生生交流的机会。

（四）总体评析

1. 创设真实情境，让知识生活化。

教师将本节课的学习任务"锚定"在真实的问题情境中，并在其中镶嵌解决问题所需要的知识内容和学习策略，使学生在完成任务的过程中建构知识和发展核心素养。整节课围绕"白血病的治疗"这一学生相对熟悉的真实情境，该情境作为引课和结课的"落脚点"，贯穿始终。教师用"为什么骨髓和造血干细胞移植能治疗白血病？"这一问题及个体发育的视频资料引出细胞分化，得到了"体内细胞经分化后，形成形态、结构和功能不同的细胞"结论。在课堂评价环节，教师提出问题：造血干细胞移植的方案中是否存在风险？是否还能找到其他更好的治疗方案？并引导学生运用细胞分化实质的知识，活学活用提出治疗方案，最后用科学实验和科研论文论证方案的可行性，倡导学生利用正确的生物学知识对他人宣传关爱生命的观念和方法。从学生的表现情况来看，学生通过小组合作，探究完成学习任务，加深了对生物学概念的理解，提升了知识的应用能力，培养了创新精神，进而能用科学的观点、知识、思路和方法，解决现实生活中的某些问题，实现了课程标准所倡导的"教学过程重实践"核心理念。

2. 开展论证式教学，发展学生科学思维。

围绕细胞分化的核心概念设计4组活动，以"人体胚胎发育"为观察视角，让学生依次厘清细胞分化的结果、特点及实质，最终深入理解细胞分化的概念。教学处理各有侧重，并不均匀发力。其中，"细胞分化的实质是基因选择性表达"涉及分子水平，知识抽象，难以理解。如何将抽象问题形象化，激发学生学习兴趣是教学设计的棘手之处。为突破这一难点，教师设计了3个活动，采用"猜想—验证"的认证式教学方式开展教学活动，即从细胞分化形成形态、结构和功能不同的细胞引出细胞分化实质的猜想，形成关于细胞分化实质的观点，进而提供实验证据验证猜想的正确性。在讨论验证方案的环节，教师采用了辩论的方式，让持有不同观点的学生阐述方案的科学性原因，批判和阐述对方实验方案欠缺科学性的原因。这是基于现象，引发猜想，最后用科学史实验再一次论证细胞分化实质的过程。在此过程中，学生发展了批判性思维和基于生物学事实和例证的归纳和概括、演绎和推理等科学思维，并从分子水平上理解细胞分化的实质，对于结构与功能观、物质与能量观等生命观念的形成也有推动作用。

3. "教—学—评"的一致性引领课堂教学。

"教—学—评"的一致性是有效教学的基本原理，这种一致性具体体现在教、学、评必须共同指向学习目标。本节课教师根据学情确立了清晰的学习目标，并创设一系列指向学习目标达成的情境任务。通过学生活动，教师引导学生建构"细胞通过分化，在形态、结构和功能等方面发生持久性和差异性的变化，形成一个复杂的多细胞生物体"的次位概念，并且在教与学的过程中不断渗透对学习目标是否达成的评价。本节课中的"活用知识"环节是评价学习目标是否达成的集中体现，学生根据教师提供的不同移植方案的成功率，评估二宝救大宝的风险，教师再引导小组利用已学知识，讨论交流白血病的其他治疗方案。此过程是在不同的层次上对学生的学习进行评价，其中"比较干细胞与体细胞全能性的差异"是学习理解层次；"利用自身体细胞诱导多能干细胞进行治疗"是实践应用层次；"通过药物诱导癌细胞关闭相关基因进行治疗"是迁移创新层次。从各小组学生在课堂中的表现来看，大多数学生能达到实践应用的层次。但是"通过药物诱导癌细胞关闭相关基因进行治疗"这一方案并未有学生提出，说明学生还未达到迁移创新该知识的水平。

4. 改进建议。

对于"细胞分化实质"的猜想和验证这一环节，"细胞分化是否是细胞中遗传物质的丢失"这一猜想，教师在提供科学史中的实验证据来说明细胞分化的过程中，基因并未丢失，只是基因的表达情况有所不同，最后赋予不同类型的细胞不同的形态、结构和功能，即细胞分化的实质——基因的选择性表达。在这个过程中，教师可结合前面所学有关有丝分裂的特点，让学生明确同一个体的每个体细胞中都有与受精卵相同的一套遗传物质，细胞分化过程遗传物质并没有丢失，同时也可阐明细胞分裂和分化的关系。

另外，关于细胞分化的实质，高一学生很难能认知"基因""表达"，更难理解"选择性表达"。本节课借助对肌细胞、红细胞、胰岛β细胞中的4个基因的活动状态的分析，将"基因选择性表达"的概念形象化，但是从学生的反应来看，有部分学生并未理解。建议在此环节不仅要学生动脑、动嘴，还可以与动手相结合。通过表格的形式呈现不同细胞中相同的基因组成，让学生选择性体现表达的基因和不表达的基因，再结合"预设表格"展示学生的认知程度和个体差异。这样就增强了基因选择性表达这一过程的图形化、形象化、具体化，也可以更加直观地帮助学生理解基因的选择性表达，大大提高了学生的参与度。

本节课充分体现了学生的主体性，但是限于教学时间，在关于"细胞全能性"的教学中，不管是植物细胞还是动物细胞，均采用"先分析实验，后得出结论"的方式。虽有学生参与，课堂也有一定热度，但若能在实验室里组织学生开展组织培养实验，完成由"一个细胞"到"一个植株"的亲身体验，如此这般具体、形象、感性，学生对"全能性"

的理解将不可同日而语。课堂中主体性策略的体现需要学生动脑、动嘴,更需要动手,这也是课程标准所倡导的"教学过程重实践"的核心理念的体现与落实。但是,以何种方式呈现学生参与的形式?如何点燃生命的火焰?这些都是教师需要仔细斟酌的问题。

(本课时由富阳中学傅建利老师设计和执教)

课时5 细胞凋亡是编程性死亡

课堂实录

(一)课时概念解析

本课时的概念为"在正常情况下,细胞衰老和死亡是一种自然的生理过程",该概念的建构需要以下基本概念或证据的支持。

1. 衰老细胞的结构和代谢发生异常。
2. 衰老细胞的死亡是受基因的调控。

(二)课堂实录

教学环节	课堂实录	专业点评
引入社会焦点,导入新课	创设情境 播放《敬老爱老》公益宣传短片。随着年龄增长,每个人都会老去,都希望在机体功能下降时能得到更多的关爱,关爱老年人是一份应尽的责任。衰老是不得不面对的,什么是衰老?衰老有哪些特征?个体衰老和细胞衰老有什么关系?	本环节通过观看《敬老爱老》短片,引导学生关注社会热点,激发其学习兴趣。
任务1:探讨个体衰老和细胞衰老的关系	呈现资料 年老个体的照片。 教师提问 个体衰老有哪些特征? 学生回答 脱发、白发、色斑、行动迟缓。 呈现资料 衰老细胞和正常细胞在细胞核和核仁染色结果上的差异:衰老细胞细胞核体积变大,核仁体积明显增大,并且可以用特定试剂对衰老细胞染色。 师生活动 学生结合资料,阅读教科书,归纳概括细胞衰老的特征。教师引导学生归纳总结资料,说明细胞在哪些层面上表现出衰老(细胞膜、细胞核、细胞质、细胞代谢等),并结合之前所学的细胞结构和细胞代谢内容进一步概括。 教师提问 细胞衰老和个体衰老有什么关系? 学生回答 个体衰老是细胞衰老的总体表现。	学生运用归纳、概括和比较的科学思维,结合资料理解细胞衰老的特征以及与个体衰老的关系。感悟到了无论在个体还是细胞层次,衰老都是普遍存在的。逐渐建构了"在正常情况下,细胞衰老和死亡是一种自然现象"概念,并引发学生关注社会老龄化现象,落实了社会责任素养。

续表

教学环节	课堂实录	专业点评
任务2：分析讨论细胞衰老的机制和延缓衰老的方法	**呈现资料** 细胞衰老的假说之一——端粒学说。端粒是存在于真核细胞线状染色体末端，由短小串联重复序列构成的一小段DNA-蛋白质复合体，作用是保持染色体的完整性和控制细胞分裂。随着细胞分裂次数的增多，端粒磨损越多，染色体变得不稳定，细胞寿命缩短。 **师生活动** 学生基于资料的推理，分组讨论。尝试用端粒学说解释有关生物学现象：①科学研究发现，癌细胞的无限增殖与端粒有关，请尝试用端粒学说解释癌细胞的无限增殖。②2003年多莉羊去世，仅活了六年半，而羊的寿命通常在12年左右，尝试利用端粒学说解释多莉羊寿命短的现象。③是否应该设法提高体细胞端粒酶的活性？教师帮助学生回忆多莉羊克隆的过程。 **学生回答** ①癌细胞的端粒不会磨损，癌细胞会修复端粒。②产生克隆羊多莉的重组细胞的供核体是成体细胞乳腺细胞，乳腺细胞经多次分裂产生，其染色体末端的端粒已不完整，因此，多莉体细胞衰老比正常细胞快，个体衰老也更加明显，寿命较短。③反方：不应该。总资源是有限的，如果细胞不能正常衰老，其他细胞难以获得充足的食物和生存空间。正方：可以延缓衰老，如疾病治疗，对个体衰老进程中的过度衰老细胞进行人工干预，让人们更加健康地老去。 **教师提问** 在日常生活中，引起衰老的因素有哪些？ **学生回答** 食物、精神紧张、药物、睡眠不规律、疾病等。 **教师提问** 除了这些外因，自身内部因素有哪些？ **学生活动** 阅读教科书，归纳总结：引起衰老的因素有DNA损伤、自由基等有害物质积累，修复能力减弱。 **教师提问** 讨论延缓衰老的方法。日常生活中的哪些生活习惯能够延缓衰老？结合细胞衰老的外因来考虑。 **学生回答** 饮食、锻炼、控制烟酒等。 **教师补充** 生物科技在延缓衰老方面的应用。	教师呈现端粒学说，引导学生用该学说在染色体层次上解释癌细胞的"不死性"和多莉羊"早衰"的原因，形成了结构与功能观。就科学技术在延缓衰老中的应用展开讨论，引导学生关注科学技术的两面性，培养和发展了学生参与社会事务的积极性和能力。学生通过分析衰老的外因和内因，感悟到宣传和崇尚健康文明的生活方式的重要意义，落实了社会责任素养。
任务3：归纳细胞凋亡是编程性死亡	**呈现资料** 蝌蚪发育过程中尾和鳃的消失、烫伤造成的细胞死亡、骨折造成细胞死亡、胎儿手发育过程中蹼的消失。 **学生活动** 分组讨论上述例子中的细胞死亡有什么差异？ **教师引导** 尝试从细胞死亡的原因、结果和影响等角度思考，并用恰当的语言描述。 **学生回答** 原因不同，外部原因或自身因素；是否有利于个体对环境的适应；死亡过程是否会疼痛、肿胀、发炎等。 **教师总结** 和非正常的细胞坏死不同，细胞凋亡是多细胞生物个体发育进程中不可缺少的，是基因引起的编程性死亡，就像运行到某一阶段自发触动提前设定好的程序。在细胞凋亡过程中，细胞解体成多个膜包被的凋亡小体，最后被吞噬细胞吞噬，此过程细胞内容物没有释放，不会引发炎症反应。	通过这一活动，学生可以认识到细胞死亡是一种自然的生理过程，并且细胞死亡的方式也有不同。学生通过分析细胞坏死和正常死亡对个体功能的影响，建构了"细胞凋亡是为了机体更好适应环境而主动有序的死亡过程"的概念。

续表

教学环节	课堂实录	专业点评
任务3：归纳细胞凋亡是编程性死亡	呈现资料　神经系统发育过程中神经元的凋亡和玉米根通气组织的形成图。 师生活动　感悟细胞凋亡的意义：清除无用或多余的细胞，或被感染的细胞，从而提高生命系统的有序性和稳定性，使机体更好地适应变化的环境。	
任务4：讨论白血病的治疗措施和预防措施	教师总结　细胞经历生长、增殖、分化、衰老和凋亡等生命历程，在正常变化之外，受多种因素的影响，正常细胞可能会出现异常增殖和分化而成为恶性增殖的癌细胞，如引起白血病的癌细胞。 学生活动　利用本主题的学习成果，针对细胞生命历程的不同阶段，各小组就"关于白血病的治疗措施"这一议题展开讨论，提出可能的治疗措施，并说明其可行性。 学生回答　抑制DNA复制，阻止细胞分裂；药物促进癌细胞凋亡；骨髓移植正常造血干细胞；基因编辑修复异常细胞；增强免疫细胞的清理吞噬能力。 教师引导　教师介绍CAR-T疗法治疗白血病的原理，增强学生对现代生物技术在防癌治癌中的应用的了解，并宣传了"科学抗癌，预防先行"的健康生活态度。	本环节进一步明确本单元的重要概念，基于本单元的学习成果，讨论白血病的治疗和预防措施，培养解决生产、生活问题的担当和能力。

（三）教学反思

本节课的亮点主要体现在2个方面：一是教学设计围绕次位概念和单元情境展开。本节课的次位概念是"在正常情况下，细胞衰老和死亡是一种自然的生理过程"，为此设计3个下位概念：细胞衰老和个体衰老是普遍存在的；细胞坏死和细胞凋亡是细胞不同的死亡方式；细胞凋亡是一种自然的生理过程，对机体稳定是有利的。分析和比较了衰老的特征、原因和延缓衰老的方法，让学生感悟到"衰老和死亡是一种自然现象"，并讨论衰老的影响和意义。同时，结合细胞的生命历程，讨论单元情境"白血病的治疗"措施。二是关注热点，发展核心素养。关注社会老龄化现象，让学生感悟到宣传和崇尚健康文明的生活方式的重要意义，通过讨论延缓衰老和治疗白血病的措施，培养了学生的解决生产生活问题的担当和能力，发展了社会责任素养。通过分析个体衰老和细胞衰老的特征，在染色体层次解释癌细胞的"不死性"和多莉羊"早衰"的原因，形成和发展结构与功能观。

本节课存在的不足之处：一是课堂容量较大，资料支架过多。学生还未充分消化上一概念，又需要概念迁移解决下一个问题，对思维的连贯性和逻辑的严谨性要求较高。例如，由于学生对染色体结构尤其是端粒概念理解不足，就难以在癌细胞、早衰细胞等之间快速建立联系，需要教师多引导才能理解生物技术在延缓衰老方面的价值和可能的风险。二是课堂互动不充分。在提出白血病治疗方案这一环节，学生能够从抑制增殖、促进死亡等多个角度提出思路，课堂时间存在分配问题，没有充分展开讨论，多位感兴趣的同学只好在课后进行了交流。另外，学生对"是否应该设法提高体细胞的端粒酶的活性？"这一科技和社会问题的关注度较高，观点更明确，如果能够给予充分的探究思考时间，会大大提高课堂的参与感。总之，课堂中师生互动居多，生生互动不充分，且缺乏促进学生进一步发展的多维评价。

（四）总体评析

本节课的教学主线一明一暗，相互交融。明线是次位概念的推进，暗线是核心素养的落实，教学内容既聚焦大概念又以核心素养为宗旨，具体有如下几个亮点。

1. 基于真实情境的问题，确定次位概念学习的起点。

在上课伊始，用一则关爱老人公益短片引入个体衰老特征，进而引出本节课的主题"细胞的衰老和凋亡"。为了落实次位概念，依次进阶性地设置3个任务：探索个体衰老与细胞衰老的关系；探索细胞衰老的机制和延缓衰老的方法；探索衰老细胞受基因调控的死亡。在教学的推进过程中，学生通过讨论的形式，逐渐归纳了细胞衰老的特征；通过素材驱动，学生演绎、推理和猜想了癌细胞无限增殖的原因、多莉羊寿命短的原因；通过辩论式的交流，批判性阐释了细胞的生命历程。

2. 基于活动与讨论，锚定核心素养的目标。

本节课中，教师一共组织了4次小组讨论活动，学生通过讨论基于证据进行归纳与概括，学生的分析、推理、批判性等科学思维得到很好的培养。本节课作为整个单元的最后一节，具有单元总结的功能，教师利用单元情境开展"如何治疗白血病"的方案研讨，实现首尾呼应，学生结合细胞分裂、分化、衰老和凋亡的知识和方法提出了可行性方案，了解了健康生活的重要性，进而引导学生崇尚健康文明的生活方式，提升本单元的思维层次，促使社会责任素养的提升和发展。

3. 基于多元评价，确立深度学习的方法。

本节课的教学设计及实施突出了学生的主体性，课堂中用近半数的时间让学生自主学习，独立思考，分组讨论，学生在思考和讨论中互相质疑、评价、认同，教师在学生的相互评价中判断和评价学生的学习进阶，进而推进教学进程，实现"教—学—评"的一体化。

4. 改进建议。

本节课在具体实施过程中也存在着一些不足，主要表现在教师缺少对教学内容和单元整体教学线路进行板书整理。如果在本节课的最后阶段，教师进行板书整理，学生则可以从可视化的角度落实本单元的各个次位概念及其相互关系，理解本单元的重要概念。这样，本节课会变得更加完美。

（本课时由湖州中学陈凯老师设计和执教）

主要参考文献

[1] 中华人民共和国教育部. 普通高中生物学课程标准（2017年版2020年修订）[M]. 北京：人民教育出版社，2018.

[2] 刘恩山. 中学生物学教学论（第3版）[M]. 北京：高等教育出版社，2020.

[3] 刘恩山，曹保义. 普通高中生物学课程标准（2017年版）解读[M]. 北京：高等教育出版社，2018.

[4] 周初霞. 指向学科核心素养的普通高中课堂教学设计案例丛书生物[M]. 杭州：浙江教育出版社，2018.

[5] 翟中和，王喜忠，丁明孝. 细胞生物学[M]. 北京：高等教育出版社，2011.

[6] 胡以平. 医学细胞生物学[M]. 北京：高等教育出版社，2014.

[7] 吴相钰，陈守良，葛明德. 陈阅增普通生物学[M]. 北京：高等教育出版社，2000.

[8] L·W·安德森，等. 学习、教学和评估的分类学[M]. 皮连生，译. 上海：华东师范大学出版社，2010.

[9] B·艾伯茨，D·布雷，K·霍普金，等. 细胞生物学精要[M]. 北京：科学出版社，2013.

[10]《普通逻辑》编写组. 普通逻辑学[M]. 上海：上海人民出版社，1982.

[11] 吴坤. 营养与食品卫生学（第5版）[M]. 北京：人民卫生出版社，2007.

[12] 格兰特·威金斯，杰伊·麦克泰. 《理解为先模式》单元教学设计指南（一）[M]. 盛群力，沈祖芸，柳丰，等，译. 福州：福建教育出版社，2018.

[13] 戴维·珀金斯. 为未知而教，为未来而学[M]. 杭州：浙江人民出版社，2015.

[14] 周初霞. 聚焦生物学重要概念的单元整体教学设计实践研究[J]. 生物学教学，2019，44（4）：7-10.

[15] 廖兴建. 指向生物学学科核心素养的学习目标陈述结构探微[J]. 生物学教学，2020，45（5）：15-17.

[16] 陈彩虹，赵琴. 基于核心素养的单元教学设计——全国第十届有效教学理论与实践研讨会综述[J]. 全球教育展望，2016，45（1）：121-123.

[17] 郑云郎. 食用油脂与人体健康[J]. 中学生物教学，2015，（7）：68-70.

[18] 刘徽. "大概念"视角下的单元整体教学构型——兼论素养导向的课堂变革[J].

教育研究, 2020, (6): 64-77.

[19] 化文. 韩晓军教授团队在人造细胞研究领域取得重要进展[J]. 哈尔滨工业大学学报, 2018, 50 (07): 36.

[20] 张艳馥, 沙伟, 李玉娟. 人工膜结构——脂质体[J]. 生物学教学, 2011, 36 (4): 69.

[21] 杨彩云, 沈璟. "细胞核的结构"教学设计与实施[J]. 生物学通报, 2019, 54 (5): 23-27.

[22] 任衍钢, 郭申生, 文艳萍. 核糖体的发现与认识过程[J]. 生物学通报, 2010, 45 (9): 60-62.

[23] 耿建. 关于高中物理"教""学""考"统一性的思考——布卢姆认知教育目标分类学视野下[J]. 教育研究与评论, 2019, (9): 47-53.

[24] 于川. 布卢姆教育目标分类学指导下的高中数学学科核心素养融入课堂教学的策略研究[J]. 中国数学教育, 2019, (3): 3-6.

[25] 郑九嘉, 楼哲丰, 郑蔚红, 等. 线粒体呼吸功能与精子活力、核DNA损伤的相关性分析[J]. 中国细胞生物学报, 2012, 34 (1): 34-40.

[26] 郑艺芳, 陈敏. 基于SOLO分类理论的生物学科学思维水平评价体系构建[J]. 生物学教学, 2020, 45 (9): 22-24.

[27] 郭玉英, 姚建欣. 基于核心素养学习进阶的科学教学设计[J]. 课程·教材·教法, 2016, 36 (11): 64-69.

[28] 柯小红. 基于深度学习的"细胞的分化"(第1课时)概念教学设计[J]. 生物学教学, 2020, 45 (12): 18-20.

[29] 王燕, 孙晓东, 龚坚, 王珺, 余明华. NaCl培养液对植物根尖有丝分裂的影响[J]. 长江大学学报(自然科学版), 2009, 6 (3): 45-46.

[30] 陈培莹, 李娘辉. "水分子跨膜运输"在高中生物学教学中的认知误区及教学建议[J]. 生物学教学, 2019, 44 (7): 77-79.

[31] 刘丹丹, 马清瑜, 潘文龙. 自由扩散与水通道转运在水分子跨膜运输中的角色分工[J]. 生物学教学, 2019, 44 (4): 79-80.

[32] 袁锦明. 基于核心素养的目标导引教学——"以细胞的衰老和凋亡"为例[J]. 中学生物教学, 2019, (1): 61-63.

[33] 黄潇, 张小勇. 抛锚式教学模式在高中生物学教学中的应用——以"细胞的衰老和凋亡"为例[J]. 中学生物教学, 2019, (1): 8-10.

[34] 陈兆亮, 康珍. 癌细胞不死性机制简介[J]. 生物学教学, 2017, 42 (1): 50-51.

[35] 黄文卉, 金羽茜, 刘静, 等. 端粒(酶)调控衰老和肿瘤的相关研究进展[J]. 生命的化学, 2015, 35 (4): 34-36.